认知翻译阐释学探索

陈开举　刘颖君　徐桔林◎著

科学出版社
北　京

内 容 简 介

本书综合运用认知语言学、翻译学和阐释学理论，对翻译和阐释中的文本/话语意义和含意理解、意义表征、文化传播策略和传播效果等诸多基础理论问题展开了系统性研究，是典型的跨学科融通研究，旨在为相关学科提供基础性的理论参考。本书上编为认知翻译阐释学理论探索，探讨了当代翻译学和阐释学的热点问题，尤其是认知语境、译者/阐释者主体性、译文/阐释标准、公共阐释与强制阐释等问题；下编为中国文化翻译、阐释与传播实践研究，讨论了文化传播中的翻译与阐释问题，尤其是文化传播中的话语体系建构、翻译与阐释的传播策略、文化传播效果等翻译与阐释实践问题。

本书可供语言学、文学、文化学、传播学、翻译学、阐释学等学科的高年级本科生和硕/博士研究生及相关领域的研究人员参考。

图书在版编目（CIP）数据

认知翻译阐释学探索 / 陈开举，刘颖君，徐桔林著. -- 北京：科学出版社，2025.3. -- ISBN 978-7-03-081552-1

I . H059

中国国家版本馆 CIP 数据核字第 2025T860F3 号

责任编辑：王　丹　宋　丽 / 责任校对：贾伟娟
责任印制：徐晓晨 / 封面设计：蓝正设计

科学出版社出版
北京东黄城根北街 16 号
邮政编码：100717
http://www.sciencep.com

北京中石油彩色印刷有限责任公司印刷
科学出版社发行　各地新华书店经销
*
2025 年 3 月第 一 版　开本：720×1000　1/16
2025 年 3 月第一次印刷　印张：14
字数：220 000
定价：128.00 元
（如有印装质量问题，我社负责调换）

序

  翻译已有两千多年的历史，致力于对翻译技巧、翻译策略、翻译标准等方面的系统性反思的翻译研究也有着几乎同样悠久的历史。起初由极少数专业人士把控的经书典籍的翻译、解释、传播等工作逐步发展为广大专业技术人员参与的包括文学、艺术、科技在内的文化作品的翻译、阐释与传播活动。如今，翻译研究越来越注重译者、受众要素，将翻译看作一个整体性的、动态的、多项要素综合作用的过程，具体的翻译工作是一个发展的、变化的、认知的、主体性的过程。及至近几年，各种电子工具书尤其是新近信息技术工具和软件被应用于翻译中，翻译展现出常态化、即时化、普遍化特征。

  同样地，阐释学从解经学发展成法学、文学、艺术学、科技文本的解释学等，解释权也从小众的、专属的、独享的逐步扩展成为大众的、开放的、普遍化的，阐释者的话语权逐渐提升。现代阐释学强调理解的历史性，重视文本隐含的意义，而这种理解要求充分发挥阐释者的主观能动性，阐释的结果在相当程度上取决于由阐释者的知识结构和认知语境等构成的阐释者的脑文本的诸多形成性要素。

  翻译学和阐释学都以文本意义理解为研究基础，而文本意义理解是认知科学的核心课题。在当今信息技术时代，ChatGPT及翻译软件的冲击扑面而来，给翻译、阐释与认知带来了相当大的影响，既有挑战也暗藏着机遇。我们综合了近些年来对翻译阐释学的相关研究，尤其是对翻译和阐释过程中的诸多技术环节的研究，结合这些研究在文化翻译、阐释与传播中的应用情况，汇集成本书。通过聚拢对相关问题的思考，期望引起学界同仁对认知阐释翻译学相关问题的关注和研究。

  在当今世界，快速发展变化的世界文明文化格局对文化的翻译、阐释与传播提出了相应的要求。同时，中华民族的伟大复兴已经到了实现的关键阶段，如何构建具有中国特色的话语体系，讲好中国故事，确立与传播良好的中国文化形象，为中华文明文化的快速、持续、稳定发展提供良好的国际文化环境具有重要的时代意义。于此，对于认知、翻译、阐释与传播的研究乃是时代课题中的重要组成部分，衷心欢迎学界同仁的积极参与及帮助。

是为序。

陈开举

2025 年 3 月于白云山麓

前　　言

　　社会文明文化发展的一个重要表现就是话语的繁荣，同时也促成了阐释学的快速发展，当代中国社会的发展情况就很好地体现了这一点：经济社会快速持续发展，社会文化空前繁荣，人文社会科学（后文简称"人文社科"）普遍获得重大进展。其中，以文本意义为研究对象的阐释学、以意义与符号转换为研究对象的翻译学，以及以大脑对意义与形式的加工处理为研究对象的认知科学均取得了质与量上的革命性大发展。将这三个学科进行综合交叉研究可以形成新的研究视域，同时也为这几个学科自身提供新的视角、带来新的认识，从总体和局部促进相关学科的发展，形成新的研究增长点和面。

　　现代阐释学在传统解经学的基础上，强调理解的历史性，以及解释者的主体性。近十年，中国的阐释学在人文学科空前繁荣的背景下，吸收西方阐释学的成果，结合国内相关学科的发展，重拾解释标准、解释过程、阐释边界等阐释学的基础课题。同时，社会文明文化的快速发展为阐释学从理论研究到方法应用的转变提出了迫切的要求，并提供了广阔的舞台。可以说，中国的阐释学研究重新成为当下人文社科的显学，中国阐释学派的兴起也被反复提出。

　　翻译是阐释的原初形态之一，长期以来一直是阐释学的核心内容。受现代语言学、当代文化研究等相关学科理论的影响，现当代的翻译理论获得了长足的发展，促成了翻译学的学科化。全球化的快速推进意味着不同文明文化主体之间的交流互鉴愈加日常化，翻译作为跨文化沟通的重要桥梁，其应用的广度和深度都呈指数级增加，同时翻译所遭遇的困难、翻译学的重点难点问题，以及回答这些问题的迫切性也相应地被放大了，这也是翻译学理论跨越式发展的动力来源。

现当代阐释学和翻译学发展的重要旨趣在于将它们从传统背景下被视作文本解释或翻译的技能转变为被视作人的本体性构成的存在观。在这个维度上，阐释学和翻译学都重点关注"理解"，强调理解的历史性、主体性、语境性。对理解的深度挖掘实际上是在揭示人对文本意义的认知过程中的基本环节、方法和规律。人总是处于认知的过程中，或曰认知贯穿了人的生命历程，认知是人的本体性行为。因此，阐释也好，翻译也罢，都共享着认知的动态性、发展性、未完成性，当然也就共享着认知的局限性、片面性乃至阐释者或译者的个体性特征。

基于这几大方面的考量，笔者汇集近些年来对这几个专题的思考，形成本书，为相关领域提供一孔之见，期待引起同行的注意，一起聚焦阐释学的一隅，为中国阐释学的发展乃至阐释学之中国学派的形成做出一点努力。

本书主要内容分为上编"认知翻译阐释学理论探索"和下编"中国文化翻译、阐释与传播实践研究"两大部分。上编主要讨论认知语言学（尤其是认知语用学）、翻译学和阐释学共同关注的核心基础问题，如"文化语境、释义障碍与阐释效度""知识翻译学视域下强制阐释的三个动因""从语境看阐释的有限与无限""语境参数、文本阐释与意义确证""论阐释对知识局限性的救赎""翻译哲学何以可能""意义与形式：雅各布森形式主义文学理论的阐释学批判"。下编主要讨论认知翻译阐释学相关理论的运用，尤其是在中国文化的对外翻译、阐释与传播方面，如"彼域志儒，玉成吾愿：汉学家的中国文学英译与传播""中国民间文学的跨文化传播：以电影《花木兰》为例""中国音乐的外译阐释：以土家族民歌为例""中医药文化的异域阐释与传播：从京都念慈菴在东南亚的传播谈起""中国物质文化的海外阐释与传播：以'老干妈'为例""中国文化在老挝的翻译、阐释与传播效果研究"。

许多问题的探索过程十分艰辛，然而一旦取得突破，回头看所走过的路却往往显得稀松平常。近年来以ChatGPT为代表的新型信息技术颠覆了学界以往既有的认知，同时也给我们带来了巨大的冲击。其中，受到挑战最深刻的当数翻译。当仅含有比较直接意义的文本被相关软件瞬间翻译成另一种语言时，翻译从业人员不禁感受到了空前的危机。但同时，正是因为一般性的话语结构、语义、文体风格等问题被软件高效率地、简明地解决了，那些曾经显得抽象深奥的论题如译者的主体性、翻译的目的性、翻译与阐释的历史性等问题也突显出来，有的甚至变得不言自明了，如面对翻译软件快速提供的多种译文，如果从事翻译的人不能发挥自己的主体性，不朝着翻译的总体项目目标去做出相应的评判、选择和调整，那么他作为译者几乎无事可做！

本书是对快速发展的几个相关学科方向的研究做出的交叉性、综合性、融通性尝试，创新之意也正在于这种整合融通之中。当然，本书所涉及的问题很多且复杂，个人在短时间内很难做出令人满意的突破。本书所收录的一点研究成果与其说是对相关学科和方向的贡献，毋宁说是抛砖引玉，希望能引起同行的注意，共同将认知翻译阐释学向前推进。

陈开举

目　　录

序

前言

上编：认知翻译阐释学理论探索

第一章　文化语境、释义障碍与阐释效度 …………………… 3
　第一节　对文本含意的理解是一个非论证性推导过程 ……… 4
　第二节　释义中最大的障碍是文化语境的不对称性 ………… 9
　　一、物理语境与语言语境的不对称性 ………………………… 9
　　二、知识语境与思维方式的差异性 …………………………… 11
　　三、认知语境的不对称性 ……………………………………… 14
　第三节　从翻译理论的发展看阐释标准的衍化 ……………… 15
　　一、基于文本语言特征的等值翻译理论 ……………………… 16
　　二、聚焦于译者的阐释学翻译理论 …………………………… 19
　　三、目的论下的知识翻译学 …………………………………… 20
　第四节　从翻译学看阐释效度的衍化 ………………………… 23
　小结 ……………………………………………………………… 28

第二章　知识翻译学视域下强制阐释的三个动因 …………… 29
　第一节　阐释、翻译是如何发生的？ ………………………… 30
　第二节　强制阐释的三个动因 ………………………………… 33
　第三节　翻译过程中如何克服相应的强制阐释？ …………… 37
　小结 ……………………………………………………………… 41

第三章 从语境看阐释的有限与无限 42
第一节 文本意义的构成 43
第二节 语境与含意阐释 46
第三节 语境与阐释的有限与无限 51
小结 52

第四章 语境参数、文本阐释与意义确证 54
第一节 语境参数对阐释的约束性 54
    一、语境参数的层次 55
    二、语境参数约束的理据性和约束机制 57
    三、语境参数约束的主客观互动性 59
第二节 语境参数约束下的文本阐释 60
    一、多重语境参数约束下译文的确定 61
    二、多重语境参数约束下译文的多元 63
第三节 语境约束下的意义确证 66
    一、多重语境在阐释中的限定作用 67
    二、语境之于阐释活动的哲学意义 68
    三、超越阐释看语境 69
小结 70

第五章 论阐释对知识局限性的救赎 71
第一节 知识的局限性 71
第二节 阐释对知识局限性的救赎 77
第三节 从知识翻译学看阐释对知识局限性的救赎 80
小结 84

第六章 翻译哲学何以可能？ 86
第一节 从翻译研究到翻译哲学研究 86
第二节 翻译哲学的理论渊源 91
第三节 定义、论域、论题、方法 95
小结 100

第七章 意义与形式：雅各布森形式主义文学理论的阐释学批判 …… 101
第一节 雅各布森与俄苏形式主义 …… 102
第二节 文化研究、文化哲学对意义研究的贡献 …… 105
第三节 文学伦理批评 …… 109
第四节 雅各布森方法综合评述 …… 112

下编：中国文化翻译、阐释与传播实践研究

第八章 彼域志儒，玉成吾愿：汉学家的中国文学英译与传播 …… 119
第一节 《汉》成功的主要因素 …… 120
一、严谨的学风成就卓越的翻译成就 …… 120
二、与中国文化之间的深度互动 …… 122
三、汉学家进行中国文学英译的历程 …… 123
第二节 讨论：问题与解决办法 …… 124
一、如何看待中国文学翻译的标准 …… 124
二、中国文学、文化的地位问题 …… 126
三、翻译之于文化交流和传播的效果解析 …… 127

第九章 中国民间文学的跨文化传播：以电影《花木兰》为例 …… 129
第一节 电影《花木兰》的相关研究 …… 131
第二节 对真人版电影《花木兰》的文化批评 …… 132
一、挪用与改写 …… 132
二、对中国文化的"他者化" …… 134
第三节 真人版电影《花木兰》的大众文化分析 …… 136
一、大众文化概述 …… 136
二、狂欢化 …… 137
三、迪士尼电影的表征策略 …… 139
小结 …… 141

第十章 中国音乐的外译阐释：以土家族民歌为例 …… 142
第一节 恩施土家族民歌概况 …… 142
第二节 相关研究简述 …… 144
一、作为跨文化交流的翻译 …… 144

二、少数民族民歌研究概览……………………………………… 146
　第三节　土家族民歌《双手搭在妹儿肩》《绣香袋》英译 ……… 147
　　一、《双手搭在妹儿肩》………………………………………… 147
　　二、《绣香袋》…………………………………………………… 148
　第四节　译后鉴赏与评述…………………………………………… 148
　　一、向生命致敬：与严酷的自然抗争…………………………… 148
　　二、摆脱困境：与严酷自然做斗争的策略……………………… 150
　　三、追求美丽：与严酷自然抗争的勇气………………………… 151
　第五节　批判与讨论………………………………………………… 152
　小结…………………………………………………………………… 154

第十一章　中医药文化的异域阐释与传播：从京都念慈菴在
　　　　　东南亚的传播谈起………………………………………… 155
　第一节　京都念慈菴概略…………………………………………… 155
　第二节　全球化背景下的文化身份问题…………………………… 157
　第三节　消费文化与文化身份……………………………………… 158
　第四节　京都念慈菴在东南亚品牌成功的文化要素分析………… 159
　　一、文化身份问题………………………………………………… 159
　　二、味道、乡情与文化认同……………………………………… 160
　　三、符号消费……………………………………………………… 162
　第五节　对中医药国际营销的启示………………………………… 164
　　一、文化交流下的市场拓张……………………………………… 164
　　二、适当的产品调整……………………………………………… 165
　　三、充分利用新媒体……………………………………………… 166
　小结…………………………………………………………………… 166

第十二章　中国物质文化的海外阐释与传播：以"老干妈"为例…… 168
　第一节　"老干妈"品牌的国际传播………………………………… 168
　第二节　全球化与跨文化传播……………………………………… 169
　　一、全球化时代的文化传播……………………………………… 169
　　二、全球化时代的文化身份……………………………………… 170
　　三、后工业化时代的符号消费…………………………………… 171

第三节 "老干妈"品牌成功的文化要素 172
  一、本土文化与全球文化间的互动 172
  二、捕捉欲望的独特优势 175
  三、符号消费 176
 小结 179

第十三章 中国文化在老挝的翻译、阐释与传播效果研究 180
 第一节 文化对外翻译、阐释与传播之重要意义 180
 第二节 中国文化在老挝的翻译、阐释与传播：历史与现状 181
 第三节 中国文化在老挝翻译、阐释与传播效果实证分析 185
  一、问卷调查的基本情况 185
  二、中国文化在老挝的实际传播效果 187
  三、阐释与传播效果影响因素分析 188
  四、翻译、阐释与传播策略和建议 190
 第四节 牢牢把握中国文化翻译、阐释与文化对外传播的协同关系 192
  一、翻译在中国文化对外传播中的基础作用 193
  二、阐释在中国文化对外传播中的深化作用 194
 小结 195

参考文献 197

索引 207

# 上编：认知翻译阐释学理论探索

第一章

文化语境、释义障碍与阐释效度[①]

经典文本的反复阐释和重译是实现文化传承与文明互鉴的重要方式。然而，为什么要反复阐释？如何评价阐释的效度？实际上，如何厘定阐释的效度或翻译的标准一直是阐释学的核心问题。[②]阐释和翻译总是围绕文本的意义展开，于是对该问题的进一步追问就应该简述如下：在文本的诸多意义构成中，究竟哪部分会导致阐释者出现不同的理解，并形成不同的阐释结果？对于相同文本中该部分意义的诸多阐释，判定阐释或翻译的标准是什么？

本书从翻译的视角入手，对上述问题进行探讨。首先，深度剖析文本意义阐释中释义障碍的根源：在精神领域，由符号表征的思想在交际的两端不可能取得完全对等的理解或阐释效果；阐释者根据文本提示信息建构起认知语境，如此所形成的理解视域只能无限接近作者创作时的认知语境，即作者创作时的视域。其次，文化语境中知识的个体性差异以及不同文化

[①] 本章基于陈开举. 2023. 文化语境、释义障碍与阐释效度. 中国社会科学，（2），184-203. 本书收录过程中有修改。

[②] 关于阐释和翻译的关系，本书中除非特别说明，一般将这两个概念视为可以通用。关于这方面的论述，参见杨宇威. 2016. 浅论"翻译即解释"在普遍诠释学时期的含义. 现代语文（语言研究版），（12）：13-15.

体之间的差异构成了理解和翻译中最大的也是最根本的释义障碍，该障碍也正是反复阐释和翻译的动因所在。最后，以翻译学的发展为例，梳理释义标准研究的基本理路，强调社会生活实践的发展推动了对经典文本的新的阐释和翻译，并在极大程度上影响着该时代的阐释效度和翻译标准。如此，通过深度剖析阐释和翻译中的障碍，可以为文明文化体之间的互动互鉴提供一定的理论支持。

第一节　对文本含意的理解是一个非论证性推导过程

　　文本意义的构成较复杂，细分有七种[①]，可概括为两大类：第一类意义是字面意义或语义意义，包括概念意义、内涵意义、搭配意义和主题意义，这是文本的基本信息或意义，对它们的理解应当严格按照语法等语言学规则进行；第二类意义包括社会意义、情感意义和反射意义，这些意义的内容不是语言符号系统内的规则所规定的，而是反映了作者的情感和意愿，强调个人的人生经验和体悟，表达作者的交际意图[②]，这种意义因人而异，故在语用学中称为话语"含意"，以区别于"含义"，即直显的语义意义。对话语含意（conversational implicature）的理解只能依靠推理，但是这种推理不同于自然科学中的形式逻辑推理。参见下列语例：

例（1）已知△1和△2均为等边三角形
　　　　△1中的AB边 = △2中的AB边
　　　　∴△1=△2（两个等边三角形一条边相等，则它们全部相等）

例（2）A：你吃辣椒吗？
　　　　B：我是湖南人。
　　　　A：好嘞。

[①] 胡壮麟，刘润清，李延福.1988.语言学教程.北京：北京大学出版社：143-144.

[②] Sperber, D. & Wilson, D. 1995. *Relevance: Communication and Cognition* (2nd edn). Oxford: Blackwell: 61.

例（3）醉翁之意不在酒，在乎山水之间也。

以数学为代表的自然科学遵循着严格的形式逻辑的论证性推理，如语例（1），要求推理的前提清晰、完整、无误，所得到的结论具有必然性，对这种意义的解释具有说明的性质。要证伪一个这样的判断，只需要举出一个反例即可。日常交际中，更多的情况则类似语例（2），充满了省略，如 B 省略了诸如"湖南人爱吃辣"之类的表述，其中的含意需要 A 凭借猜测添加出 B 省略掉的经验或知识语境要素，补全自己在理解这句话的含意时的语境要素，将自己所形成的视域与 B 的语境视域进行不同程度的融合，从而完成理解。具有审美价值的文学文本往往由于增加了审美趣味，精神与物质两重境界融通，含意变得极为丰富，如语例（3）中，"醉"和"山水之间"的含意乃至于整句话的含意或意境基本上全靠读者的领悟和想象力，难有确定的理解或标准的阐释。

上述语例呈现出从纯形式性的客观事实表述向情绪、精神、审美等主观内容的语体变化。相应地，不确定性在增强，推理的非论证性也随之增强，及至语例（3），含意推理就基本上属于典型的非论证性推理：前提不一定清晰、完整，推理的结果是或然性的，即可能是正确的，也可能是错误的。自然科学形式逻辑与精神科学非形式逻辑的差异构成了一条巨大的鸿沟，即"狄尔泰鸿沟"（Diltheyan Divide）。[1]一方面，自然科学要求遵守形式逻辑，属于严格的论证性推理，琐碎的前提均须给出和补全，才能进行推理，得出的结论具有不变性和可验证性，推理的过程和结论不因时间、空间、阐释者的变化而变化，具有客观性。对于自然现象和规律的解释错误有可能导致极为严重的后果，如安全系数不够、防洪指标过低等，以至造成生命财产的损失。另一方面，日常交际中，人们处在信息交换、视域扩大的过程中，交际过程充满了瞬时性（spontaneity）和多变性，交际双方边猜测边推理，以矫正理解，即使发现推理出错，也大可以说"哦，对不起。不过我现在知道了"，并不耗费多少成本。这是因为大部分话语交际的作用在人的生活实践中是收集和核实信息、设计和优化计划，为真正的行动

---

[1] Dilthey, W. 1989. *Introduction to the Human Sciences*. Princeton: Princeton University Press；张进，蒲睿. 2021. 论"狄尔泰鸿沟". 西北师大学报（社会科学版），（5）：40-48.

做准备，顺畅高效的交际过程本身就具有十分重要的意义。在实际交际中，这种推理理解一般既迅速又顺畅，人们对对方含意的推断只能做到基本清晰、大体无误，而非绝对准确无误，推理结果具有或然性。这种推理属于概率性的、非论证性的推理，具有非琐碎性（non-trivial）的典型特征。

　　文学文本充满了类似于语例（3）中的各种修辞手法，追求意向性表述效果，许多含意难有定解，对其的阐释依赖非论证性推理。文本所含的社会意义和情感意义既表征了作者对所处时空等物理环境的即时性适应，又体现了其长期累积的独特生活阅历、生命体验和深度感悟，更是出于作者主观感受到的某种不吐不快的表达冲动。这些要素凝结成一种综合的意向，即作者意图，其复杂性决定了它的推理理解不可能是直显的。一如作者在行诸文字的过程中对意蕴的艺术性表达的推敲过程，阐释者对文本中那些若隐若现、曲径通幽的含意的追寻也体现了文学阐释的艺术趣味。这种推理过程显然不可能是论证性的，其结果也不是确切的。试比较：前文之语例（2）不可能完全补全说话者的隐含意义，听话者只能按照基本常识概率性地补充出来"湖南人爱吃辣椒"的含意。源于生活却高于生活的文学作品不允许进行这种琐碎性推理，因为那样就消解了艺术性、审美性和想象空间，也就破坏了文学的旨趣。

　　文学文本中的作者意图往往因为种种原因不能被直接表达出来，如避讳、禁忌、试探性的话语，真正的意思只能蕴含在文本之中，是非直显的含意，文本中只提供了相关的提示信息，读者必须据此寻找作者省略的语境项，构建出相应的视域，以此去适配作者本来的语境视域，推断出作者的意图，达成理解"其中味"的效果并加以阐释。所谓视域，"就是看视的区域（Gesichtskreis），这个区域囊括和包容了从某个立足点出发所能看到的一切"[1]。需要注意的是，一方面，作者的语境视域使他产生了一个概念性的"脑文本"，进而经过符号化即语汇的选择生成具体的文本；另一方面，读者或接受者无从直接接触到作者的脑文本和相应的语境视域，只能靠文本中的提示信息推测性地构建作者生成文本时的语境要素，建构

---

[1] 汉斯-格奥尔格·加达默尔.1999.真理与方法：哲学诠释学的基本特征.洪汉鼎译.上海：上海译文出版社：388.

出其作为理解者或阐释者的脑文本和语境视域。作者和阐释者各自建构的抽象状态的脑文本和语境视域只能不同程度地重合或融合,但绝不可能完全一致。所以,每一次阐释都是一次语境/视域重构,而对同一文本的诸多阐释不会完全一致,也不可相互替代。这样,新的阐释和旧的阐释一起形成了该文本阐释的效果历史。

作者的语境视域和阐释者建构的语境视域在关于交际与认知的关联理论(Relevance Theory)中被称为互明[①]:交际双方可能互相明白对方的部分语境要素,但是不可能共享所有语境要素构成的语境视域。对于同一文本,不同的阐释者所构建起来的语境视域也不可能相同,已有的阐释可以作为语境视域的基础,提示后来的阐释者建构他自己对该文本的新的语境视域。交际的目的在于交际双方认知语境的扩大,也意味着交际者或阐释者知识的增加、视域的扩大。

人类活动的目标驱动决定了其实践活动中的经济省力原则,体现在文本中则是为了保证和提高交际的有效性和效率,作者总会把自己的意图所构成的语境视域用他认为最佳的、简明的符号形式提示给目标受众;后者接收到符号刺激,会激活最佳关联语境要素,构建起语境视域,推导出作者的交际意图,完成理解,并据此做出阐释。需要注意的是,作者给出的是最佳的符号提示(最简明的)而不是最大的符号提示,即其中的关联为最佳关联而不是最大关联,理解和阐释时经过非论证性推理得到最佳关联的含意即可。所谓最佳关联,是指理解者根据话语中的明示信息能够推理得出说话人或作者的恰当的含意。

语境的重要性在语言学、哲学、阐释学等领域已经形成共识,即它是"一种确定意义的限度、范围和条件"[②]。语境要素包括物理要素(即时空语境)、语言语境(即上下文)、文化语境(即百科知识)。只有那些与文本相关的语境要素才是该文本的语境,如文本产生的时间、地点、物理环境,与文本内容相关的上下文或者平行文本,以及作者对于文本话题或内容相关知识的了解等。只有当所有相关语境要素综合起来形成作者或阐

[①] 关于语境对于交际双方的不对称性的阐述,参见陈开举. 2002. 认知语境、互明、关联、明示、意图:关联理论基础. 外语教学,(1):30.

[②] 江怡. 2011. 语境与意义. 科学技术哲学研究,(2):8.

释者的认知语境时，该要素才起作用。那些本来相关但是没有被意识到、没能成为认知语境的要素是不能起作用的。例如，没有经历过海啸的人很难真切地理解那些经历过海啸的生还者的恐惧；又如，《祝福》中不谙世事的孩童们不能理解祥林嫂为何喋喋不休地重复关于她儿子阿毛的不幸故事。在文学文本的阐释中，因为修辞、审美等要素的影响，含意变得不确定，也造成了理解和阐释的不确定性。考察以下语例：

例（4）乘兴而来，兴尽而返。（精神：多大量或多大程度的"兴"为"乘兴"又或者是"兴尽"？）

例（5）树欲静而风不止，子欲养而亲不待。（上下文的关联：这两个语句之间由于缺乏逻辑关系，只起到修辞的作用，而非逻辑推理。）

可见，在文学文本中，所有的语境要素包括时间、地点、程度、语言、观念等，都可能变成作者表述含意的成分，基本意义反而不重要了。当然，既然是含意，那么其推理求解也就带有不确定性，甚至同样的认知语境要素也可能引起不同的理解或阐释效果，所谓"仁者见仁，智者见智"；面对同样的文本，同一个阐释者在不同的阐释经验中也可能获得不同的理解，得出不同的阐释结果。"视界在理解中变化着，这不仅是指我们自己的视界总是在理解中转化为新的视界，同样地，历史视界也不会由于我们的某一次理解而被固定，它必将随同我们视界的变化而变化，在新的理解过程中被重新理解。"[1]

综上，作者交际意图的理解或阐释是一个含意推导的过程，属于非论证性、非琐碎性的推理。读者或阐释者根据文本提示信息以及最佳关联语境要素推导出最佳相关含意，完成对作者意图的理解。这种推理与形式逻辑之论证性推理的区别在于，由于它依靠的是概率最大的即最佳关联语境要素，而非全部可能的即最大关联语境要素，故推理的结果也只能是最有可能的即最佳关联性的含意，而不能确保是绝对正确的含意。即是说，阐释者建构的借以推导作者含意的语境视域是不可能与作者共有或共享的，具有建构性；该视域与作者创作文本时的语境视域不可能完全一致，每次

---

[1] 潘德荣. 2016. 西方诠释学史. 2版. 北京：北京大学出版社：导论, 7.

阐释都意味着寻求新的可能的语境要素或者加入新的理解；正是理解的这种开放性或未完成性推动着对经典文本的不断阐释或重译，构成文本阐释的效果历史。但是，坚持从文本本身出发，从文本内的提示信息和与文本相关的语境要素展开对文本含意或作者意图的阐释才是对该文本的有效阐释，而非从阐释者自己先有的立场出发，将文本降格为证实阐释者自己意图的手段，这是检验阐释效度、避免堕入强制阐释的基本准则和路径。

第二节 释义中最大的障碍是文化语境的不对称性

对文本含意或作者意图的理解需要读者或阐释者寻求文本语境的要素，形成相应的视域。文本的语境包括物理语境、语言语境、知识语境。这三种语境要素共同构成读者或阐释者的认知语境，也称为文化语境。[1]阐释者建构的语境视域与作者生产文本时的语境视域相融合，于是达成不同程度的共鸣，获得不同程度的理解。认知或知识语境可能因不同读者或阐释者而异，如对于同样的人文、历史知识乃至数理知识，不同个体掌握的程度、关注的重点可能有着较大的差异，造成知识的个体性、地方性差异。

一、物理语境与语言语境的不对称性

物理语境要素是形成认知语境的要素之一，其差异性的消解可以通过知识考古的方式厘清，如通过"床前明月光"发生的具体时间、地点进而推解出作者最可能因何而感怀。文本内相关联的物理语境之空间要素如方向、高低、内外等，以及时间要素如朝代、时令、昼夜等，需要通过细读文本信息或根据提示信息进行推理，甚至考察与该文本相关的书信、札记、平行文本等以厘定相关信息。推理的基本路径和方法是明确的，故物理语境不是阐释过程中难以把握的部分。

考察文本的物理语境的不对称性，可以发现地理要素的不同会形塑出

---

[1] 这是依循恩斯特·卡西尔（Ernst Cassirer）对符号化即文化的理论而言的，详见下文。

不同特色的民俗文化,不同文化体系中的饮食、服饰、房屋等存在着不小的差异。阐释文本时,这些差异性会进入相关语境要素,形成释义障碍,如部分中国人对于《谁动了我的奶酪》(*Who Moved My Cheese?*)中"奶酪"的喻指可能不敏感,因为他们可能并不熟悉奶酪。

文化差异正在引起越来越多的关注,学界甚至明确提出了文化地理学、文学地理学方向。[①]随着国际文化交流的增加,文化差异带来的文化交流中的意义误解问题会逐渐得到改善,但难以根除,如其他人很难体会爱斯基摩人心中的"雪",一般人也不可能与干旱地带的人们共享关于"水"或"骆驼"的情感意义。

物理语境要素以语言形式包含在文本中,也只有以(语言)符号的形式表述出来,方能成为文本之认知语境的成分,进入文本意义阐释的视域中。现代语言学认为,作为能指的语词并不与单个的所指即具体的事物相对应(除非加限定词变为特指或实指),即是说,汉语词语"石头"也好,英语单词 stone 也罢,都指的并不是具体的石头,而是石头的类特征,以概念的形式连接着能指和所指。词/语言/能指和事物/所指之间没有直接的联系,它们必须通过人脑中的概念/思想这个环节才能实现相互之间的匹配,兑现具体的意义,如图 1.1 所示。

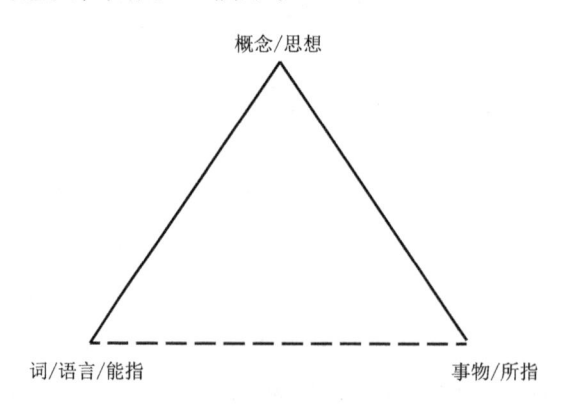

图 1.1 词—概念—事物关系示意图
资料来源:Ogden & Richards(1923:11)

[①] 迈克·克朗(Mike Crang)在 1998 年即有专著《文化地理学》(*Culture Geography*)(参见迈克·克朗.2005.文化地理学.杨淑华,宋慧敏译.南京:南京大学出版社);2011 年,广州大学成立了国内首个文学地理学研究院。

图 1.1 表明,语言是思想的表征,事物经过人的认知提炼出共性,形成概念储存在知识库里。这里,语言与思想有着直接的联系,但语言与事物之间没有直接的联系,它们之间的关系必须经过人脑里的认知中枢系统的操作才能达成。一方面,这个环节经过大脑概念化后形成的概念是抽象的事物的类特性;另一方面,被概念化了的类特性一般都具有多个义项,而具体语境中的词只是表达了其中的一个或多个义项(如双关语),一般不可能将概念中的所有义项同时表达出来,这就需要同上下文语境要素结合起来才能厘定文本中的具体词语表达的究竟是哪个或哪些义项。文本中相关联的物理语境也通过符号化,作为语言表征的一部分,被纳入文本表述之中。

以往研究中的语言语境主要指上下文,即是说,正在阐释的那部分话语的前后语以及作者可能给出的互文性注解是阐释者必须明白的。而对于作者可能因受到某些文风的影响而偏好使用的那些语言策略或表述风格,则可能因为文本流传得久远,而使后来的读者或阐释者难以得到相关的语境要素,从而造成释义障碍,影响阐释效果。然而,这种问题通过知识考古的考据也总归可以被确切地解决。

需要强调的是,具体文化中的经典文本经历了长期的传承,后人对这些文本的反复阐释使之成为厚重的高语境文化(high-context culture)的重要成分。[①]例如,《道德经》经过无数先辈学人的阐释,早已不是当初的"五千言"那么简明,诸多作者没能展开细述的可能的意涵都被挖掘、拓展、丰富、完善,成就了体系化的道家学说,深刻影响着对经典文本的后续阐释。

二、知识语境与思维方式的差异性

文本含意的最大来源是作者与该文本相关的那部分知识语境,主要包

[①] 爱德华·T. 霍尔(Edward T. Hall)从文明文化发展史的视角对不同的文化体系进行了高语境文化与低语境文化的区分,参见 Hall, Edward T. 1977. *Beyond Culture*. New York: Anchor Books: 112.

括由其学识和经验构成的百科知识，以及作者想通过此文本来表达的个人意图（即其交际目的）。构成这部分知识语境要素的质与量对于读者或阐释者来说都只能通过主观推断；而他人的推断构建起来的部分语境视域不可能全然等同于作者生产时的知识/文化语境视域，二者之间存在着程度不一的不对称性，由此形成了最大的释义障碍，这也是阐释学研究的热点和重点问题。

经过符号表征的知识累积构成了包罗万象的文化帝国，其内容从宏观上可以分为物质、精神、制度、方法论四个方面，最核心的也是最有内涵的部分就是知识。知识是人的认知、经验、体验的结晶，不同的文化体所形成和传承的知识必然带有该文化主体自身的特点，因而形成具有特色的文化模式或者文化体系。一般来说，一个文化系统包含着从生活中常见的符号、英雄、仪式到价值观等由表入里、从现象到本质的内容，如图 1.2 所示。

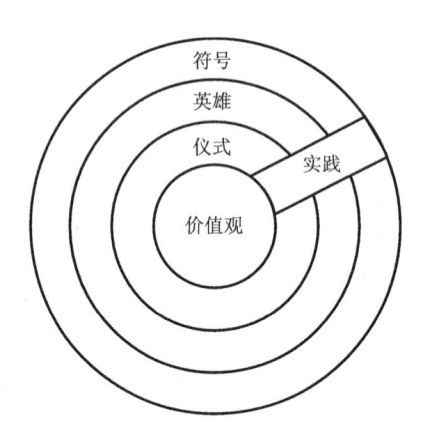

图 1.2　文化要素洋葱图
资料来源：Hofstede et al.（2010：8）

图 1.2 表明，文化之不同层级的内容构成一个有机的整体，从能直接被认知的符号到创造和承载文化意义的英雄、生活中祭祀与庆典等各种仪式，再到某文化的核心价值观，所有这些要素影响、指导、规范着人的生产生活实践，正是通过实践，文明和文化才水乳交融成为一体。

位于图 1.2 中最外层的"符号"大部分属于物理语境或者与之相近的内容。从知识论的视角看，第二层"英雄"这一词语的含意本身就可能因人而异，更可能因不同的文化而异，因此造成知识语境层级的不对称。例如，曹操在中国读者心目中究竟是英雄还是奸雄？多少人在多大程度上相信《三国演义》中曹操形象的设定？在译成英文时，相关的表述如"说曹操，曹操到"，其中的"曹操"是否能译为 devil？这就充分说明知识本身具有建构性和相对性。在同一文化语境内，知识——尤其是无法量化的概念类知识——具有流变性，或者说具有历时性的不对称性，在不同文化体中，表面相同或相似的知识实质上可能存在着更大的不对称性。

真正的文化惊骇的产生远不止出于对异域的风光、民俗、食肆的难以适应，而是与当地早已常识化了的知识如节假日活动、宗教信仰、重要庆典活动的隔阂，让外来客和移民深切感受到"异乡异客"的沧桑。经历第三层"仪式"——当地文化中的各种程式化要素时，具备相当生活阅历的漂泊旅客才会真正品味到"每逢佳节倍思亲"，体会到在异国他乡难以融入社会主流的无奈。仪式与文化最内核的圈层的价值观密切相关，不同文化体中的图腾可能大不相同甚至相悖。

最内核即第四层"价值观"是文化的基石，是不同文化的本质性差异所在，也构成了异质文化之间最难交融的所在，造就了跨文化交流与阐释中最顽固的障碍。在跨文化交流与学习中，如中国文化中的"仁""天人合一""阴阳五行"等核心价值和基本概念对于西方文化背景下的学习者和研究者来说十分难懂，因此，在将这些概念向西方译介的过程中，就出现了多种版本，对这些概念的阐释效果如盲人摸象，各执一端却难得全貌。[①]同样，西方文化的核心价值和基本概念在被译入中国的过程中也因为缺乏相对应的概念而颇费周章。

不同文化体之间的知识的不对称性还突出表现为思维方式的差异性，如罗伯特·B. 卡普兰（Robert B. Kaplan）通过比较不同语言的表述方式，总结出语言与思维方式差异性的示意图（图 1.3）。

[①] 如"仁"的英译就有 benevolence、kindness、kind heartedness 和 humanity 等译法，由于这些译法都不能全面表达"仁"的多重含义，尤其是儒家思想中"仁"的丰富内涵，所以学界较为公认的做法是音译为 jen/ren 再加上注释。当然，这又带来了过于烦琐以及形式上不对等的问题，障碍还是很难消除。

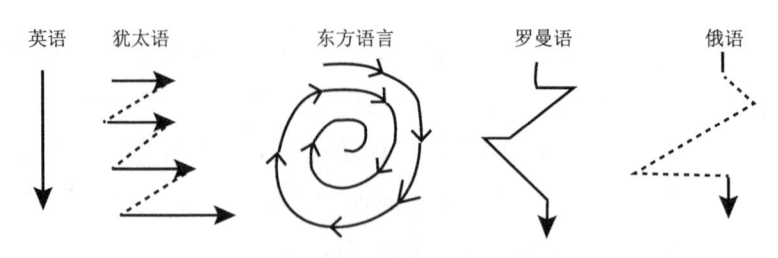

图 1.3　语言与思维方式差异性示意图
资料来源：Kaplan（1966：15）

图 1.3 显示出不同语言在表述思想时的路径差异，也代表着思维方式的差异性。其中，最显著的如英语的演绎型的线性表达方式与东方语言的归纳型的婉转表述方式之间存在着知识表述方式的不对称性。

三、认知语境的不对称性

物理语境、语言语境和知识语境要素在作者生产文本的一端和阐释者理解文本的另一端都经过了符号化的过程，形成各自的认知语境。在认知语言学里，根据诺姆·乔姆斯基（Noam Chomsky）的转换生成语法（Generative Transformational Grammar）理论，话语或文本生成之前，人脑中先有不受语境要素约束的基本语义，即深层结构（deep structure），话语或文本的生成就是该深层结构经过语法转换和语境因素的介入，投射生成实际语句的过程。这就是说，作者大脑认知机制中预先有由基本意义构成的脑文本，它经过语法转换和语境化投射形成具体的（纸质）文本。脑文本是人脑中信息或意义的表征模型，具有"私有性质（private property），不能与他人共有或共享。脑文本除了自己能够认识和理解外，其他人无法认识和理解另一个人保存的脑文本。如果要让其他人接受和了解保存在自己大脑中的脑文本，就需要寻找把脑文本表达出来的方法。一般而言，借助人的发音器官进行口头表达和借助符号进行书写是表现脑文本的两种基本方法"[①]。文本的生产过程是脑文本经过语法、词汇、语境选择后的结果。"直到今天，作家创作任何文学作品，从根源上说都是对脑文本的回

[①] 聂珍钊. 2019. 论脑文本与语言生成. 华中师范大学学报（人文社会科学版），（6）：115.

忆、组合、加工、复写、存储和再现。可以说，没有脑文本，就没有作家的创作，也没有物质文本和电子文本。没有脑文本，也不可能产生任何形式的文学。"①

认知语境中基于人生体验的那部分知识在不同文化主体之间存在着很大的差异，从而成为最大的释义障碍，即图1.4中原文本A与阐释文本B之间最大的可能性差异。在精神领域，基于生命体验的知识具有地方性、群体性特点，人与人之间的这类知识具有一定的差异性，不同文化之间的差异性更大。因此，自威廉·狄尔泰（Wilhelm Dilthey）以来，现代阐释学试图为精神科学寻求一种普遍适用的阐释方法就显得尤为可贵。②图1.4中抽象体的、概念性的作者脑文本和阐释者脑文本的差异表明，阐释不可能是直显地"恢复"作者的认知语境和视域，只能是尝试性的建构过程。

作者经验 → 概念化 → 作者脑文本 → 符号化 → 文本A → 接受 → 阐释者 → 概念化 → 阐释者脑文本 → 符号化 → 文本B

图1.4 文本阐释过程示意图
资料来源：陈开举（2023：193）

以上讨论了作者与阐释者的认知语境的不对称性造成的释义障碍。通过从物理语境、语言语境到知识语境，以及将这些因素整合作为知识或文化语境的符号、英雄、仪式、价值观各个圈层，可以看出同一语言文化内以及不同文化间在文本的产出端和阐释端的认知语境的不对称性，这种释义障碍在异质文化之间就更加显著。在以翻译为主要形式的跨文化阐释中，最主要的障碍就是知识的不对称性造成的释义障碍，即译学界所谓的不可译性。

第三节 从翻译理论的发展看阐释标准的衍化

作者和阐释者的认知语境的不对称性造成了阐释障碍，而跨文化阐释

---

① 聂珍钊.2013.文学伦理学批评：口头文学与脑文本.外国文学研究，（6）：14.
② 关于狄尔泰对这个问题的努力探求及其对后续阐释学的影响，参见理查德·E.帕尔默.2012.诠释学.潘德荣译.北京：商务印书馆：129-130.

或翻译中的释义障碍更大；有趣的是，差异性越大，阐释的必要性就越大，因为阐释能更好地为主体文化补益稀缺成分，为之赋能，促进其稳健发展。在跨文化交流中，文本阐释通常以翻译的形式表现出来。翻译是阐释的基本形态，对此有学者系统梳理了弗里德里希·施莱尔马赫（Friedrich Schleiermacher）、狄尔泰、汉斯-格奥尔格·伽达默尔（Hans-Georg Gadamer）、理查德·帕尔默（Richard Palmer）等现当代阐释学代表人物在这一点上的论述，并直接提出"翻译即解释"[①]，故此不赘。本章循着翻译的理论和实践发展路径，结合实例讨论前述认知语境即文化或知识语境对翻译造成的障碍，并讨论翻译理论和实践如何处理该障碍。

翻译实践历史悠久，对翻译的研究长期聚焦于翻译的技艺和方法，系统的理论研究始于20世纪六七十年代，到90年代中期，翻译学学科已经清晰地确立了。[②]早期的翻译研究基本都致力于如何忠实地翻译原文本意义，强调译文忠实于原文，考究作者的社会历史环境，忠实地翻译出作者意图。西方围绕《圣经》（*The Bible*）、中国围绕佛经翻译的探索，直译与意译，以及"信、达、雅"等翻译标准的建立，都属于该范畴。

与西方哲学的语言、文化转向相似，翻译学自20世纪六七十年代以来借用语言学、文化学、阐释学等学科的理论成果，发展了一系列翻译理论，实现了翻译从技艺到学科的蜕变，甚至出现了借用现代阐释学理论产生的哲学翻译学，旨在对翻译学进行本体论研究。下面结合当代翻译理论的几大流派，分析其对于认知语境问题是如何处理的。早期的翻译研究因为缺乏系统的理论，且其中重要的思想都被后来的理论吸收了，故此不赘。

一、基于文本语言特征的等值翻译理论

20世纪早期，哲学、文学领域语言学转向的发起者之一罗曼·雅各布

[①] 杨宇威. 2016. 浅论"翻译即解释"在普遍诠释学时期的含义. 现代语文（语言研究版），(12)：13.

[②] 翻译学的学科化始于20世纪90年代中期，对此的系统阐述参见杰里米·芒迪. 2014. 翻译学导论：理论与应用. 李德凤等译. 北京：外语教学与研究出版社：4-7.

森(Roman Jakobson)将语言学理论引入翻译。他发表于1959年的论文《论翻译的语言学问题》("On Linguistic Aspects of Translation")深刻论述了语言学和翻译的关系、翻译的类型划分、翻译中的一般问题和方法等,被认为是翻译学的经典论著。①该文还从语法和词汇范畴讨论了诗歌翻译,认为诗歌基本上是不可译的,并提出了"创造性翻译"(creative translation)的概念和方法。

尤金·A. 奈达(Eugene A. Nida)是西方翻译理论语言学派最重要的代表学者,他基于语言学理论,提出了"翻译科学"的概念,提出并论证了"对等理论"(Equivalence Theory),引发了翻译学界在该理论路径上持续的研究热潮。基于《圣经》的翻译和研究,他于1964年发表的代表作《论对等原则》(Principles of Correspondence)总结了导致翻译存在不同类型的三个基本原因:信息的本质、作者目的/译者目的、受众的类型。他提出文本信息的"形式对等"(formal equivalence)原则,以及译文效果的"动态对等"(dynamic equivalence)原则,即源文化中信息接收者和信息之间的关系,以及译文和目标受众之间的效果相同的等效原则。②彼得·纽马克(Peter Newmark)对语义翻译和交际翻译进行了比较,他围绕结构主义语言学之语法和语义,强调等效标准,对翻译过程进行了操作性较强的讨论。③此外,维尔纳·科勒(Werner Koller)把等效关系剖析为外延、内涵、文本规范、语用、形式五类对等。④

聚焦于文本的语言学翻译理论批判性地吸收了此前以作者-文本为中心的"忠实"翻译观,借助现当代语言学理论,尤其是贯通语言学、语言教学、文学、翻译等学科分支的结构主义语言学,在文本的处理上强调语法-翻译法。虽说内容远远超过了"直译""意译""忠实"的传统讨论,但本质上还是从文本的语言形式出发的各种"忠实"翻译论,走的是语法-

---

① 参见罗曼·雅科布逊. 2018. 论翻译的语言学问题. 江帆译//谢天振. 当代国外翻译理论导读. 2版. 天津:南开大学出版社:4-11. "雅科布逊"现在通译为"雅各布森"。

② 参见尤金·奈达. 2018. 论对等原则. 江帆译. //谢天振. 当代国外翻译理论导读. 2版. 天津:南开大学出版社:30-49.

③ Newmark, P. 1977. Communicative and semantic translation. *Babel*, 3(4): 163-180.

④ 参见杰里米·芒迪. 2014. 翻译学导论:理论与应用. 李德凤等译. 北京:外语教学与研究出版社:66.

语义路线，基本避免了对语境的深究，而是在语言形式内讨论意义，文化语境这一广袤的意义来源被搁置了。

中国最早的佛经翻译中的格义法对译文的"忠实""对等"也有着同样的追求。所谓格义，是"一种类比之理解方法，用来解释和理解跨文化背景的概念"[①]。然而，原文与译文即便是在形式上做到"对等"——这在诗歌翻译中尤为难得，意义和含意却几乎不可能"等值"，所以雅各布森、奈达等语言学翻译理论家也都承认存在着不可译性。实际翻译中可能出现形式、功能、效果等方面的局部对等，但总体上却不可能完全对等，许多音译、硬译的翻译例子就是如此。例如，从梵语音译入汉语的"阿弥陀佛""涅槃"等语音上对等的语符，虽耳熟能详，但常人对于它们的意义可能并不了解。类似的罔顾意义的硬译实际上等于没有翻译。

当然，从认知规律上看，对异质文化中特有的知识、概念的译入本来就有一个由浅入深、由局部到整体的过程。那些初期译介中只能部分"对等"的词汇，随着传播和理解的推进，最理想的结果是人们找到或者创构了新的语汇，如以"民主"代替了"德谟克拉西"，以"科学"取代了"赛恩斯"等，达成与源文化中相关概念相当的表述效果。不过，正是由于这个过程突破了纯粹的语言学范围，加入了知识、文化等要素，才会取得如此效果。

语言学翻译理论从语言形式出发，强调从形式到功能的对等、等值，虽然在机器翻译等领域取得了显著的成果，但在意义较为复杂的文本翻译（如文学翻译）中，由于知识的不对称性，往往只做到形式上的对等，难以做到含意释义上的对等。借助现当代语言学理论力求形式化地、精确地、对等地翻译，脱离文本之知识文化语境去阐释和翻译，实际上是要把精神科学范畴的文学文本装进自然科学的模子，但这中间横亘着精神科学的综合性、体验性特征，存在着生命体悟的差异性。纯粹形式上的对等最多是翻译了作为意义之载体的语言外壳，实际上背离了"忠实"，更谈不上"信、达、雅"。

[①] 华满元. 2016. 重识"格义". 外国语文研究，（2）：53.

二、聚焦于译者的阐释学翻译理论

传统的翻译理论聚焦于作者和作品,将译者压制成为"求工不得而又欲罢不能的尴尬角色,而译作则被看成当不得真的仿制品和权宜性的替代品"[1]。现代阐释学将阐释看作人的生命本体内容,这就赋予了理解者和阐释者主动的合法性。将阐释学理论运用到翻译学中,最瞩目的成果是乔治·斯坦纳(George Steiner)的阐释学翻译理论。在其代表作《通天塔:文学翻译理论研究》(*After Babel: Aspects of Language and Translation*)中,斯坦纳开篇就明确指出:理解即翻译。[2]理解是阐释的核心部分,所以也可以说,翻译即阐释,阐释即翻译。该著作开创了阐释学翻译理论,对原属于两个研究领域的共同课题如作者、文本、语言、文化、翻译过程、翻译理论等做了深刻的阐述,最有影响的是其对"阐释步骤"的解析,具体步骤如下。

第一步:信任(trust)。译者根据经验,相信面对的作品是有价值的,怀着虔诚之心及对作者和原作的敬佩、敬畏态度开始阅读、理解、翻译工作。

第二步:侵入(aggression)。强行打破文本的边界,抓获文本意义,是译者主动拆解文本、建构自己与文本相关的语境视域的过程。

第三步:吸收(incorporation)。译者将理解表述为译文,对译入语产生影响。

第四步:补偿(compensation)。译文对译入语的文化产生影响,打破原有的平衡,因此译者要对译文进行适当的调整,以修复相关的失衡。

基于深厚的理论和翻译实践经验,这四个步骤令人信服地解释了翻译的一般过程。其实,人们对文本、他人和事物的理解过程都要经历这四个步骤。没有尊重和"信任",任何认真的阅读都很难发生,更谈不上深度理解和翻译了;"侵入"揭示了理解之由局部到整体再由整体到局部的循环过程;"吸收"则发生在将原文表述为译文的过程中;最后的"补偿"是整体上的润饰,是求达、求雅的最后环节。我们强调,"侵入"环节之

---

[1] 查明建,田雨. 2003. 论译者主体性:从译者文化地位的边缘化谈起. 中国翻译,(1):20.
[2] 参见乔治·斯坦纳. 1987. 通天塔:文学翻译理论研究. 庄绎传编译. 北京:中国对外翻译出版公司:1. 本章引文大都依从庄译,部分文字有所改动。

由局部到整体的文本理解过程正是译者获取文本相关文化语境以构建起对文本的认知视域即脑文本的关键环节。

斯坦纳的翻译理论吸收了此前的翻译理论成果，如他在《通天塔：文学翻译理论研究》中体现了忠实于原文本，反对译者"添油加醋、添枝加叶，把自己的意思加了进去"[①]等过度阐释或强制阐释的现象。阐释学翻译理论最直接的两大理论来源是转换生成语法和萨丕尔-沃尔夫假说（Sapir-Whorf Hypothesis）。要言之，该理论源起于语言学，成于对文化的倚重。就此，段小莉提出，"翻译也就是对文本背后的文化进行阐释"[②]。

阐释学的翻译理论强调历史性——不仅强调作者、作品的历史性，更强调阐释者、翻译者的理解与表述过程的历史性。这样，阐释者和译者先在的历史性被揭示出来，阐释和翻译的过程被看作实践性的过程，译者和阐释者无疑是这个动态的实践过程中最具有能动性的一端；如果再把翻译扩展到所有的理解行为，则翻译无疑是人作为主体的本质活动。于是，翻译和现代阐释学一样具有了本体性，甚至有学者直接将斯坦纳开创的阐释学翻译理论称作"翻译的哲学理论"[③]。

当然，斯坦纳的阐释学翻译理论也会因为赋予译者或阐释者的主动性过强而导致过度阐释、强制阐释问题，但是总体上该理论对翻译学贡献极大。[④]对此，翻译学界已有许多讨论。我们要追问的是：是什么决定了翻译的事件化和译者的主体性？此问题的答案应该源于翻译的目的性，即翻译背后的推动力。

三、目的论下的知识翻译学

近年来，代表着翻译学最新成果的知识翻译学在充分吸收已有翻译学

[①] 乔治·斯坦纳.1987.通天塔：文学翻译理论研究.庄绎传编译.北京：中国对外翻译出版公司：70.

[②] 段小莉.2020.在转换生成语法和萨丕尔-沃尔夫假说之间：论乔治·斯坦纳阐释学翻译理论的源起.中国翻译，（3）：112.

[③] 参见杰里米·芒迪.2014.翻译学导论：理论与应用.李德凤等译.北京：外语教学与研究出版社：231-255.

[④] 参见谢天振.2018.当代国外翻译理论导读.2版.天津：南开大学出版社：89.

成果的基础上，提出了为什么要翻译、译什么、怎么译、评判翻译的标准是什么等问题，推动翻译学的发展达到了新的高度。

关于为什么要翻译，翻译需要高度自觉状态下较大的投入，是一项重要的人类智力活动。引入异质文化中的瑰宝，旨在改善主体文明文化的功效，即所谓"他山之石，可以攻玉"。翻译彰显了文明文化见贤思齐、提升自我的发展诉求。实际上，翻译作为投入较大的系统性智力工程，总是由总体目标的"无形之手"把握和推动。知识的地方性和个体性是翻译存在的前提，也限定了翻译的使命："翻译是地方性知识世界化的过程，翻译使不同语言承载的不同知识成为世界公共财富。"[1]

关于译什么，译入优秀的知识、文化，尤其是本文化欠缺的内容，译入的知识可能起到革命性的推动作用，如20世纪初我国译入马克思主义等，极大地促进了社会发展进步。文本的翻译必须译出基本的知识、信息，结合翻译目的，突出有用的部分。

关于怎么译，译学界已有的研究十分丰富，尤其是阐释翻译理论的四个步骤很明晰，这里只强调一下如何处理译者与作者和原文之间的关系。一方面，必须坚持译者的主体性，即"译者在受到边缘主体或外部环境及自身视域的影响制约下，为满足译入语文化需要在翻译活动中表现出的一种主观能动性，它具有自主性、能动性、目的性、创造性等特点"[2]；另一方面，正如斯坦纳所说，译者一般必须"时刻看到作者，这样就不至于迷失方向，但他主要是紧跟作者的意思而不死扣字眼，他可以对作者的意思加以引伸，但不能改变"[3]。

知识翻译学从宏观层面突显了翻译的事件性和实践性，这就必然影响到译文的标准，就此有必要做进一步的阐述。翻译的时效性要求对文本中相关知识文化语境的考据不能是琐碎的、无限延长的过程，必须采取非论证性推理，在一定时限内做出权宜的理解和阐释。"世界上并不存在终极性翻译，原文与译文不是一一对应的线性关系。翻译的多样性与人类认识

---

[1] 杨枫. 2021. 翻译是文化还是知识？. 当代外语研究，（6）：卷首语.
[2] 屠国元，朱献珑. 2003. 译者主体性：阐释学的阐释. 中国翻译，（6）：9.
[3] 乔治·斯坦纳. 1987. 通天塔：文学翻译理论研究. 庄绎传编译. 北京：中国对外翻译出版公司：48-49.

与经验的个体性、多样性有关,也跟人类语言的非自足性、人类知识的非充分性有关,更与知识创造和文本生成的复杂过程密不可分。"①

在少数幸运的情况下,如果可以联系到作者或者通过其他的直接证据确认相关知识语境要素,准确释义和翻译就会比较有保障,例如鲁迅主动对《药》之结尾夏瑜坟上的那圈花环的含意所做的说明②;又如笔者在翻译实践中发现,由于一些术语在英文中没有相对应的概念,严重的知识不对称性使得这些术语的释义和翻译难以确定,但是因为能得到作者本人的解释和确认,才得以确定最终的英文翻译(表 1.1)③。

表 1.1　中文术语英译

中文术语	英文翻译
豳风	binfeng
骨相	appearance of bone
气	atmosphere; vital energy
阴阳化生	yin (negative)-yang (positive) transformation and generation

原作者对相关术语的英文表述的干预保证了文本译出时对外传播的保真,为此采取了异化的翻译策略;在译入外来文化知识时,译者的主体性则往往体现在受到其不可避免的本文化历史性的规制时,更多地考虑到本文化中的读者可接受度,采取"拿来主义"的办法处理,如佛经翻译中的格义法。

对于在目标文化中完全找不到匹配表达的语汇,可能采取音译、异化的手段,翻译的结果一开始人们根本就不懂,但是时间长了,从功能上也能接受其大概的意思,经过长时间的使用,达成约定俗成的效果,如 kangaroo,在澳大利亚土著语中是"不知道"的意思,却在早期被英国人误解为指称"袋鼠"的词语,于是按照发音在英语中创构了这个词;从汉

---

① 覃江华. 2022. 翻译与知识生产、管理和转化:知识翻译学刍议. 当代外语研究,(1):69.
② 参见王培元. 2010. 鲁迅作品新编. 北京:人民文学出版社:466.
③ 这些例子取自朱志荣《中国艺术哲学》之英译本 Philosophy of Chinese Art(Chen, K. J., et al., Abingdon: Routledge Press, 2022.)。在审稿定稿阶段,朱志荣教授和我们译者团队反复讨论才将这些术语的英译文确定下来。

语音译入英语的词语如 kang（炕）、kowtow（磕头）、wok（锅）、kungfu（功夫）等；从英语音译入汉语的如"巧克力"（chocolate）、"咖啡"（coffee）、"坦克"（tank）、"吉普"（jeep）等。

更多的翻译实践则充分体现了译者不断尝试理解和阐释源文化文本中较为复杂的观念等知识，其中的术语乃是不同文化体系下形成的知识结晶，难以在不同的目标语中找到对等的概念/语词，在译入本文化时只好用格义加归化的方式综合创构新术语，以表达引入的新内容、新意义：译入汉语的词语如"马克思主义""庞氏骗局"；译入英语的词语如"气功"（qigong/deep breathing exercises，音译与释义相结合）、"本命年"（one's year of birth considered in relation to the 12 Terrestrial Branches）、"端午节"（the Dragon Boat Festival）等。

知识翻译学综合了其他各流派的理论，将知识的不对称性、文化的多样性彰显出来，也正是差异性催生了翻译的必要性，从这个视角我们可以再一次回归到人文精神科学的主旨之一——和而不同（harmony in diversity）。

第四节　从翻译学看阐释效度的衍化

翻译理论的发展脉络印证了阐释学发展过程中研究焦点在作者—文本—阐释者三大要素之间的转换，也昭示了阐释和译文标准的衍化轨迹。要言之，翻译理论反映的阐释效度经历的一系列转化在最新的知识翻译学中突出了不同文化中知识的独特性，构成了翻译过程中最大的释义障碍，也影响着翻译作为阐释的效度。

文本的生产即从脑文本到语言文本，要经历作者认知语境的形塑。在文本阐释端，阐释者的理解必须经过相关认知语境要素的重构过程。作者和阐释者的相关认知语境构成的视域只能部分融合而不可能完全重合。作者对文本的修改有可能调整他反映在文本中的认知语境要素；阐释者的每一次重读、理解和阐释也可能修正他对文本相关的认知语境的重构。如此就揭示了文本阐释的无限可能性，也能解释为何许多经典文本历经了长期的、反复的阐释，后来却仍然出现了新的阐释。作者与阐释者的认知语境的不对称性是阐释的难点、重点和旨趣所在，在跨文化阐释中，这种不对称性问题更加凸显。

文史哲经典作品充满了独特的民族文化价值观、世界观和思维方式的内容，含意丰富，翻译难度大。翻译家对这些含意丰富的内容的释义充分展示了阐释中的障碍及其解决策略。孔维珍比较了理雅各（James Legge）、辜鸿铭、亚瑟·韦利（Arthur Waley）、林语堂和刘殿爵对《论语》中"仁""礼""君子"的不同版本的英译[①]，发现他们对这些关键性术语有着不同的翻译版本。由于各位翻译家对这些概念的理解一般是基于对某一方面的认识，所以很难简单地评判出孰优孰劣。这也正说明，"任何翻译都带有翻译者的诠释学'境遇'和理解'视域'，追求所谓的单一的真正的客观的意义乃是不可实现的幻想"[②]。以"仁"为例，源文本《论语》中就出现了100多次，几乎每一次出现时都有独特的意蕴，含意当然不可能统一；同时，英文中根本没有一个被如此复杂地阐述过的对等的概念。故不同的翻译家见仁见智地阐释"仁"在所难免。新知识、新概念的引入往往会催生一系列新的语汇，以现代汉语中的日语外来语为例，"表示专业用语和固定概念，主要涉及哲学、心理学、经济学、社会学等自然科学和社会科学方面的专业术语。例如：经济方面：借方、贷方、景气、财阀、债务、广告等；哲学、政治方面：微观、宏观、形而上学、左翼、中产阶级等；法律、诉讼方面：公判、审问、仲裁、引渡等"[③]。

翻译的英文前缀 trans-是"跨越"之意，既要跨越两种语言的差异实现意义的表述，更要跨越文化差异使目标受众理解译入的内容。文化语境中那些建立在人的生命体悟基础上的概念、信念、价值观等决定了文本的含意，这是翻译中必须跨越的释义障碍。尤其是对文学作品的理解，"不是在空间的、静止的、非时间的概念知识的范畴内被把握的，因为它具有

[①] 参见孔维珍. 2011. 从文化翻译观看《论语》中仁、礼、君子的英译. 中南大学硕士学位论文.

[②] 汉斯-格奥尔格·加达默尔. 1999. 真理与方法：哲学诠释学的基本特征. 洪汉鼎译. 上海：上海译文出版社："译者序"，13.

[③] 黄嗪咪. 2019. 现代汉语中的日语"外来语"现象. 青年文学家，（35）：174.

事件(即历史)的特征。一部文学作品的意义是动态的、时间的、个人的……简而言之，文学不是概念性知识，而是经验"[①]。对于大多数文学文本，尤其是已成经典的作品，作者大多已经作古，直接的证据如作者的书信以及其他互文性的证据都已缺失，相关知识语境要素缺位，释义障碍显著，不同的译者找到的证据可能差别很大，形成的阐释视域各不相同，翻译结果自然也不同。例如，威廉·莎士比亚（William Shakespeare）的《哈姆雷特》（*Hamlet*）中那句著名的台词"To be, or not to be, that is the question"充满了文学性、哲理性，但是文内没有明确说明作者到底是什么含意，以及作者在借以抒发自己的何种情怀或志趣。这是引得后来无数阐释者、译者竞相着力的典型语例，对这句话的翻译和批评莫衷一是，成为讨论释义障碍和阐释标准的绝佳例证。

更典型的是某些概念在目标语言中完全没有对应的词汇，如西方哲学中指称"存在"的 being，在中国哲学中没有相对应的概念。我国学者王路深入探讨了这类概念或知识的可译与不可译的问题："哲学中确实有一些词是不能翻译的。比如'道'、'象'（比如'天下'、'江湖'）。我认为，它们不能翻译，主要不是语言的问题，而是理解的问题，因为它们不好理解，无法理解。说它们是文化中的概念没有问题，因为那样会有更大的解释空间。"[②]与前面分析过的"仁"一样，这样的概念往往内涵极为丰富，任何一种阐释可能都只能涉及其中的一点或一面，而整体含意却如同盲人面前的"象"，难以把握。不存在理想的阐释，只有相对较好的阐释，即向着最佳阐释无限靠近的理解、释义和译文。存在着巨大差异的文本内容翻译旨在追求更好的释义，因而不断地再语境化、再符号化、再概念化。可以肯定的是，对释义效度的评判应该坚持围绕文本中的知识内涵，而不是"借文本之名，阐本己之意"[③]。

当然，文化语境中知识的非对称性带来的释义障碍总是必须克服的，阐释者和译者对这些障碍的认识的加深或拓展催生出了新的阐释或译文，从另一方面说，是释义障碍促成了阐释的开放性。文本含意越丰富、阅读

[①] 理查德·E. 帕尔默. 2012. 诠释学. 潘德荣译. 北京：商务印书馆：324.
[②] 王路. 2019. 论哲学概念的可译与不可译. 湖北大学学报（哲学社会科学版），（4）：83.
[③] 张江. 2021. 再论强制阐释. 中国社会科学，（2）：4.

和阐释的人越多，越能促成新的阐释，这就是经典文本获得不断重译和重新阐释的根本动因。推陈出新的阐释或译文也要求相应的评判标准的更新，以获得新的受众之认同，实现阐释或译文的有效阅读、传播和接受。对相同文本的阐释标准无论如何衍变，总是要受阐释的基本要求所制约。这里我们从阐释的循环简析一下作者和文本对阐释或翻译的约束。

阐释的循环体现在语言、作者含意和阐释主体性三个方面。首先，在文本理解阶段，部分与整体之间相互印证，即具体词语的意义往往要通过词组、句子、段落甚至整个篇章的印证才能确证合适的理解，当然反过来也是这样，即篇章的理解要各段落、各句子、各词组甚至各个词语意义的聚合。这是语言层面的阐释的循环。其次，文本与其生成的历史语境之间相互印证，即作者将相应的社会文化历史语境内化成认知语境，以文本的形式呈现出来。所以，对文本中作者意图的理解离不开文本和相应的社会文化历史语境之间的互证。这是作者含意层面的阐释的循环。最后，阐释者作为文本的读者或接受者对于文本的理解和阐释总是要与其自身的历史文化语境协调起来。这是阐释主体性层面的阐释的循环。上述三重阐释循环贯穿着阐释过程，规定着阐释的有效性，也决定着相应的阐释标准，翻译也是如此。

翻译强调"忠实"原则：忠实于作者、忠实于原文。其中，作者和原文处于高高在上的一端，翻译和阐释要忠实于信息的提供者，作者和原文是绝对的权威，翻译作为阐释的效度取决于对作者和原文的忠实程度。此阶段的翻译对不同文化间的学习和相互理解起到了巨大的作用，对于译入方社会的发展起着极大的推动作用。但是，实际情况往往并非如此：强调"信、达、雅"的严复在翻译托马斯·亨利·赫胥黎（Thomas Henry Huxley）的《天演论》（*Evolution and Ethics and Other Essays*）时，采用的是意译而非直译，并添加了他自己的按语、导言、自序，借用原文表述了不少自己的观点，原作中的论点"物竞天择，适者生存"本来只是自然科学之生物学范畴的观点，被译者借用来观照社会发展，成为社会达尔文主义之名句。从翻译、阐释的角度看，这属于强制阐释，它在很短时间内成为广为接受的公共阐释。译者的社会历史性促成了他的翻译表述，对其阐释效度的评判也就离不开参照其所处时代之历史性的约束。

"语言"转向为翻译提供了理论依据,培育了以"对等理论"为代表的诸多翻译学理论,为翻译学的学科化打下了较好的基础。然而,强调以形式为主的各种"对等"虽然对于以诗歌为代表的少数文体在译文的语言形式上有着较好的指导作用,但意义的阐释被边缘化了。所以,这些理论一般都会注意加上对意义的释义。不过,不以意义为核心指标的阐释标准很难真正成立。

阐释学翻译理论为译者作为阐释者的主体性打开了广阔的空间,助力形成翻译学的本体论研究,甚至提出"哲学翻译学"或者"翻译学的哲学研究",对应着哲学阐释学和本体论的阐释学。不过,阐释学翻译理论过多强调从译者出发,主动建构其自身的认知语境,这个过程中对于作者意图或者文本含意缺乏足够的重视,译文容易滑向强制阐释。

知识翻译学博采其他翻译理论流派的优长,注重知识的个体性差异和文化语境的不对称性,强调翻译的实践性,突显社会历史规定性对翻译的作用。该理论为翻译的目的性、规定性、释义标准的发展变化及其动因提供了更宽广的研究视域。

翻译学理论的衍化进路呼应着现代阐释学研究重心从作者到文本再到阐释者的嬗变,分别关联着翻译过程中从强调作者所处社会历史背景到文本语言特征再到译者的主体性,并据此形成评判译文的标准。对于文本中承载的作者意图或文本含意,各种翻译理论都不同程度地强调了"忠实"原则,在阐释学中已经被 E. D. 赫施(E. D. Hirsch)等明确提出来[1],但是在翻译研究中迄今还没有明确地围绕它形成评价译文效度的标准。经历了分别强调作者—文本—译者的研究焦点的循环,公共阐释理论能够成为翻译理论螺旋式回归到作者意图或文本含意研究的有力支撑。阅读、理解和翻译过程中的公共理性要求译者或阐释者"以普遍的历史前提为基点,以文本为意义对象,以公共理性生产有边界约束,且可公度的有效阐释"[2]。以公共阐释理论指导翻译,必能提高译文作为阐释的效度。

通过对文本之文化语境系统的阐述,清晰地析出认知语境在阐释和翻

---

[1] 关于赫施将作者意图作为阐释有效性的评判标准,参见理查德·E. 帕尔默. 2012. 诠释学. 潘德荣译. 北京:商务印书馆:85-92.

[2] 张江. 2017. 公共阐释论纲. 学术研究,(6):1.

译过程中形成的作者与阐释者之间的不对称性，揭示出跨文化阐释与翻译中最大的障碍所在，有利于指导相应的阐释与翻译的研究与实践。遵守以文本为基础，把握作者意图，才能达成对文本的公共阐释。由于翻译是跨文化交流中最主要的内容，对文化语境不对称性的释义障碍的认识与克服必然能够有效地促进文明、文化体之间的互鉴互动，推进文明、文化体本身的健康发展。

小　　结

对阐释或译文最佳效度的追求，是所有文本阐释者和译者的期望。要做到这一点，最大的障碍是阐释者与作者文化语境的不对称性。对文本含意的阐释是一个通过寻找作者在生产文本时的最佳关联认知语境，进而经过非论证性推理得到确当理解和表述的过程。这个过程中的最大障碍是作者与阐释者之间认知语境的非对称性，不同文化主体的知识差异为阐释和翻译提供了必要性。民族文化特色、生活经验的个体性以及作者寄寓在该文本中的交际意图决定了作者与阐释者在文化语境上的非对称性，阐释者需要通过类比的方式将文本可能的含意投射到自身的认知文化语境中，跨越非对称性造成的释义障碍，实现理解和阐释。

跨文化交流中的核心实际就是文化互译。文本的翻译需要跨越源文化与目标文化语境显著的非对称性，克服理解与表述的释义过程中的各种阐释障碍，将源文化文本转化为目标文化文本，实现源文化中相关知识在目标文化中的再符号化、再语境化、再概念化。将公共阐释理论运用到翻译理论和实践中，可以为译文确定衡量的标准，提高译文的接受度和阐释效度。不同时代的社会生活实践既促成了对经典文本的重新阐释和重译，也约束和检验着阐释与翻译的效度。克服文本阐释中的释义障碍，有益于提升翻译的接受度和阐释的效度，从而提升文明、文化体之间的互动和互鉴水平，推动文明、文化的健康发展。

第二章

知识翻译学视域下强制阐释的三个动因[①]

近十年来，随着学界对强制阐释的深入讨论和批评，以及公共阐释理论的提出和发展，中国阐释学研究呈现出日益繁盛的局面，主题突出、热点聚焦、成果丰硕。这些研究的主线基本上沿着阐释的标准问题展开：一方面，无视文本的整体性而肢解文本，"借文本之名，阐本己之意，且将此意强加于文本，宣称文本即为此意"[②]，从而形成强制阐释；另一方面，以文本为归宿的阐释本身具有开放性，即阐释具有无限性，它们共同指向公共阐释，即"以普遍的历史前提为基点，以文本为意义对象，以公共理性生产有边界约束，且可公度的有效阐释"[③]。阐释的公共性、公共理性、有限与无限性，以及公共阐释的本质特征等一系列重大基础性课题的研究，为中国阐释学派的建构奠定了基础。[④]

在阐释过程中，违反语言规定性会导致对文本基本语义意义的错误理

[①] 本章基于陈开举. 2023. 知识翻译学视域下强制阐释的三个动因. 东南学术，（3）：106-113. 收录过程中有修改。
[②] 张江. 2021. 再论强制阐释. 中国社会科学，（2）：4.
[③] 张江. 2017. 公共阐释论纲. 学术研究，（6）：1.
[④] 参见孙麾，陈开举. 2021. 中国阐释学的兴起. 北京：社会科学文献出版社："前言"，1-2.

解和阐释，对此笔者已有专文论述，在此不赘。[1]基本语义理解正确，但是将阐释者自己先有的主观立场、观点乃至结论借文本之名阐释出来，则会导致强制阐释。然而，关于强制阐释的主要动因从何而来，或曰是哪些因素导致了强制阐释的发生，既有研究还较少有专门的探讨。本章综合运用阐释学理论，聚焦作为阐释的典型形式之一的翻译实践，考察在翻译阐释过程中强制阐释最明显的三个动因，进而讨论译者应该如何规避干扰，克服可能形成的强制阐释性译文。

第一节　阐释、翻译是如何发生的？

为了便于讨论，这里首先厘清两组基本概念。其一，阐释与翻译。阐释学（hermeneutics），其英文词根 herme 源自 Hermes，是指古希腊神话中神与人间的信使赫尔墨斯，他在神与人两重世界之间的信息传递与转换中，有相当分量的工作就是信息的语码转换，即是说，他所司职的阐释工作的主要任务就是翻译，跨越神与人两重世界的语码转换以实现意义的理解与传播。这一点在阐释学教材中基本都有专门论及，如帕尔默的《诠释学》（Hermeneutics）[2]和潘德荣的《西方诠释学史》[3]等。阐释学和翻译学界对二者的关系做出了较多辨析，甚至直接提出翻译即阐释、阐释即翻译的观点。[4]例如，阐释学翻译理论家斯坦纳明确指出，理解即翻译，翻译即阐释，阐释即翻译。[5]对于翻译理论与实践的源流，翻译学界已有不少专门研究，在此不赘。[6]本章聚焦翻译学近年来最新的知识翻译学视野，

---

[1] 关于话语理解中的基本意义问题，详见陈开举. 2020. 从语境看阐释的有限与无限. 社会科学辑刊，（6）：44-49.
[2] 理查德·E. 帕尔默. 2012. 诠释学. 潘德荣译. 北京：商务印书馆：25.
[3] 潘德荣. 2016. 西方诠释学史. 北京：北京大学出版社：20.
[4] 杨宇威. 2016. 浅论"翻译即解释"在普遍诠释学时期的含义. 现代语文（语言研究版），（12）：13-15.
[5] 乔治·斯坦纳. 1987. 通天塔：文学翻译理论研究. 庄绎传编译. 北京：中国对外翻译出版公司：1.
[6] 这方面的成果如杰里米·芒迪的《翻译学导论：理论与应用》（外语教学与研究出版社 2014 年版）和谢天振主编的《当代国外翻译理论导读》（南开大学出版社 2018 年版）。

讨论强制阐释的三个动因。知识翻译学是从整体上研究翻译的性质、内涵与特征的新兴翻译理论。对于翻译的本质属性，该理论的倡导者杨枫说："翻译是地方性知识世界化的过程，翻译使不同语言承载的不同知识成为世界公共财富。"①

其二，阐释与阐发。阐释是围绕文本展开的，对文本的理解和意义的阐释总归要受到文本本身的束缚，即阐释必须以文本为归宿。虽然超越文本本身的解释也普遍存在，但正如陈嘉映所说："阐释虽有发挥，但仍以文本为归宿；阐发以文本为起点，以自己要说的为终点。"②文本有自然科学与精神科学两大门类。一般说来，自然科学文本的意义是直显的，解释者的任务是对其中的意义加以说明，典型的如操作说明书或功能说明书，对其中的意义的说明一般不存在争议。然而，精神科学文本中一般除了字面意义之外，往往还蕴藏着作者不愿意或不能直接表达的意义，如曹雪芹寄寓在《红楼梦》中的"其中味"。文学文本往往是作者暗含意图最多的文本形态，再加上修辞手法等多重审美技巧的综合运用，文本字面意义外的蕴含意义十分丰富，为读者的欣赏、理解和解释提供了广阔空间。越是高明的作者越能娴熟运用各种艺术技巧，藏思于文，吸引后人对其作品源源不断地阅读、欣赏、阐释，即是说，经典的文本必然引发无限的阐释。

文本的生产也好，对文本的理解也罢，操作的核心乃是通过文本传播意义。文本生产和阐释的两端都出自作者和阐释者高度自觉的理性活动，寄寓在该活动之中的必然有着当事人意欲通过文本实现的意图。没有白说的话，也没有无寓意的故事，要透过话语或文本理解说话人背后的意图，这一点即使是很多生活阅历不多、知识积累尚浅的小学生也常常能明白，例如：

（学生没做家庭作业，撒谎说忘记将作业带到学校。）

老师：我给你讲一个《狼来了》的故事！

学生（红脸）：老师，别讲了，我是没有做家庭作业。

这里，学生的回答蕴含了一定的趣味：显然他准确理解了老师要讲的

---

① 杨枫. 2021. 翻译是文化还是知识？. 当代外语研究，（6）：卷首语.
② 陈嘉映. 2020. 谈谈阐释学中的几个常用概念. 哲学研究，（4）：14.

故事之基本信息，这是表面的、通俗的乃至无趣的；真正的趣味在于没有明说但是蕴含在文本字里行间的暗含意义，即说话人/作者意图。合格的理解和阐释必须将说话人/作者意图抓取出来，换言之，说话人/作者意图乃是判定阐释效度的标准。又如鲁迅在《狂人日记》中写道：

> 凡事总须研究，才会明白。古来时常吃人，我也还记得，可是不甚清楚。我翻开历史一查，这历史没有年代，歪歪斜斜的每叶上都写着"仁义道德"几个字。我横竖睡不着，仔细看了半夜，才从字缝里看出字来，满本都写着两个字是"吃人"！①

就字面意思而言，这段引语给人以"狂人疯语"的感觉。然而，没有直说的作者含义之丰富、深刻、辛辣，这才是这段文字的精髓，才使得整个作品具有了中国文学文化史上革命性佳作的意义。"研究"要求透过现象看本质，表面上的"仁义道德"在本质上却是藏在"字缝里"的"吃人"，本来清楚的意思却只能借助"狂人"的"日记"才有表述的机会……可见，只有围绕作者藏在文本中的意图进行阐释，才可能抵达文本含意的精妙之处，才具有阐释价值。

从个人的生命历程来看，广义的阐释无所不在，是人的自证行为，即是说，人只要活着，只要做事，总是要落实其意图，即把他的脑文本中的计划通过语言和行为诠释、解释、兑现出来，亦即阐释出来。从社会整体来看，文明文化的发展是一个知识累积的过程，也是人和社会的重要主题得到不断深化、反复阐释的过程。对经典文本的今译、批评与阐释，以及对其他文化体中经典文本的翻译、评介和阐释，越来越成为社会有意识、有计划、有组织、高投入的集体性研究实践。

从发生学的角度看，在思想、信念、宗教等社会宏观层面上，对于构成文化内核成分的典籍文本的阐释和翻译，从来都是社会力量明确支持的学术内容，且随着社会的发展，这种组织性学术活动也获得了相应的发展。例如在当代中国，随着综合国力的增强，基础性经典文献的外译与译入已成为投入较大、研究力量越来越强、成果成批量增长的领域，为社会的持

---

① 鲁迅. 2014. 狂人日记//鲁迅. 鲁迅全集（第1卷）. 北京：人民文学出版社：550.

续发展提供了必需的知识经验之交流、学习和互鉴。可以说，这股力量是推动思想、文化核心价值文本之翻译的最大社会动因。

在由各种行会组织、企事业机构等形成的社会中观层面上，译入目标文化中具有优势竞争力的知识技术文本——以提高文明文化本体相应的生产、服务水平——乃是实用性催生出来的文本翻译、阐释的原生动力。它追求的是直显的功能主义阐释效果，以改善自身技能技艺、夷平对手的竞争优势为目的，奉行的是借他山之石以攻玉的功能性原则。政治、经济、军事、文化等社会机构和组织是这类文本翻译与阐释的主要推手，文本范畴主要是自然科学及其相关学科。当然，现代社会以来，自然科学的强势发展及其衍生技术的广泛使用，形成了科学至上的格局，其扩散开来，决定性地影响并构成了现代精神科学。这类文本的翻译和阐释以追求对等的功能为旨归。

在阐释者个人的微观层面上，其生命体验、职业经验和审美趣向综合作用下形成的他本人对文本风格、审美要素的诉求，是第三类动因。首先，个人独特的生命体验会影响其对文本的独特理解，这种独特性既体现在他与其他读者的理解的差异性上，又体现在他自己每一次阅读文本都可能产生新的理解效果上，而好的文本往往具有一种特质，那就是引人入胜，鼓励着读者得出丰富而不同的理解。其次，个人对文本风格的偏好既会影响其对将要翻译或阐释的文本的选择，更会影响其在翻译和阐释过程中对文本内容的取舍。最后，不同译者或阐释者对于文本中的思想、意境、意象等审美范畴的关注点有明显的差异性。这种动因往往最容易引导翻译或阐释结果突破文本，形成强制性或者阐发性的解释。

第二节　强制阐释的三个动因

第一个动因是社会历史使命感的驱动。信息差异性促成交际和交流，这是人之见贤思齐的本质属性使然。在社会层面上，人们认识到其他文明文化尤其是文化核心的思想、信念、价值观方面有值得学习和借鉴的内容，便会克服重重困难去学习和借鉴。例如,唐玄奘克服千难万苦,历时十余载拜取佛经;20世纪初,众多中国进步知识分子甘冒危险,翻译和传播马克思主义思想理论。这类社会层面的动因根本在于改善本文化的生存与竞争能力,属于神圣的民族英雄主义情怀,取经者、译者和阐释者受到神圣而崇高的历史使命感的驱动。为丰富和发展本文化思想、信念、价值观而做出树德立言之贡献,乃是该群体中有识之士的共同梦想,它驱使着译者和阐释者对于经典文本的反复重译和重新阐释。

对思想、信念和价值观文本的"取经"与翻译,大多出于有组织、有计划、有目标、有资助的安排,且随着经济社会的发展,这种投入力度越来越大。这些发生学意义上的交流和翻译的动因会影响翻译过程中译者对于文本处理的目标、方法和标准。一方面,对于所选取的源文化思想、信念、价值观的崇敬,使得译者在文本翻译和阐释过程中保持着对作者和文本的虔诚敬仰,体现在翻译中莫过于翻译界长期奉行的"信、达、雅"信条;另一方面,社会迫切的现实需求要求译者在一定时效期内完成翻译和阐释,更由于源文化中的宗教、思想、信念在目标文化中空缺,巨大的信息差产生了强大的势能,迫使翻译、阐释要克服困难,通过硬译、比附、格义等异化策略,尽快将翻译和阐释文本传递给受众。所谓格义,指的是"一种类比之理解方法,用来解释和理解跨文化背景的概念,与之同义词是'配说'或'连类',近似英语 analogy(类比)"[1]。源文化与译入文化之间的知识鸿沟,决定了译入的诸多概念、思想、信念需要经过长期的消化、吸收、融合等归化处理,才能真正被吸收成为本文化的有机组成部分,真正实现丰富和改变本文化,如日本对中国汉唐文化以及日本明治维新前后对西方文化的引入、翻译、消化、吸收进而发展成为的日本文化,中国文化中对佛教的译入、融合、发展而成的禅学,以及马克思主义中国化的过程等。

关于翻译的标准和社会对译文的认可度,从源文化引进新的思想和知识之初,社会对译入知识的迫切需要决定了其对译文知识的较高接受度,并将译文推崇到公共阐释的地位。虽然格义、硬译会产生诸多晦涩难懂的

---

[1] 华满元. 2016. 重识"格义". 外国语文研究,(2):53.

异化效果，如格义法带来的"佛陀""菩萨""阿弥陀佛"等实际上只是就发音硬译的权宜表述，让缺乏相应背景知识的读者在很长时间内处于懵懵懂懂、一头雾水的状态，但是由于最先的翻译缺乏可资借鉴或比较的平行译本，故不会影响先行译文的公共阐释地位。后续每个时代的重译也基本是由最优秀的学术、财力、出版等方面资源合力完成的，其译文和阐释版本吸收了已有版本的优点，改进和完善不妥之处，形成替代此前的公共阐释，即所处时代的新的公共阐释。

第二个动因是传播红利的驱动。社会各行业出于对行业知识技术的现实需求，组织力量收集、翻译和阐释相关文本，这些知识技术的传播会很快改善其生产生活水平，故我们将这种动因称为传播红利的驱动。这类文本的翻译标准首先体现在实用性上，即文本能使读者提升自身的行业知识技能，在翻译学中表现为对等、等效翻译理论，研究内容先后涵盖了源文本与译本之间形式、意义、功能等方面的对等或等效。科勒甚至将等效关系细分为外延、内涵、文本规范、语用、形式五个方面的对等。[①]当然，其最终宗旨在于使译文能够帮助读者学会源文化中相应的知识技能，提升自己的竞争水平。大量的技术类文本、经济合同以及商务信函等源文本要求信息表达准确，不需要过高的文采，一般也没有作者蕴藏在文本中的其他意图。跨文化交流过程中的许多日常语汇，由于在译入文化中缺乏对等内容，也会出现音译、硬译、格义的译法。例如，英文中的 kang（炕）、kungfu（功夫）、wok（锅）、kowtow（磕头）等，就是以音译方式创造新的词汇来表达源文化中的新奇内容；汉语中音译引入的西方语汇如"坦克"（tank）、"吉普"（jeep）、"阿司匹林"（Aspirin）等也属于这一类型。翻译中新造的词汇用得久了，人们可能会习以为常地将它们当成本语言文化中的成分，即是说，这些词汇的翻译成功地化为了公共阐释。当然，在文学文本的翻译中也有类似情形，典型的是在诗歌翻译中从形式和内容上做到对等实属难能可贵，翻译时适当侧重于形式或内容应该不算是强制阐释。

译者如果受传播红利的驱动，对源文化中的内容进行碎片化处理，断

---

① 杰里米·芒迪. 2014. 翻译学导论：理论与应用. 李德凤等译. 北京：外语教学与研究出版社：66.

章取义以满足目标读者群猎奇的心理，就容易产生强制阐释的译本。为了照顾读者的喜好，汉学家大卫·霍克思（David Hawkes）承认有时候要对原作做出一定的改动。他辩解说："如果这样的改动超出了一个译者的职责范围，我只请求注意我为西方读者考虑之心。"[1]生活中常见的例子如将"饺子"译成dumpling，将"筷子"译成chopsticks[2]；文学翻译中的例子如将《水浒传》译为猎奇性的 *The Fantastic Story of 105 Men and 3 Women*（《105个男人和3个女人的故事》），将《西游记》译为 *Monkey King*，过于简化导致失之偏颇。当然，如果译者本来就具有种族中心主义等意识形态，则很容易造成对源文本带有偏见的翻译处理，例如笔者在与多位西方同事讨论"鸦片战争"的翻译时，他们通常反对用 The Opium War，而是坚持用 The War for the Balance of Trade——当然，这里的争论已经不限于翻译了，而是对待这场战争的两种对立立场在中西文化中的不同阐释和表述。需要注意的是，某些意识形态通过长期传播已经内化为"常识"或"知识"状态，译者、阐释者在翻译和阐释的过程中需要保持警惕的批判精神，抵制可能的种族中心主义、民族文化中心主义、社会达尔文主义、势利歧视等倾向，以免造成对源文本的强制阐释。

　　第三个动因是译者或阐释者的个人审美趣向的驱动。翻译和阐释终究是个人行为，因此一定会受制于个人学识、阅历、审美趣向等要素，这些要素是个人在长期学习中习得的，已经先在地内化于每个译者和阐释者的职业素养中，十分隐蔽。这些要素决定了译者或阐释者的"视域"，即在对文本理解的过程中所"看视的区域，它包括了从某个立足点出发所能看到的一切"[3]。正是由于不同阐释者的视域不同，才出现了对于相同的文本，不同的读者和阐释者见仁见智，甚至出现所谓"一千个读者眼里有一

---

[1] 盛君凯. 2017. 毕生辛勤传汉典，半世浮沉梦红楼——霍克思的译介历程//朱振武等. 汉学家的中国文学英译历程. 上海：华东理工大学出版社：31. 另，本书中涉及的引文内容，作者在脚注中已进行说明，书后参考文献中只统一列出朱振武主编的该著作。

[2] 中国饮食文化中的"饺子"作为食材实际上精致、营养、味美，岂能译成"dump（倾倒）+ ling（小东西）"？另外，"筷子"是中国文化中的重要器物，译成"chop（削）+ sticks（棍、枝）"太过粗鄙，虽然这一英文译名已经广为接受，但还是值得批判的。限于篇幅与主题，在此不赘。

[3] 汉斯-格奥尔格·加达默尔. 1999. 真理与方法：哲学诠释学的基本特征. 洪汉鼎译. 上海：上海译文出版社：388.

千个哈姆雷特"的现象。越是经典的文本，其作者高超的写作技巧和巧妙的运思越是能为读者提供多样化理解的空间，即为阐释提供无限的可能。阐释学翻译理论强调译者自身对源文本的理解，以及在整个翻译过程中的各种译者主体性抉择。

当然，阐释的无限可能性或曰阐释的开放性并不是说对具体文本的阐释可以随意进行，甚至在阐释开始之前已经有了某种清晰的个人意图乃至既定立场，只是借用对某文本阐释的名义抒发出来，将文本本身工具化处理，成为佐证自己意图的材料。若如此，则是典型的强制阐释："背离文本话语，消解文学指征，以前在立场和模式，对文本和文学作符合论者主观意图和结论的阐释。"[1]需要强调的是，虽然译者的个人因素不可避免，但是必须坚持以源文本为出发点和归宿，以避免翻译中的强制阐释。

第三节 翻译过程中如何克服相应的强制阐释？

我们从发生学的视角分别讨论了社会宏观、行业中观、阐释者微观层面上翻译阐释的动因，分析了这些动因可能导致的强制阐释性译本。知识翻译学作为翻译学近年来发展的新理论，可以帮助我们置身于更高更广的平台，从总体上看待翻译，探讨如何在翻译过程中规避强制阐释。综观古往今来的翻译，可以概言之，翻译无非是通过译出不同语言文化中的知识，以利于交流、传播，从而改善文明文化体的生存和运作状态。总体上讲，"翻译是地方性知识世界化的过程，翻译使不同语言承载的不同知识成为世界公共财富"[2]。

知识翻译学强调知识的地方性和个体性差异。在第一个动因的作用下，翻译和阐释的先行者的译文或阐释版本自然成为公共阐释。当然，后来的版本可以对已有的公共阐释版本进行修正，形成新版本的公共阐释。在思

---

[1] 张江. 2014. 强制阐释论. 文学评论，(6)：5.
[2] 杨枫. 2021. 翻译是文化还是知识？. 当代外语研究，(6)：卷首语.

想、文化核心价值内容最初的翻译过程中，译者只能依据目标文化中的概念硬性表达译入内容，但是由于常常找不到对应的概念，其难免采用格义、硬译等权宜策略，故其译文也难免存在晦涩难懂之处，如硬生生借来的"阿弥陀佛""般若波罗蜜""涅槃"等音译语汇。有趣的是，这些生僻的词语用得久了，人们不再在意它们的根本意义，转而不自觉地运用它们，这正应和了现代语言学自弗尔迪南·德·索绪尔（Ferdinand de Saussure）起将语言与意义的本质关系认定为约定俗成的（conventionalized）而不是逻辑的（logical/motivated），即否认词语与意义之间存在着必然的关联。

这里还需要简要讨论一下"格义""硬译"是否造成强制阐释，以及应该如何看待其中晦涩难懂的表述问题。一方面，这类文本的译者一般出于对文本的虔诚敬畏之心而参与了文本的遴选，翻译过程中虽然常用"牵强附会"的策略，但是基本是以翻译和阐释源文本意义为宗旨，而不是借文本阐发本己意图，所以不属于强制阐释；另一方面，译者和读者对于外来文化的核心思想、信念、价值观等的认识和借鉴，必须经历一个较长的适应、深化和全面理解的过程，如 20 世纪初中国对马克思主义的译介，以及对于人文社科中诸多知识和概念的翻译、重译与完善就是如此。限于篇幅，仅以 science 和 democracy 的翻译为例，从初期的"德先生""赛先生"到后来的"科学""民主"的译文发展，充分彰显了包括译者在内的受众群体对译入思想、知识、术语之认识的深化、发展和完善历程，作为公共阐释的内容丰富了译入文化，而这正是翻译和阐释发展演变的理想路径与结果。

基于第二个动因即实用性驱动的翻译，基本以项目的形式展开，其目标主要侧重翻译对象的某一个或几个方面，译出需要的内容，该项目也就完成了。这在知识翻译学上十分简明：达到知识传播的目的即可。不过，在实践中也可能出现译者借其所翻译之文本阐发自己意图的例外情况，如严复借自然科学文本《天演论》的翻译，类比性地阐发自己的社会达尔文主义思想，其对社会变革的观点随之成为社会广为接受的公共阐释内容。

对于先有既定的立场，而译者强以文本之名征用文本片段佐证自己的观点，形成强制阐释的情况，学界应该展开持续的批评，将强制阐释中译者或阐释者先有的各种偏见和立场与文本本身的意义剥离开来，争取改进的空间，使得译本或阐释版本向着优化的公共阐释版本方向衍化。在翻译过程中，译者在阐释文本的同时，应保持对可能性偏见的警惕性，对于失之偏颇的理解应适时展开纠偏，这种批判与质疑精神是翻译和阐释界、批评界以及受众都应该具备的文化素养。实际上，任何文本都是对于某些或某种知识的阐释，读者和评论界在理解与欣赏的过程中应该具有批判精神，而不是将所有文本都当作真理全盘接受。关于这一方面，米歇尔·福柯（Michel Foucault）的知识考古学、知识-权力批判，以及爱德华·W. 萨义德（Edward W. Said）对西方文学中的"东方主义"的批评等，可谓纠偏性的批判范例。近年来，一些西方主流媒体如 BBC 对中欧班列、"一带一路"倡议的系列报道充满了嘲讽和"污名化"，甚至将中国对"一带一路"共建国家的基础设施建设的投入歪曲地解释为"秀肌肉"（showing muscle）的新型殖民行为，其在采访报道过程中主要是找一些对建设项目不满者发表意见，以支持 BBC 既有的偏见性认识。在固化了的偏见如西方种族中心主义、白人至上的民族文化优越感的长期影响下，西方左翼党派难以实事求是地理解和接受中国社会主义的成就，其文化基因中的偏见往往促使他们臆想式地歪曲阐释中国的社会主义。这类与事实相悖的文本和话语其实是赤裸裸的强制阐释，对这种现象的批判当然不必等到翻译的阶段。[①]至于具体文本的翻译，尤其是对于经典文本的翻译，译学界每年都有大量针对已有译文进行评述和批评的研究，涤除强制阐释内容，促成公共阐释性译本。

第三个动因即译者或阐释者的个人偏好，也会促成对源文本的翻译或阐释。由于个人的知识和偏好是一个长期积累的、内在化的、潜移默化的过程，在"自然"与"无意"之间，实则最可能出现"借文本之名，阐本己之意"[②]的强制阐释版本。实际上，"本己之意"是所有文本创作、阐释与翻译过程中不可或缺的部分，尤其是这里的第三个动因，专指主要由个人意向推动的翻译或阐释。这种现象又可以细分为如下情况：借整理和

[①] 对这方面的详细分析和批判，详见 Zhou, S. F. & Zheng, D. N. 2022. The Belt and Road Initiative, neo-colonialism or cosmopolitanism?: A cultural critique based on a Hong Kong newspaper article. *International Journal of Humanities Studies*, 8: 120-133.

[②] 张江. 2021. 再论强制阐释. 中国社会科学，（2）：4.

阐释其他文本之机，在筛选、编辑、解释文本的过程中充分阐释自己的观点，从而使其思想、观点和立场成为对典籍的公共阐释之形式和内容，以实现自身意图的最佳阐释和传播。虽然这种方式名义上可能是"述而不作"，但是实际上已经完完全全地实现了著述，而且是以经典的名义。

前述的"东方主义"的偏见性阐释，实际上还存在着自我"东方主义化"的文化现象。例如，诸多反映本民族传统文化的影视及文学作品以专门描写、阐释丑陋面为手段，来对标赢得国外某些奖项，获奖后再回到本土市场赚取受众市场份额。其阐释的强制性在于，在先有的文化自卑心理的影响下，选取非主流的负面文化要素，并将之进行艺术性夸大，以博取国外评委、专家的眼球从而获得奖项，这种功利诉求视野选择性地看不到主流文化。

在文本翻译中，译者除了要具备深厚的源语语言文化和母语语言文化功夫外，还必须始终保持对源文本作者和文化的尊重，抓住并创造机会考察核定其对源文本中语言与文化难点的理解。例如，"出于对中华文化的热爱，白亚仁[①]一向不吝啬自己来华交流访学的时间，每有会议或是朋友相邀共商学术，他总是欣然前往，尔后满载而归"[②]。汉学家蓝诗玲（Julia Lovell）为了核准对《马桥词典》的理解，专程来华与作者韩少功实地考察"马桥"，亲身体会作者的思想和作品背景，她强调："以归化策略为主，注重中英之间的语言和文化差异，注重译文的可读性和可接受性……'忠实性再创造'的本质……"[③]

影响翻译的三个动因相互之间没有绝对清晰的界限，也可能存在一些别的影响要素。这里我们强调的是，这些要素最终将聚焦在译者身上，影响其翻译工作，从而可能形成强制阐释的译本。一方面，"任何翻译都带有翻译者的诠释学'境遇'和理解'视域'，追求所谓的单一的真正的客观的意义乃是不可实现的幻想"[④]。即是说，对于文本的翻译和阐释实际

[①] 白亚仁（Alian H. Barr），英国汉学家，曾翻译过《聊斋》。
[②] 罗丹. 2017. 今古文学我为路，中西文化译作桥——白亚仁的译介历程//朱振武等. 汉学家的中国文学英译历程. 上海：华东理工大学出版社：71.
[③] 唐春蕾. 2017. 文学翻译添薪火，英伦汉学焕诗情——蓝诗玲的译介历程//朱振武等. 汉学家的中国文学英译历程.上海：华东理工大学出版社：103.
[④] 汉斯-格奥尔格·加达默尔. 1999. 真理与方法：哲学诠释学的基本特征. 洪汉鼎译. 上海：上海译文出版社："译者序"，13.

上是一个开放的、不断完善的过程，不存在完美的译本或阐释版本，瑕疵也不可避免。另一方面，坚持从文本出发、以文本为归宿，可以规避强制阐释性译文进而指向公共阐释。

小　　结

从知识翻译学视角看，任何文本的翻译都是由思想观念等社会宏观层面、社会诸行业的中观层面和译者自身知识素养与文艺追求的微观层面的力量推动而成的。当然，各种推动力本身会影响文本的翻译和阐释，不同程度地体现在译文或阐释版本之中。在这些推动力的作用下，社会文化和译者个人先有的立场或成见构成的阐释者的主观动机可能被放大，形成脱离文本本身的强制阐释译本。

强制阐释批判理论和公共阐释理论有助于提高译者和阐释者的意识，使其更好地贯彻以文本为出发点和归宿的原则，聚焦源文本信息与作者意图，向着公共阐释的方向推进对文本的翻译或阐释。

第三章

从语境看阐释的有限与无限[①]

2019年10月,张江教授的《论阐释的有限与无限——从π到正态分布的说明》一文自发表以来,引起了诸多相关研究。本章从语境的角度讨论阐释的有限与无限问题。构成本章讨论的基础有洪汉鼎从译介学角度对Hermeneutik之诠释学、解释学及阐释学译名的辨析[②],孙周兴关于总体阐释学任务的论述[③],周宪关于公共理性的剖析[④]等。关于阐释学的一些基础性问题,如以文本为归宿、阐释者要说出作者没有说出的、阐释与阐发的关系、理解与说明等的辨析,本章基本赞同陈嘉映的相关综合性阐述,相关概念的辨析本章从略。[⑤]

我们讨论的重点是语境在阐释过程中的作用。语词或文本的意义(直显意义)或含意(暗含意义)需要通过其在使用过程中的相关关系要素即在语境中得到确定,即是说,语境确证话语或文本的意义。从文化哲学的角度看,活在符号帝国中的人之本质在极大程度上在于阐释清楚符号表征

[①] 本章基于陈开举.2020.从语境看阐释的有限与无限.社会科学辑刊,(6):44-49.收录过程中有修改。

[②] 洪汉鼎.2020.关于Hermeneutik的三个译名:诠释学、解释学与阐释学.哲学研究,(4):3-10,124.

[③] 孙周兴.2020.试论一种总体阐释学的任务.哲学研究,(4):20-27,124.

[④] 周宪.2020.公共理性使有效阐释得以可能——回应傅其林教授.探索与争鸣,(5):67-69.

[⑤] 陈嘉映.2020.谈谈阐释学中的几个常用概念.哲学研究,(4):11-19,124.

体之间、符号与非符号体（如石头等自然实存物）之间的关联，以明确自身之确在；从语用学的角度看，对于话语或文本意义和含意的确当理解就是听话人或读者成功激活与说话人或作者在其话语中预设的最佳关联语境的过程。确定这两种关系的过程的结合，也就回答了阐释之属人的本质活动属性。对于话语和文本的最佳关联语境的寻找表明，有效阐释必须是在无限的阐释可能中向着最佳阐释或公共阐释做出最大限度的努力。

第一节　文本意义的构成

　　文本阐释的任务在于析出文本的意义。文本就是由语言使用形成的就一定话题之连贯一致的内容，通过口头表达形式形成的通常被称为"话语"（discourse），由书面形式形成的则被称为"文本"，所以在讨论意义尤其是含意时，"话语"和"文本"是可以通用的。文本的意义是什么？包含哪些内容？诸多既有的阐释学研究均预设了此类问题的自明性。然而，与"语境"一样，如果笼统地谈论意义，涉及的类型和影响意义的要素复杂难辨，容易引起诸多争议；只有经过细查细分，有针对性地剖析，具有可操作性，方能清晰地解决意义阐释过程中的复杂问题。

　　意义指"语言文字或其他信号所表示的内容"[1]。赫施主张将文本意义"区分出两种可能的意味：一种是构成文本含义的意味，另一种是并不构成文本含义的意味"[2]，即文本直接的所指对象或内容，加上由文本引申的能指或含意。

　　契合到具体文本，有所谓"满纸荒唐言，一把辛酸泪。都云作者痴，谁解其中味"，堪称经典的这首《红楼梦》开篇词点明了读者看到的内容或表面意义是一回事，作者没有明说但蕴藏在文本的"其中味"又是另一回事，而且后者更重要，因为读者阅读到的内容被作者定性为不真的"荒

---

[1] 李鹏程. 2003. 当代西方文化研究新词典. 长春：吉林人民出版社：356.
[2] 赫施. 1991. 解释的有效性. 王才勇译. 北京：生活·读书·新知三联书店：74.

唐言"，作者提醒读者和阐释者，真实的含义需要揣摩、推理，文本中实际上是"真事隐（甄士隐）"而"假语存（贾雨村）"。高明的作者往往工于在文本中隐匿其真实的意图和心境，从而为阐释者留下了多种多样的阐释可能……几乎所有与文本意义相关的研究都会论及文本是否具有"隐匿含意"这一特点。

显然，对文本意义的上述分类过于笼统，这也是造成文本阐释的标准不统一或曰有限与无限性问题的重要原因。从语言学、语用学的角度看，文本意义还有一些不同的细分。

胡壮麟等总结了语言学家杰弗里·利奇（Geoffrey Leech）从功能角度对话语或文本意义的七种分类：概念意义（conceptual meaning）、内涵意义（connotative meaning）、社会意义（social meaning）、情感意义（affective meaning）、反映意义（reflected meaning）、搭配意义（collocative meaning）和主位意义（thematic meaning）。[1]其中概念意义属于逻辑性的、认知性的或外延意义；内涵意义指语言的指称对象。这两种意义和搭配意义一起，属于语言学上的语义，也叫作字面意义（literal meaning）或直接意义。一般认为，通过词义考证、语法分析即可得出准确的语义。当然，由于语言本身的发展变化，词汇意义、语法规则、搭配方式各个方面均可能发生历时性变化，造成读者对字面意义的理解可能出现分歧。[2]但总体说来，对文本语义的理解和解释可以通过语言分析得到确定的诠释结果，阐释者因为语言水平的差异导致的阐释歧义可以通过对语言知识的学习来弥补。因此，我们认为，语义在不同的阐释者之间不会造成难以弥合的分歧。

社会意义指由语言使用者对社会环境尤其是历史文化元素的理解而赋予在文本中的意义。由于个人知识结构、关注重心和理解效果存在差异，他们包含在其文本中的社会意义也会不同。然而，通过追踪作者的教育背景及其在不同文本中相关的历史观、社会观、价值观等要素，阐释者就能

---

[1] 胡壮麟, 刘润清, 李延福. 1988. 语言学教程. 北京：北京大学出版社：143-144.
[2] 例如，社会对某些阶层和职业的偏见导致了很多词语的意义的贬义化，如与农业相关的名词就出现了普遍的贬义化，如 peasant 一词源于法语，指"乡下人"，有"社会地位低下"之意，尤指贫穷而缺少教育的小农。详见张韵斐. 1987. 现代英语词汇学概论. 北京：北京师范大学出版社：277-278.

够获得对这种意义较为确定的解释。这也是消解不同阐释者在该方面差异的可行办法。

情感意义、反映意义、主位意义无疑是说话人或作者体现个人意图最明确的意义成分，是阐释过程中最容易产生歧义之处。除非作者自己参与阐释自己的文本或者在文本中明确说明自己的主要意图，如鲁迅可以解释自己的作品《药》中夏瑜坟上的花环的含意，以及莫言近年来为其作品中各种象征意义提供的解释等。但是，更多情况下，作者往往选择只在文本中蕴含而不直言其意图，并且不提供自己的阐释意见，以追求"草蛇灰线，伏延千里"的叙事艺术。而且，大多数情况下，因为作者早已过世或不愿意提供帮助，阐释者对于其文本所蕴含的意图就难以获得一致的阐释。更有人认为，作者不一定是其作品的最佳阐释者，即别的阐释者可能会阐释出文本中蕴含的但作者本来无意透露的意义。

对作者意图的多元阐释问题必然使阐释的标准成为阐释学的核心性、基础性课题，实际上，该问题也正是当下阐释学研究的焦点。作者意图也构成了文学、语言学、文化学等与意义研究相关学科的一项跨学科课题：它既关乎赫施所主张的"另一种并不构成文本含义的意味"[①]，也关涉到语用学关于作者/说话人意图的研究焦点，并与具体文化语境中的信念系统相关。

语用学里将意义分为字面意义或直接意义，即语义含义，以及间接意义或暗含意义，即语用含意。[②] "语用含意"指说话人通过话语引申间接表达的意图。说话人或作者因各种原因不能直接表达自己的话语意图，一般都会从探索性的话题开始，逐步推进，时机成熟时才会直接表达其真实的话语意图；又如"东边日出西边雨，道是无晴却有晴"中巧用"晴"与"情"同音而达到隐含含意的修辞效果。因此，在听话人或读者那一端，理解说话人或作者的话语或文本含意就必须依靠推理，就是要以激活话语或文本中作者或说话人可能蕴含的语境要素为前提，建构对方话语所处的可能的视域，才能推导出结果，达到理解其话语含意的目的。正是因为阐释

[①] 赫施.1991.解释的有效性.王才勇译.北京：生活·读书·新知三联书店：74.

[②] 关于"含义"与"含意"之分，我们采用何自然的观点，用"含意"表示暗含而没有明说的话语意义(implied meaning/implicature)，尤其是说话人或作者在话语中暗含的意图。详见何自然.1988.语用学概论.长沙：湖南教育出版社：67-69.

过程中的这种语境和视域的建构性，不同的阐释者建构的效果必然具有差异性，即不同的受话人或读者建构出的话语语境可能是不同的，从而会导致不同的阐释结果。对于以话语含意推理理解研究为核心的语用学，可以说语境研究的进展构成了语用学发展的坐标。

当代语用学中对话语含意研究影响最大的关联理论认为，说话人（作者）在话语中包含了两种意图：①信息意图，使听话人明白或更加明白一组假设；②交际意图，使交际双方互明交际者具有此信息的意图。[①]信息意图即向受众提供话语或文本所包含的信息，这是不言而喻的，因为话语的基本信息构成了它存在的物质基础。该理论的重要贡献在于突显了交际意图，即说话人向受众提供信息是有意图或目的的，它往往是没有直说但要求受众推理以解"其中味"的，最简单的例子如说话人发出"时间到了"一语，其中的交际意图在于要求听话人采取相应的行动，可能是"开始上课了""开始上班了""交卷了"等；文学作品中如"本是同根生，相煎何太急"也暗含了作者无法直接表达的含意，只能由受话人或读者构建起话语或文本裹涉的各种语境要素，推断出说话人试图表达的交际意图。

这样，文本意义比较烦琐的七种分类到了语用学这里就归结为基本意义，即在语言学层面上的概念意义、内涵意义、搭配意义和社会意义，常常也被称作话语或文本的语义意义，它们体现了话语或文本中说话人或作者提供信息的意图；情感意义、反映意义和主位意义多为蕴含于话语或文本之中而不是直接表达的，是真正体现说话人或作者真实意图的话语含意，这种意图正是说话人的交际意图，需要受话人或读者挖掘文本中的相关线索，恢复说话人的视域，得出恰当的阐释结果。

第二节　语境与含意阐释

语境在推理理解话语/文本意义上具有决定性的意义，不同语境下作者

---

① Sperber, D. & Wilson, D. 1995. *Relevance: Communication and Cognition*. 2nd edn. Oxford: Blackwell: 61.

/说话人的交际意图可能大相径庭。1949年,克劳德·香农(Claude Shannon)和瓦伦·韦弗(Warren Weaver)提出了后来被广为引用的通信模式,用来解释交际过程。书面交际亦然,如记者将收集到的信息撰写为报道,通过报纸的发行到达读者手中。文学研究中也出现了与语言学相近的理论,1958年雅各布森借鉴语言学中的相关理论,提出了其著名的语言交际模式,见图3.1。

语境(指涉功能)

信息(诗性功能)

发话者(表情功能) ……………… 受话者(意动功能)

接触(交际功能)

代码(元语言功能/解释功能)

图 3.1 语言交际模式
资料来源:江久文(2009:33)

图 3.1 因为过于简化了语境在交际中的重要作用,实际上与语言学中的语码模式基本雷同。这种模式的弊端在于假定了文本信息是平面直观的表达。在自然科学中,由于将研究项之外的各种影响因子当作干扰项而排除在外,只聚焦于所研究的观察项,因此所得出的结果在表述时显得干脆直白,这既是学科特征,也是该类文本表述的基本要求。然而,精神科学中的文本富含多种间接意义,需要结合相关语境要素进行推理,方能得出恰当的阐释结果,于是上述交际模式就缺乏解释力了。

赫伯特·保罗·格莱斯(Herbert Paul Grice)于1957年发表《意义》("Meaning")一文,揭示了话语含意需要推理才能被理解,开启了现代语用学新的发展阶段。根据会话双方在交际过程中合作完成言说—听解的特点,格莱斯提出了合作原则(Cooperative Principle),下辖真实、充分、关联、清楚四个准则。言听双方依照遵守或者蓄意违反每项原则进行会话含意的传递与推解,从而实现言语交际。格莱斯学说的贡献在于突出了话语或文本没有直说但是暗含着的话语含意,进而论述了话语含意需要推理方能理解,把言语交际提升为动态的、认知的智力过程。此后利奇提出了极有影响力的礼貌原则（Politeness Principle），解释话语中大量存在的出于礼貌而运用委婉语等非直接意义表达的现象。在相当长的时间内，这两个原则指导着人们解释话语含意如何推导求解，但二者均没有充分解释在含意理解/阐释过程中语境是如何起作用的。

1986年，丹·斯珀伯（Dan Sperber）和迪尔德·威尔逊（Deirdre Wilson）的关联理论横空出世，以认知语言学为底蕴，旨在彻底厘清话语含意理解过程中所遵循的普遍规律：关联性即以语境为最关键的要素，认为在获得字面意义的基础上，话语含意的理解就是受众构建相关语境要素集合从而获得恰当释义的过程；"关联"指的是受话人依照话语产生的情景语境寻求与说话人给出的话语之间的最佳关联性的一套语境假设。例如，上一节提到的"时间到了"在与具体情景语境要素和说话人的身份相结合的前提下，即可推导出各种具体指向的含意；同样地，当且仅当读者对"东边日出西边雨，道是无晴却有晴"这句诗所关联的语境要素如"杨柳青青"的季节、在岸上踏歌的"郎"、民间歌谣多以情为主题、该诗词预期的传播对象和最佳传播场合等进行还原式重构，才能部分地恢复作者创作作品时的视域，进而得出文本妙趣横生的含意，实现自洽的阐释结果。

关联理论抓住格莱斯理论中的"关联性"，围绕话语含意由相关联的语境要素为推理的前提，即可实现对含意的理解，而其他准则都可以被关联性的相应性质所涵涉。对于语境的处理方式是关联理论的核心：在会话过程中，说话人给出的话语信息是提示性信息，是含意推导的前提，它建立在"互明"（mutual manifestation）的语境要素基础上。所谓互明，指的是听话人知道说话人的最佳关联语境信息，并可以据此推断出说话人的话语含意，完成确当的理解，进而做出可能的后续回应。例如，当说话人说出"今天还真有点温度呢"，如果说话的时间在冬春季节，且说话人面带惬意，那么听话人的理解和回应最可能就是"可不是嘛，好天气"；而如果时间是在夏天，且说话人伴有解衣扣、扇风等附着行为（这也属于语境要素的构成部分），那么听话人的理解和相关联的回应最可能是"要不要开空调"抑或递上一把蒲扇等。对于各种藏头诗，读者如果觉得文本的语义意义与作者的意图不够相关，就可能进一步寻找文本内藏着的其他相关提示性信息，求得作者特殊的含意，例如"汉皇重色思倾国"，结合后文中的相关信息,读者会发现"汉"乃是明显的指称错误,进而追加考证相关的避讳要求和策略,恢复作者故意不能直接说出的本意。这就说明,准确地理解话语或文本信息,前提是在理解文本字面意义的基础上,确知说话人或作者的话语语境要素,并在诸多可能的要素中寻找最佳关联的要素,实现对话语或文本含意的确当理解或阐释。

语境决定含意。实际上,以往的许多研究也都以不同的方式和程度提到了这一点。问题在于,语境被传统地看作一个无所不包的概念,既包括物质世界如话语或文本发生的时间、地点、所在环境中的物件等,也包括精神世界中的知识、信念、价值取向等,还包括情景语境中的作者或说话人正在谈论的主题、会话目的等,无所不包则容易陷入不可知论。

关联理论的重要贡献在于将语境看成动态的、认知性的、可及的,即各类语境要素要进入交际双方的认知视域,才能在交际过程中起作用,也才能算是交际中的有效语境要素。即便是客观的物理语境要素,也只有进入交际者的认知视域才能被带入交际过程,从而成为影响话语含意的关联性语境元素,而那些未能进入交际者认知视域的语境要素与话语含意无关。面对多位听众,故意选取只有部分听众知道的语境要素,就属于非正常的言语交际,即意欲实现特殊的话语意图,故意使用部分听众不明的语境要素乃是为实现特殊话语意图而采用的特殊话语策略。例如,在典故"指鹿为马"中,说话人的意图并非鹿马之辨,而是测查听者中对自己的支持率:对于已经明知存在着派系之争的听众,他们因为能够推理理解到说话人的话语意图而做出相应的回应;对于根本不知道该话语中含有派系之争这个话语意图的听众来说,纠缠于"真鹿真马"的误解性的理解和回应应当不会产生有效的交际效果。

可及性是话语含意理解的关键。物理语境要素中的相关部分变为双方互明的成分进入双方的认知范畴内,才能构成有效的推理前提中的语境成分。在会话过程中,由于交际时间和空间的互明,即交际中的时空语境要素对于交际的双方都是可及的,所以在推理理解中不太会形成困难;但是就文本而言,尤其是经历了长时间流传下来的文本,要理解作者的含意即"解其中味",阐释者就必须付出较大的理解成本,考察作者创作该文本时所囊括的相关语境要素。处在作者/说话人和读者/阐释者两端之间可及的语境要素具有不对称性，从而造成不同的阐释者会不同程度地恢复和构建文本语境要素，形成与作者视域不同程度的契合，导致不同的阐释结果。所以不同时代中认真的阐释者都要通过知识考古的方法，不断发掘和修正与文本相关的语境要素，以及不断修正对文本的阐释乃至生发新的阐释。

更复杂的是百科知识语境，包括作者在文本中涉及的相关社会历史文化知识要素，这一点在现代阐释学成立伊始就被明确提出，即阐释者力图构建起与作者相当的社会历史文化视域，其难度和复杂程度都要比恢复作者可及的物理语境要素更高，因为社会文化观念、教育与人生阅历在作者身上所产生的影响即所形成的他的思想、意识视域不是直显的，需要阐释者依据文本所给出的种种提示进行推理。这里，从关联理论的视角，我们强调，并非作者所有的社会历史文化知识都构成了其文本的语境要素，而只是可及的即作者相信通过他在文本中给出的各种提示要素提供必要的推理理解前提，而读者或阐释者只有抓取到那部分真正关联的提示性要素，才能构成该文本阐释中的有效语境成分。例如，对于谍战片中的情报，只有在找到真正相关的编码语法的基础上，阐释者结合与作者互明而且可及的那部分语境要素，才能透彻地阐释出情报发出者的真实指令，否则阐释即失败，当然这样也就实现了作者的另一种话语意图，即对于不相关的读者，本来就是不能让他们确当理解自己在文本中设置的本来含意。

话语主题、话语目的等情景语境要素具有最强的个人色彩，也最难把握。即使在一般的会话中，往往也可能出现一方被另一方牵着鼻子转，被动地实现善辩者本来难以实现的话语目的的情况，如"白马非马之辩""橘生淮南淮北之辩"等，听众由于不能早早识别机辩者的话语目的，被动地陷入说话人所提供的各种话语语境要素，以此为推理理解的前提，结果只能被说话人"说服"。对于文学经典作品，由于时代间隔久远，在不明确作者的真实话语目的之前，无论怎么阐释都有落入"荒唐言"的风险，这就只能回归到文本中寻找各种可能的证据，力求得到合理的阐释，避免得出荒唐或强制性的阐释。

这里将语境与意义尤其是含意对应分析，突出说明了话语含意需要推理，推理过程就是对说话人或作者的认知语境要素进行恢复的过程。其中最难的是，说话人或作者的意图与话语或文本产生的情景语境密切相关，具有因人、因时、因地、因事而异的多变性特点,是最需要着力之处,也是最能引起多样化阐释的主要诱因。

第三节　语境与阐释的有限与无限

现代阐释学认为,阐释的过程是阐释者与作者视域融合的过程,即尽量趋近作者"从某个立足点出发所能看到的一切"[①]。然而,人与人之间的差异性决定了阐释者不可能完全恢复作者本人的视域,这就造成了无限阐释的可能。

作者的视域由一系列影响其嵌入文本中的语境要素提供线索。随着语境研究的深入,原来无所不包的"语境"的概念由笼统含混变得清晰了。认知语境理论的发展更使得对文本含意的阐释研究得以聚焦在具有最佳关联性的语境要素上,这就充分彰显了在无限可能的阐释中存在着最佳阐释即公共阐释,其他众多的阐释之合理性在于其指向公共阐释以及与作者的最佳关联语境相契合的程度,此即阐释的有限性。反之,从自己的立场出发,按图索骥到文本中断章取义地寻找证据,证明的只是自己的立场和意图,全然弃作者的意图于不顾,就陷入了强制阐释的误区,这也是张江教授在《作者能不能死:当代西方文论考辨》中批判的要点。

公共阐释是理想的阐释,自然难得。那么对阐释最起码的要求或标准是什么?阐释的有限与无限特征共存,要求阐释者在无限可能的阐释中寻找与作者的认知语境最佳关联的那些要素展开阐释。也就是在文本意义尤其是含意分析的过程中,坚持作者是文本含意的赋予者,是作品意义的来源。

对于文本含意的阐释要结合文本产生时作者为表述其意图而给出的认知语境要素,即是说对其含意的阐释需要在具体文本中做出具体分析,厘清哪些语境要素在起作用。以此为据的阐释,坚持了张江教授所说的"无

[①] 汉斯-格奥尔格·伽达默尔. 2021. 诠释学 I:真理与方法:哲学诠释学的基本特征. 洪汉鼎译. 北京:商务印书馆:x.

论何种文本，只能生产有限意义，而对文本的无限阐释则约束于文本的有限之中"①。同时，以文本为阐释的边界，但并不封闭文本和阐释活动，一切能够在文本中找到依据的阐释都是有效的。这些语境要素就是阐释过程中要坚持的基本依据，循此也就能较好地把握阐释之有限与无限的关系。

最后，阐释的边界问题还涉及具体的阐释行为有无完成的标准。依照本章上述的讨论，标准是有的。在阐释者那里，该标准就是在文本中找到他认为与作者意图最佳关联的语境要素，循此进行推理理解，就能得到自己满意的阐释。当然，由于视角不同，不同的阐释者可能找到的"最佳"语境要素不一定相同，获得的阐释结果也因而可能会呈现出差异化的结果。但是，对于具体阐释者的具体阐释行为而言，找到最佳关联获得自认为最佳的阐释结果之时，此次阐释也就结束了。也正是因为如此，不同的阐释者常常会固执己见地认为自己的阐释是最佳的，是公共阐释，如摸象的盲人不会轻易地被说服，除非你把他的手移到大象身上别的地方，也即使他的认知语境扩大，其"视域"才会相应地扩大，阐释结果才能改变——须知，让自以为已经找到最佳关联语境要素的阐释者虚怀若谷地随时准备接受他人的视角，何其难也！"而且，不同时代、不同阐释基础上的公共阐释也有发展变化的可能，随着新的语境要素的发掘，新的最佳关联语境要素可能被带入阐释中，从而形成新的最佳阐释结果。"②此乃阐释之无限性的又一个方面。

依此，在从最佳关联的认知语境的探寻出发求得最佳阐释或公共阐释的过程中，张江教授的 π 及真值阐释的正态分布就具有了特殊的指导意义。

小　结

意义是阐释的核心或标的。语境是意义的来源，包括物理语境、语言

---

① 张江. 2019. 论阐释的有限与无限：从 π 到正态分布的说明. 探索与争鸣，（10）：22.
② 陈开举. 2020. 从语境看阐释的有限与无限. 社会科学辑刊，（6）：49.

语境和知识语境，也是意义的栖身之处。语境的构成要素很多，但是只有在作者和读者/阐释者生产和理解文本的过程中起作用的那些要素才真正对意义的生成和理解有帮助，这些要素构成的动态语境称作认知语境。对待同样的文本，不同人的认知语境是不同的，因此对话语或文本意义的理解也是不同的，这就导致了理解和阐释的无限性；然而，作者、文本本身的诸多客观性的语境要素又决定了确当的理解和阐释必须依据一定的标准，即文本意义的理解和阐释具有有限性。理解和阐释的有限性与无限性是近年来阐释学的热点问题，在本书中也会被反复讨论。

第四章

语境参数、文本阐释与意义确证[①]

近年来,学界对于阐释的边界问题进行了大量的讨论。文本阐释是多元的,但是没有边界的阐释往往导致过度阐释甚至强制阐释。阐释的边界就是阐释约束问题,张江指出,"文本阐释的有效性应该约束于一定边界之内,有效边界的规定是评估阐释有效性的重要依据"[②]。语境的绝对无限和相对有限并不矛盾,视域的延伸性和约束性也同时并存。作为翻译的文本阐释必须在译文中呈现意义的确定性。在译者视域能及范围内,必定存在实现意义确证的理据。如何在具体的文本阐释中呈现语境的约束性是本章重点讨论的问题。然而,如果不将语境具体化和层级化,将很难运用于文本阐释的理据分析,这也是我们将语境参数引入阐释的主要原因。

第一节 语境参数对阐释的约束性

路德维希·维特根斯坦(Ludwig Wittgenstein)关于"词的意义就在于

[①] 本章基于吕洁,陈开举. 2020. 语境参数、文本阐释与意义确证:论语境对阐释的约束. 哲学研究,(8):90-97. 收录过程中有修改。

[②] 张江. 2015. 阐释的边界. 学术界,(9):70.

第四章 语境参数、文本阐释与意义确证

它的使用"的语境观念对当代哲学产生了巨大的影响,并使语境观点受到了普遍的重视。语境概念的内涵和外延的模糊性使得语境分析具有多元性和任意性。语境分析的目的实际上是实现文本阐释的意义确证。语境决定意义的观点易于让人接受,且较少受到挑战,然而语境究竟包含着哪些要素,这些要素又如何决定着意义的理解,一直是难以论述和廓清的课题。从语境研究出发,将语境要素剖析为不同类别的参数,进而观察各种语境参数在语言使用中的作用。托伊恩·范·戴克(Teun van Dijk)提出,参数使得语境具有可描写性,考察了参数是如何从语义和语用层面影响人们对话语意义的理解。[①]乔治·格雷西亚(Jorge Gracia)更进一步讨论了语境参数的量化,试图据此对语句意义理解的语境化做出精确的阐释。[②]曾利沙在综合既有研究的基础上,将语境参数定义为"文本中显性或隐性存在着的对自变元的概念语境化意义生成过程产生映射或制约的言内或言外参数因子",将语境视为"由 N 个参数构成的集合",认为"受语境影响而发生语义嬗变的概念或命题是自变元,而影响自变元的诸种语境参数是因变元,自变元与因变元之间是参数或函数关系,参数之间是多维互参或映射或制约关系"[③]。在文本阐释中,阐释对象的内部和外部共同形成一个语境参数集,阐释者的主体性体现在对自变量的识别和选取上,参数因子必须客观存在且在参数集的范围内。语境参数的介入使得阐释过程加入了量化和客观的因素,由此,阐释主观性必然受到客观约束。

一、语境参数的层次

语境参数的层次与语境的层次一致。文本产生于语境,为了将语境更加直观地呈现出来,研究者常常会对语境进行层次划分。语境是相对独立

[①] van Dijk, T. 2008. *Discourse and Context: A Sociocognitive Approach*. New York: Cambridge University Press: 111-216.

[②] Gracia, J. J. E. 1995. *A Theory of Textuality: The Logic and Epistemology*. New York: State University of New York Press: 260-340.

[③] 曾利沙. 2011. 基于语境参数观的概念语义嬗变认知机制研究:商务英语时文教学理论与方法. 外语教学,(6): 7.

的，内部可形成若干子系统。语境的各子系统处于动态的变化之中，需要注意它们之间的联系及函变关系。语境的层次与其外延密切相关，迄今已经形成的较为一致的语境层次类别是情景语境和文化语境、言内语境和言外语境、宏观语境和微观语境等。为了便于从视域展开的角度讨论文本意义的阐释，我们将语境划分为三个层次：宏观层面的社会文化历史语境、中观层面的情景语境和微观层面的文本语境。

宏观层面的社会文化历史语境，涵盖了与语篇相关的社会、历史、文化、经济、宗教和政治背景等。伽达默尔把阐释学发展为系统的现代哲学阐释学，以理解的历史性、视域融合和效果历史三大思想作为主要理论原则，强调理解的历史性，认为阐释者在进入阐释过程时，就将自己的生活阅历、知识经验、文化意识、道德伦理等带入了阐释过程中。人的历史性就构成了人的视域；而人的视域总是与人所生存着的主客观环境紧密相连的，人所生存的最基本的环境就是文化。社会文化历史语境构成了人的视域的纵坐标，社会文化语境构成人的视域的横坐标，二者结合起来构成完整的宏观视域世界。社会文化历史语境层面包括阐释者的社会文化历史语境和文本的社会文化历史语境。文本不可能完全孤立于它所依赖存在的文化传统和历史语境。当我们阅读或者翻译一部作品时，首先要做的事情就是了解这部作品的社会文化历史背景。当我们阐释作品的时候，也会不自觉地受到当下社会历史文化语境的制约。阐释者必须在这两者之间权衡，或者说在两者之间博弈。任何阐释者都有自己的前见，这些前见就是文化建构的产物。宏观的社会文化历史语境是阐释学研究者讨论得最多的一个层面，但是中观和微观两个层面往往被阐释学研究者忽视。

中观层面的情景语境即产生语言的环境。哲学中长期存在"宏观"和"微观"的概念，"中观"在很大程度上是一个汉语词语，常见于宗教学、社会学和经济学。近年来在翻译理论研究中亦有学者提及中观论。本章使用中观层面仅为方便识别和区分介于宏观语境和微观语境之间的层面——如果一个语境成分没有大到社会文化历史语境，也没有小到文本语境，那它就属于情景语境。情景语境的中观特性在于它是由文本延伸形成的，而非语言本身。情景语境大致包括文本发生的时间和地点、文本所建构的事件和情节、文本中会话参与者的地位和角色、参与者之间的关系、文本所体现的话题和主题等。分析情景语境是把握原文的意境、气氛的重要手段。例如英语句子"The name is Jessica.",如果没有情景语境,我们可以将它翻译为"名字是杰西卡";然而,如果加入了情景语境就不一定了,比如情景语境是一个男孩子喜欢 Jessica,于是称她为 Jessi,英语的昵称往往表达了更为亲密的人际关系,但是 Jessica 并不喜欢这个男孩子,这种情景下该英文句子的翻译就应该是"请叫我杰西卡"。情景的不同设定可以让同一句话表达出不同的意思。

微观层面的文本语境,由文本意义生成,是语言的各层单位之间的组合关系形成的语境。意义的形成应当从文本语境出发。词汇有其固有意义,有些词汇的固有语义特征明显,不易受周边词汇干扰,但大部分词汇在稍微大一点的语义单位中意义就会发生变化。文本语境的单位从小到大依次是词汇、短语、句子、段落和篇章,其中篇章层面即上下文。"只要文本语境发生变换,意义一定发生变化,只是变换的程度上有差异。"[①]英语单词 man 的基本释义为"an adult male human being",对应的中文释义为"人"或"男人"。但在不同的文本语境当中,man 的词义变化很大,如在"man and wife"中是"丈夫"的意思,在"man and general"中是"士兵"的意思,在"man and master"中则是"仆人"的意思。这里,与 man 对应的词汇构成参照,成为文内参数因子,制约着 man 的意义。

这三个层次构成了语境参数因子的析取来源,阐释者在阐释过程中不应脱离有效参数因子,它们如同线绳一般牵制着阐释者。阐释学研究容易聚焦宏观的社会文化历史语境,而忽视中观的情景语境和微观的文本语境,由此造成了脱离文本的阐释现象。微观语境距离文本最近,其次是中观语境,而宏观语境实际上是阐释过程中可变性最大的。当阐释者完全将文本纳入其自己所在的社会文化历史语境,超越边界的阐释就很容易发生了。

二、语境参数约束的理据性和约束机制

阐释的语境观是业已建立的,问题在于语境本身的复杂性和抽象性。

[①] 魏屹东,等.2015.语境实在论:一种新科学哲学范式.北京:科学出版社:53.

当我们向他人解释一个文本的时候，尤其在跨越时空的解释当中，我们常常对无法解释清楚的意义项一言以蔽之——由语境决定。但即使在早期的语境定义当中，也强调语境并非只有上下文。语境不是一种实体，而是一种存在于文本周围的关联性实在，具有关联性、建构性和动态性，这些特征只有用具体化的语境参数才能更好地表征。文本，尤其是文学文本，天然具有多义性、隐喻性和模糊性，存在着多种阐释的可能，但这并不意味着阐释者可以对文本进行随意解读。语境参数具有语义的指向性，其合理运作能够形成富有逻辑的语义链，促成有效阐释，在充分发挥阐释主体性的同时，增加阐释的客观性。阐释者从文本出发，在语境中挖掘有效元素，基于语境中的发现进行合理建构，这是语境参数存在的意义和作用。

　　语境是一个笼统的概念，语境参数是分层而具体的。不同层次的语境参数会共同合力对文本意义的形成产生约束作用。语境参数的约束发生在视域的理论框架内。所谓"视域"，就是"看视的区域，它包括了从某个立足点出发所能看到的一切"①。视域既与阐释主体的感官感知能力有关，亦与其精神世界有关。从视域的角度来看，"语境"不是抽象笼统、只可感知不可言传的模糊之物，而是可以呈现于视域之中的且可以对其进行感知的意识行为之物。语境论真理观认为"当下认识永远不会是最终形式，更不可能是绝对真理，而只能是特定语境条件下的认识，或者说，是特定语境中的产物"②。译者作为阐释个体，其"视域"必然有限，所能析取的语境参数也有限。但是如果译者的"视域"足够广阔，又能从中提取有效的语境参数，必然会使意义确证更加有理据。有效的语境参数就是视域中对意义确证起决定作用的关联性参数因子。

　　我们将这种在文本特定语境中处于意义期待中的阐释对象称为"弹性意义载体"。所谓"弹性"，是其所处的特定语境（包括宏观、中观、微观语境）对其产生的阐释"张力"所致。文本的特定语境称为"力场"，将该力场中对弹性意义载体产生直接作用的因子称为"参数因子"。参数因子是力场中对弹性意义载体的暂构意义生成产生张力的"力点"。弹性

---

① 汉斯-格奥尔格·伽达默尔.2021.诠释学Ⅰ：真理与方法：哲学诠释学的基本特征.洪汉鼎译.北京：商务印书馆：x.
② 魏屹东，等.2015.语境实在论：一种新科学哲学范式.北京：科学出版社：27.

意义载体能在不同参数因子或力点的张力作用下,并经主体阐释形成合力作用,产生暂构意义。[①]不同的阐释主体由于存在个体差异性,对这些多重力点的感知不同,导致阐释表现出暂构意义的差异性。这种意义生成机制说明了阐释操作过程中主体的心理轨迹和操作理据,亦说明阐释不应是由阐释主体根据自己的价值体系对客体进行任意自由的阐释行为,而是受客观因素,即在特定力场下各种参数因子的导引下有理据的主观创造性行为。

三、语境参数约束的主客观互动性

语境参数的约束机制已经体现了其内在的主客观性。阐释往往是跨越时空的,阐释的过程就是主客体互动的过程,没有主体的参与,何来阐释?阐释者必须参与并主导文本意义建构。因此,语境建构过程中具有不可避免的主观性,但语境却存在客观性。玛丽娜·斯比萨(Marina Sbisà)指出,"如果一个语境不是由交际者的意图状态来确定的,而是由周围世界发生事物的相关状态来确定的,这些事物甚至也许交际者本人也没意识到,这种语境在某种意义上就具有客观性"[②]。认知语言学派在一定程度上否定语境的客观性,而重视语境的心理建构,范·戴克认为,语境是一种特定的心理模式,它以社会表征为认知基础,是话语参与者的"主观建构",即话语者对所参与情景相关属性的主观识解。[③]这样一来,就存在语境的客观性和语境认知的主观性,这两者应当由阐释者统一,实现语境的"视域融合"。

张江指出,"文本是自在的,不能否认文本自身所蕴含的有限的确定意义;文本是开放的,不能否认理解者的合理阐释与发挥。确定的意义不能代替开放的理解,理解的开放不能超越合理的规约"[④]。能够在语境中

[①] 曾利沙. 2002. 论"操作视域"与"参数因子":兼论翻译学理论范畴:"文本特征论"的研究. 现代外语, 25(2): 157-158.

[②] Sbisà, M. 2002. Speech acts in context. *Language & Communication*, 22(4): 427-428.

[③] van Dijk, T. 2008. *Discourse and Context: A Sociocognitive Approach*. New York: Cambridge University Press: 56.

[④] 张江. 2017. 开放与封闭:阐释的边界讨论之一. 文艺争鸣, (1): 14.

找到合理依据的阐释就是有效阐释。阐释是一种主客观互动的意义给定行为。文本为客体，阐释者为主体，阐释过程中必然有主体间性和主观性。个体的视域具有延伸性和动态性，即阐释者会主动扩展自己的视域以达到有效阐释的目的。然而，为了避免主体的主观性，必须寻求外部依据，语境参数即是阐释的客观依据——阐释者必须为所进行的阐释行为提供合理的依据，即明确的语境参数。阐释者对文本做出阐释的理据是客观存在还是主观臆想，就成为判断合理阐释的标准之一。

以上的主客观性还体现在文本阐释中阐释者（或译者）对于有效关联性语境参数的主动析取上。在阐释的过程中任何一个层次的任何一个或多个参数都可能成为决定性参数，需要阐释者对语境参数进行析取和判断。阐释者的主体性本身就是阐释边界的有限明证。虽然语境参数客观存在，然而受制于个体认识和阐释能力的有限性，阐释的结果并不总能达到理想状态，形成"公共阐释"。语境参数能够最大限度为公共理性生产有边界约束的阐释，因为在语境参数约束下的阐释是一个具有逻辑性的、明晰的推导和判断过程。

第二节 语境参数约束下的文本阐释

在对文本的诸多阐释活动中，翻译因为兼有对原文本的理解和向目的语受众的解释，阐释的过程具有双重性，极具代表性。"所有翻译者都是解释者"，"只有通过解释者，文本的文字符号才能转变成意义"[1]。从阐释学视角来看，"翻译即解释"的内涵为"在翻译过程中，译者通过消除因时间差异和语言差异所造成的误解而达到对作者意图的正确理解和解释"[2]。文学作品的翻译过程展示了完整的阐释过程。按伽达默尔的观点，

---

[1] 汉斯-格奥尔格·伽达默尔. 2021. 诠释学Ⅰ：真理与方法：哲学诠释学的基本特征. 洪汉鼎译. 北京：商务印书馆：545.

[2] 朱健平. 2006. 翻译即解释：对翻译的重新界定：哲学诠释学的翻译观. 解放军外国语学院学报, 29（2）：71.

解释是视域融合的过程。既然是视域融合，就远非简单的语言转化或者符号转化。视域融合是指"在重新唤起文本意义的过程中解释者自己的思想总是已经参与了进去。就此而言，解释者自己的视域具有决定性作用，但这种视域却又不像人们所坚持或贯彻的那种自己的观点，它乃是更像一种我们可发挥作用或进行冒险的意见或可能性，并以此帮助我们真正占有本文所说的内容"[①]。视域融合是文本视域与解释者视域各自不断跨越自身界限而与对方融为一体的过程。翻译的过程存在两次视域融合：首先是译者视域与源语文本视域融合形成新视域，其次这个新视域与目的语语言/文化视域发生二度融合。下面我们就以《哈姆雷特》为例，展示三层语境参数在视域融合过程当中的约束作用。对于词义的确定，需从微观语境参数出发，宏观和中观语境参数最终要穿透微观语境，落实到文本上。

一、多重语境参数约束下译文的确定

翻译是做决定的过程，译者要将阐释结果以目的语文字的形式呈现出来。莎士比亚作为文艺复兴时期的杰出作家，其作品中的选词造句十分讲究，很多词汇在当下语境中并不是直白的语言，这就造成了理解和解释的困难。不同译者对同一词语的翻译可能不同，都希望读者能够接受自己的译文，然而只有符合公约性的译文才能赢得更多的读者，更长远地流传下去。

《哈姆雷特》第二幕第二场中有一段独白如下："Swounds, I should take it! For it cannot be//But I am pigeon-livered and lack gall."[②]其中，Swounds一词是古语，超出了译者的视域范围。"凡是模糊晦涩的文本，由于在时间、空间和学问上都与我们相距遥远，那种语言已超越比喻而变成了象征，

---

① 汉斯-格奥尔格·伽达默尔 2021. 诠释学 I：真理与方法：哲学诠释学的基本特征. 洪汉鼎译. 北京：商务印书馆：546.
② 原文引自威廉·莎士比亚. 2001. 莎士比亚注释丛书：哈姆莱特. 2版. 裘克安注. 北京：商务印书馆：108. 下文三个译本分别引自：威廉·莎士比亚. 2013. 哈姆雷特：汉英对照. 朱生豪译. 南京：译林出版社：48；威廉·莎士比亚. 1989. 莎士比亚悲剧四种. 卞之琳译. 北京：人民文学出版社：77；威廉·莎士比亚. 哈姆莱特. 2020. 方平译. 上海：上海译文出版社：95.

这时译者就要进行充分的解释，除非他准备将此任务留给读者。"[1]朱生豪的译文（后文简称"朱译"）是"吓"，表示不满；卞之琳的译文（后文简称"卞译"）是"活该"，有不值得怜惜的意思；方平的译文（后文简称"方译"）是"妈的"，是咒骂语。译文的差异往往与译者的视域差异有关。为探究原文的确定意义和译文的公约性，需要从微观语境到中观语境再到宏观语境搜寻相关联的语境参数。我们可以查到 Swounds 的释义为"[古]畜牲！该死的家伙！（为 God's wounds 的缩略形式）"[2]，这是视域的工具性延伸。现代译者借助词典和网络很容易拓展自己的视域，而朱生豪是在战乱时期翻译了《哈姆雷特》，因此缺乏必要的查阅工具，其译文更多是与情景语境相关联。当文本语境参数无效时，译者将转向情景语境参数和社会文化历史语境参数。当然，大部分译者不会也无法就此做出说明，这种转向几乎是在无意识当中就完成的。此处的情景语境参数是哈姆雷特咒骂自己无能，并应符合文本所在的社会文化历史语境。再看其他两个译文，卞译与文本语境和情景语境有距离，方译有些脱离了原文本的社会文化历史语境。综合三层语境参数，Swounds 可被译为"天杀的"。

再看下文"But I am pigeon-livered and lack gall"，其中 pigeon-livered 是"鸽子肝的"，lack gall 是"缺胆汁"吗？弗里德里希·路德维希·哥特洛布·弗雷格（Friedrich Ludwig Gottlob Frege）在《算术基础》（*The Foundations of Arithmetic*）中为了达成逻辑哲学目的，提出了三条基本原则，其中一条就是所谓的"语境原则"（Context Principle）："必须在句子联系中研究语词的意谓，而不是个别地研究语词的意谓。"[3]朱译为"因为我是一个没有心肝，逆来顺受的怯汉"；卞译为"也总是胆小如鼠，缺少胆汁"；方译为"我不是一个胆小如鼠的脓包吗"。从文本语境参数来看，pigeon-livered 和 lack gall 是平行结构，语义相连。我们同样可以使用工具延伸视域，得到 pigeon-livered 有"温柔的、温顺的"的释义。从情景语境来看，此段独白发生在哈姆雷特安排戏中戏之后，他对自己不能痛痛

---

[1] Newmark. P. 2001. *Approaches to Translation*. Shanghai: Shanghai Foreign Language Education Press: 142.
[2] 安·汤普森，尼尔·泰勒. 2007. 哈姆雷特：英文. 北京：中国人民大学出版社：276.
[3] G. 弗雷格. 1998. 算术基础. 王路译. 北京：商务印书馆：9.

快快地报仇而感到郁闷，并觉得自己懦弱胆小。这段话之前的一句自问"Am I a coward?"可以作为文内参照参数与之形成语义链：即 coward、pigeon-livered 和 lack gall 均有"胆小懦弱"之意。单词 gall 的意思很多，受其他文本语境参数的制约，选择"a bitter feeling full of hate"的释义，朱译的"心肝"和卞译的"胆汁"虽保留了词汇的本意，但有脱离情景语境参数之嫌，缺乏文本连贯性。受到上文 Swounds 的映射，pigeon-livered 由中性转向贬义，是哈姆雷特自贬之词。结合以上参数分析，整句可被译为"我就是个逆来顺受的胆小鬼"。这样的译文进行了一定程度的引申，但是此引申是有理据的，是在多重语境参数约束下生成的。伽达默尔论及翻译的苦恼时说："一个句子的含义并不仅仅存在于系统和上下文之中"，"即使这种上下文使该词的含义十分明确，但这个含义仍然不能完全和该词所具有的多重含义相分离"[①]。即便有多重含义，译文也必须呈现确定意义，在译者艰难抉择的过程中，有效关联性语境参数能够最大限度实现意义确证。

二、多重语境参数约束下译文的多元

当译者站在文本特定的一个点上，由于个体视域的差异性，不同译者看到的语境参数不尽相同。文学语言又多具有留白，容易造成意义多元化。越是经典的作品，其内在解释性越强，关联的语境参数也越多。语境参数对翻译具有约束作用，但当决定性的语境参数本身呈现多层次化时，就可能出现翻译的多元化。在《哈姆雷特》中，最典型的莫过于"To be, or not to be—that is the question"[②]一句的翻译。这个貌似简单的句子包含着深刻的道理，使得中西方研究者津津乐道又大为苦恼，时至今日都没有定论。这句话的翻译一向备受争议，原文的意义非常具有模糊性、隐匿性，留下了意义空白。"然而正是这种诠释学的模棱两可状况才使翻译者经常遇到

[①] 汉斯-格奥尔格·伽达默尔. 2021. 诠释学 II：真理与方法：补充和索引. 洪汉鼎译. 北京：商务印书馆：247.

[②] 安·汤普森，尼尔·泰勒. 2007. 哈姆雷特：英文. 北京：中国人民大学出版社：284.

的困境得以清楚显露。"①翻译家方平在其 2020 年出版的译本中注解道："'to be or not to be'，浑然天成，译文难于传神，几乎无从下笔。"②译事之难，在于译者必须对文本意义做出决断，否则作为翻译的阐释活动无法展开。在已经出版的近 20 个译本中，译者留下的对此句的翻译选择的依据中可考证的并不多，我们试从多重语境参数的角度来考察本句翻译的理据性。

首先，从文本语境参数出发，be 的词典意义为"是"。裘克安对此句的注释是"to be: to exist, to live; not to be: to die"③。许多译者和研究者也认同这样的解释，或有延伸。例如，张沛认为 to be "表示本体的存在，意谓'生'、'实有'、'恒存'，即对存在的肯定。与之相反，not to be 意谓'死'、'断灭'、'虚无'，即对存在的否定"。④实际上，to be 是西方形而上学的出发点。"西方哲学中的本体论范畴'to on'（即英语的 being）则是从 eimi（即英语的 to be）的观念发展来的"⑤。基于这一语境参数原句可译为"生还是死，这就是问题所在"。

其次，情景参数这一层面最凸显的是情节语境参数。以此句为首的大段独白发生在哈姆雷特安排好的戏中戏《贡扎古之死》之前，以试探其叔父克劳狄斯。随着"好戏"即将上演，他内心纠结起来：是执行计划还是放弃？倘若上演的戏剧撕下了克劳狄斯的伪装，使他吐露了弑君的真面目，那我该如何行动？基于这一语境参数，原句可被译为"苟活还是直面，这是个问题"或者"忍气吞声还是奋起反抗，这是个问题"。

最后，从社会文化历史语境层面来进行分析，张松林认为哈姆雷特所面临的两难处境乃文艺复兴初期人文主义者曾共同面临的问题：一方面，人文主义思想成熟的胚胎要冲出母体；另一方面，中世纪以来宗教思想禁锢了人们的思想和行动，所以，哈姆雷特"百思不得其解，实质上是宗教

---

① 汉斯-格奥尔格·伽达默尔. 2021. 诠释学 I：真理与方法：哲学诠释学的基本特征. 洪汉鼎译. 北京：商务印书馆：543.
② 威廉·莎士比亚. 哈姆莱特. 2020. 方平译. 上海：上海译文出版社：101.
③ 威廉·莎士比亚. 2001. 莎士比亚注释丛书：哈姆莱特. 2 版. 裘克安注. 北京：商务印书馆：117.
④ 张沛. 2007. 生与死："To be, or not to be"一解. 外国文学，（1）：114.
⑤ 王太庆. 2004. 我们怎样认识西方人的"是"//柏拉图. 柏拉图对话集. 王太庆译. 北京：商务印书馆：714.

意义上的人的行为和世俗意义上人的行为，两者谁更高尚的问题"①。基于这一层语境参数，原句可被译为"存在还是消亡，这是问题所在"。

从三层语境参数来看，朱生豪的译文"生存还是毁灭，这是一个值得考虑的问题"②有一定的适切度，"生存"和"毁灭"可以涵盖精神层面、社会层面和肉体层面的相关行为，这也是其译文能够被广泛接受的原因。对于含义深刻的语句，翻译时要兼顾各层语境，以达到一定程度的包容性和概括性。以上只是分析了各层语境最凸显的参数，每个文本的语境参数会随着译者视域的扩展而增加，由此形成新的视域。译者要根据语境关联的整体性、翻译实践的具体性、对话要素的结构性来进行文本阐释。方平在早期对这句独白的翻译是"活着好，还是了却此生好，这是个难题啊"③，但在 2020 年的译本中改译为"活着好，还是别活下去了，这是个难题啊"，并在注释中写道："如果不受格律约束，译成散文，拟试译为：'一息尚存好，还是了却此生好'，语意上亦许庶几近之。"④可见，同一位译者在不同时期的视域发生了变化，所参照的语境参数发生了变化，导致阐释结果即译文也会发生变化。洪汉鼎在翻译《诠释学Ⅰ：真理与方法：哲学诠释学的基本特征》时，在序言中写道："任何翻译都带有翻译者的诠释学'境遇'和理解'视域'，追求所谓的单一的真正的客观的意义乃是不可实现的幻想。"⑤因此，没有哪个译本是真正完美的，因为译者作为阐释主体，在特定的时间和地点，他的视域总是有限的。此外，受制于目的语的语言和文化，译者甚至不能将自己所理解的全部内容在译文中完全表达出来。但如果在翻译中借助语境参数，形成明晰的语义链，会增强译文的公共阐释度，最大限度上接近"理想译文"。

---

① 张松林. 1995. 还 To Be or Not to Be 一个真我. 中国翻译，（3）：41.
② 威廉·莎士比亚. 2013. 哈姆雷特. 汉英对照. 朱生豪译. 南京：译林出版社：51.
③ 威廉·莎士比亚. 2004. 哈姆莱特. 方平译//威廉·莎士比亚. 莎士比亚精集. 方平编选. 北京：北京燕山出版社：581.
④ 威廉·莎士比亚. 哈姆莱特. 2020. 方平译. 上海：上海译文出版社：101.
⑤ 汉斯-格奥尔格·伽达默尔. 2021. 诠释学Ⅰ：真理与方法：哲学诠释学的基本特征. 洪汉鼎译. 北京：商务印书馆：xvii.

第三节　语境约束下的意义确证

　　语境参数决定有效阐释的生成，这一点具有重要的哲学意义。对意义的理解和解释彰显了阐释乃是属人的本质活动这一重要的本体性特征。人生活在两个世界中：物质世界和精神世界。人与其他物种共享物质世界中的自然界，而人建构出来可以称为物质文化的那一部分就需要阐释，如长城的含义是什么？紫禁城为何被称为"禁"？对谁"禁"，对谁"不禁"？精神世界是人不断建构出来的，且规模越来越庞大，即恩斯特·卡西尔（Ernst Cassirer）所说的"符号帝国"。随着文明文化的发展，符号构成的精神生活世界乃是人越来越重要的生活空间，"符号化的思维和符号化的行为是人类生活中最富于代表性的特征，并且人类文化的全部发展都依赖于这些条件，这一点是无可争辩的"[①]。马丁·海德格尔（Martin Heidegger）更加强调对人而言各种存在对符号尤其是其中最完备的符号系统之语言的依赖性，"词语破碎处，无物存在"[②]。

　　然而，符号作为事物和精神的表征物，与所表征的实指对象之间并非直接的指称关系，如英语字母和汉语的一点一横一撇都不能明确地指向具体某物或某个观点；词语和所表达的对象也不是一一对应的关系，而是表征着对象的类特征，如"树木"（tree）要落到具体的指称对象上，就需要种种限定性的语境参数帮助人们确证到底指的是在何种时间、何处地点的哪棵树；抽象名词就更加如此。中文由于符号（单字层面）的高度精练，加上"'天人合一'的哲学精神，向来把人看作是自然的一部分，人与万物密不可分，所以语言中的以物喻人，以一物喻另一物、化物为人、化此

[①] 恩斯特·卡西尔. 2013. 人论：人类文化哲学导引. 甘阳译. 上海：上海译文出版社：46.
[②] 原文为"Where word breaks off no thing may be"，引文为笔者自译。Heidegger, M. 1982. The nature of language. In M. Heidegger, *On the Way to Language* (Peter D. Hertz Trans.) (pp.57-108). New York: Harper & Row Publishers Inc.: 73.

物为彼物，将万物赋予人的情感色彩和思想观念的现象比比皆是"[1]。由丰富的符号聚合成的词语、短语、句子、段落、篇章裹涉的语境参数呈几何倍数乃至指数级地增加，能指意义和所指意义之间的非对称关系就蕴含了无限可能的阐释结果。

一、多重语境在阐释中的限定作用

人终其一生始终不断地从事着阐释活动，即阐释是人认识世界、从事交往活动和改造主客观世界的本质性活动，既是个人行为，更是人的类行为，具有公共性，让人既作为个体的存在从事着阐释活动，又作为社会成员追求自己的阐释最大限度地被社会认同，即追求公共性效果。在每一项阐释活动中，人所处的环境要素在不同的时间和阶段，以不同的程度进入阐释活动中。对于文本，我们在本书中将这些要素分别界定为宏观语境、中观语境和微观语境，囊括了人作为存在的各个方面。

在宏观层面上，将社会文化历史语境引入阐释学视野开启了现代阐释学的研究。如前文所述，伽达默尔把阐释学发展为系统的现代哲学阐释学，认为阐释者的历史性构成了与之所生存着的主客观环境紧密相连的视域。这一点已经成为学界的共识。于此我们要强调的是历史是由人阐释的，且随着个人的成长、后来的历史阐释者的知识的叠加效应，历史阐释和由之形成的知识具有建构性，即发展变化的特征，这就使阐释的无限性成为可能。同时，阐释必须有相应的历史依据，这就规定了阐释的有限性。落实到文本的阐释上，这种有限与无限的共在性就是要求阐释在不断发掘与文本相关的"新的"（此前未曾发掘到的）要素的基础上展开。

中观层面即作者的意图是最难以琢磨的，因为无论如何努力，阐释者都无法恢复到原原本本的作者的视域，这是众多阐释学家解释阐释的无限性至为关键的所在。"子非鱼""子非我"表明，即使面对面也无法达到对说话人或作者的完全理解，或曰无法完全理解作者创作文本时的心境是否

---

[1] 申小龙. 2003. 语言学纲要. 上海：复旦大学出版社：315.

就意味着阐释者可以用自己的意图代替作者的意图,然后到文本中断章取义地强征文本,以服务于自己本来不对的强制性阐释呢?用张江教授的话说,"作者能不能死?"[①]说的就是这个问题。对该问题的批判就形成了对强制阐释的批判,相反的建构性回答就构成了有限阐释、公共阐释的相关论述。

微观层面的语言语境指的是最成熟、最系统化的符号表征系统,即语言的上下文,其约定俗成性即建构性随着现代语言学的巨大成就早已成为共识,然而需要注意的是符号系统的建构一旦完成了体系化,其运作又具有相对独立、不以人的意志为转移的特征,即个人在语言使用的过程中不可以也不可能超越或违背"约定俗成"这一语言公度性,其语言能指和风格不可能是不受约束的。在这个维度上,文本阐释过程需要依照语言学中的语法、词汇、篇章等相关准则开展,阐释的随意性因为最容易被证伪,故而少见。

二、语境之于阐释活动的哲学意义

文本中除了作者必要的含义、意图外,往往还精心注入了一定的审美情趣、道德寓意等,经典作品尤其如此,在一定程度上,正是这些方面成就了作品的经典地位。由于缺乏相对可以明晰的标准,对这些方面的阐释总是显得见仁见智。即便如此,与该文本而不是别的文本相关的语境参数也必须成为阐释的依据,这就是伽达默尔所说的,"解释者在面对文本时也有一个不可或缺的前提条件,即他必须参与到文本的意义之中"[②]。

三个层面的语境参数的融合造就了各种具体的阐释或译文。究竟何种阐释更加接近公共阐释,取决于不同时代、不同的阐释者对于各语境参数的发掘,也取决于阐释者对主体性的控制,即不以自己先有的立场为基准强行征用文本作为论证自我意图的工具,从而陷入断章取义、强征文本片段以为己用之强制阐释的泥淖。在百舸争流的阐释洪流中,对阐释效果最

[①] 张江. 2016. 作者能不能死. 哲学研究,(05):3-9, 128.
[②] 汉斯-格奥尔格·伽达默尔. 2021. 诠释学 I:真理与方法:哲学诠释学的基本特征. 洪汉鼎译. 北京:商务印书馆:545.

大化的追求就是力求使自己的阐释成为公共阐释,这是每个阐释者共同的追求。要达到公共阐释就要求阐释者不可以随意羁越阐释的边界,这个边界就是围绕着文本的宏观、中观、微观语境。以上是围绕在文本的阐释或翻译过程中语境在意义确证中的作用展开的叙述。以下从更加宏观的一般哲学意义上针对语境对文本意义的确证进行深化和小结。

宏观的社会文化历史语境更多的是围绕人在时间维度上展开;微观的文本语境更多的是在空间上展开,之所以说是"更多的",是因为二者分别兼有部分空间维度和时间维度的特征;中观的情景语境是人在具体的时间和空间维度上主观能动性的充分发挥,因此因人而异,最具有动态性,其中的个体差异性是导致作者和阐释者两端最难以匹配乃至于不可匹配的所在,因为完全恢复到作者的视域是不可能的,故而造就了"一千个读者(阐释者)就有一千个哈姆雷特"的说法。然而,在这"一千个哈姆雷特中",我们赞同指向趋同,即指向属于公共阐释。阐释者的主观能动性受到客观文本的制约。从符号被赋予不同意义的一端看,意义的表征具有主观性,然而从文本所含摄的宏观、中观、微观语境要素看,阐释又具有确指的意义,亦即阐释的客观性要求。

三、超越阐释看语境

语境即关系,是使用语言的人与世界、人与人、人与社会、人与历史、人与知识的关系的总和。符号对事物和观点的抽象表征落到具体的意义理解中必须通过各种语境参数实现具体化、对象化。其实这正是人在本质的类特征落实到具体环境和事态上时的情景:"人的本质不是单个人所固有的抽象物,在其现实性上,它是一切社会关系的总和。"[①]对人的种种社会关系的厘定正是从他的语言、行为来判定,人对于意义的确定即是对于相应关系的确证,从而实现对于话语、文本意义的确证,在不断阐释的过程中,实现着对人生、对世界、对事件不断加深理解的同时也实现对自我

[①] 卡尔·马克思,弗里德里希·恩格斯. 2009. 马克思恩格斯文集(第一卷). 中共中央马克思恩格斯列宁斯大林著作编译局编译. 北京:人民出版社:501.

的理解与判定，厘定其作为此在的确切含义，即对于关乎"我是谁"的种种认知性回答，形成诸多相关推理的前提，做出"我"应该向何处去乃至于如何去的判断，指导其行使"改造世界"的种种行为。人对于意义的确证即是对于与其相关的语境要素的厘定，是对具体文本等意义体中各种语境参数的甄别。当然，这个过程随着阐释者的个人语境参数项如人生阅历、认知水平、所在环境、行为目标的不同，生成的阐释结果也有所不同。

小　　结

文本的翻译和阐释受到语境的约束，即语境决定意义，然而语境分析的多元性和任意性给意义确定带来了困难。本章将语境具象为宏观、中观、微观三层语境参数，阐释主体通过析取其视域中有效的关联性参数因子，针对阐释对象形成逻辑语义链。翻译即阐释，其过程中有效关联性语境参数能够最大限度实现意义确证。同时，有效语境参数的多层次性也能为翻译中多元阐释的有效性提供合理依据和判断标准。

第五章

论阐释对知识局限性的救赎

近年来中国阐释学的兴起和知识翻译学的勃兴,在研究兴趣方面所涉及的知识、阐释、翻译等基础核心概念形成了交叉。廓清这些基础概念的内涵和相互关系,对于推进这两门互涉学科的研究具有重要意义,尤其有助于深挖翻译学界和阐释学界近年来一直热门的几个研究问题,例如知识的地方性与局限性、阐释的有限性与无限性及其对知识局限性的救赎,以及知识翻译学的可行性等。

本章整合符号学、文化哲学、阐释学、翻译学的相关理论和方法,聚焦这些基本概念,针对上述热点问题展开讨论并尝试做出相应的回答。

第一节 知识的局限性

何谓知识?《辞海》给出了两种释义:"①人类认识的成果或结晶。依反映对象的深刻性,可分为生活常识和科学知识;依反映层次的系统性,可分为经验知识和理论知识。经验知识是知识的初级形态,系统的科学理论是知识的高级形态。②相知、相识者。"[①]《现代汉语词典》中对"知

---

① 夏征农,陈至立. 2010. 辞海(第六版缩印本). 上海:上海辞书出版社:2440-2441.

识"的释义是："①人们在社会实践中所获得的认识和经验的总和。②指学术、文化或学问。"①这些义项表明，知识的本质特征是追求真实与全面，即知识发展的两个向度。当然，真实与全面十分难得，故知识的局限性正体现在求真与求全的过程之中。

知识是人最重要的财富和法宝。它是如此的可贵和重要，以至于人们往往对知识怀有迷信式的崇拜，甚至将知识和真理等同起来。但是，我们必须清醒地认识到，知识并不一定就是真理——即便是真理也可能在不同的具体实践中表现出不同的特点；知识和知识体系应该是发展的，而不是完成的、封闭的和绝对的。如上文所述，《现代汉语词典》中"知识"释义的第一类义项"认识和经验的总和"，显然排除了"知识必须是正确的"之意蕴。因为认识也好，经验也罢，往往鱼龙混杂，隐藏的本质和具有迷惑性的表象共存；第二类义项"学术、文化或学问"也蕴含了类似的特征，这里最典型的例子如"理论"：未被证实的理论不等同于真理，相同或相近学科中不同理论相互博弈、修正、整合，较好地体现了知识的开放性、建构性、完善性、相对性、地方性等，易言之，知识的发展永远是一个未完成的过程。

知识的局限性的根本成因源于人的认识的局限性、知识的符号表征手段以及人的发展三大方面。

人的知识的获得需要经历从感性认识到理性认识的发展阶段。处于较低认识级别的感性认识阶段是人从生活世界中获得第一手经验和认识的基本渠道，在人的知识的获得过程中有着不可替代的起始作用。但是在该过程中，感觉、知觉、表象这三个环节都没有保障无误的认知机制，相反，感觉可能似是而非，如发热的人对于环境和温度有着与健康者相反的体认，进而可能形成或对或错的知觉反应和表象。处于较高级的理性认识阶段的认知环节的概念、判断和推理也都有可能出错，何况做出判断和推理的前提可能是假象，如战争中的迷魂阵、经济活动中的假账和假货、日常生活中的谎言等。

---

① 中国社会科学院语言研究所词典编辑室编. 2016. 现代汉语词典（第 7 版）. 北京：商务印书馆：1678.

第五章 论阐释对知识局限性的救赎

考察人类知识发展简史可以发现，认识的局限性很明显地以知识的有限性或谬误的形式表现出来。可以说，人的知识的发展过程就是不断提高认识、纠正偏差、克服谬误的过程，这个过程贯穿了自然科学和人文社科知识。自然科学中存在着形形色色的误读误解，例如，人类对"鬼火"的错误命名就能说明曾对其存在错误的解读，直到物理、化学等现代自然科学对磷及其燃点进行相关解释，消除了此前错误的迷信解释，"鬼火"现象才真相大白；关于天文中的各种星宿，现代天文学的科学解释消解了诸如《三国演义》《水浒传》中神秘的、迷信的传统解释[①]；如此等等。现代科学的发展是一个"祛魅"（disenchantment）的过程，但是在人类文明文化漫长的进程中只占了极小的一段。同时还要看到，现代自然科学采取学科细分的方法，在具体的研究中把对客观对象的认识聚焦在某一个具体方面，将其他要素作为干扰项有意识地排除在观察项之外，以便于凸显观察项的作用。自然科学这种将研究（认识）控制在某个具体的范围内的方法论舍去了认识的整体性，在求得知识的精确性的同时，却也明确地导致了知识的局限性。

精神科学是基于人的生命体验、经验，意义具有明确的主观性、综合性特征，需要经过人的体悟才能获得理解，这与自然科学的性质和方法形成了本质上的差异，即所谓"狄尔泰鸿沟"[②]。生命体验是精神科学中意义的根源，而人与人的生命体验结果具有个体性差异，难以形成共识，故精神科学中对意义的理解追求的效果是共鸣，而非共识——因为没有统一的标准，不可能达成共识。个体对于认知对象视角的差异形成了知识的个体性，群体之间的差异以地方性表现出来，所以有个体之"一朝被蛇咬，十年怕井绳""杯弓蛇影""惊弓之鸟""望梅止渴"，以及群体之"橘生淮南则为橘，生于淮北则为枳""南米北面，西咸东甜"的个体性与地方性差异；更综合一些的有"对牛弹琴""酒逢知己千杯少，话不投机半句多""道不同不相为谋"等隐喻性的个体与地方性差异。知识的局限性从知识发展的历史和路径得到确证：人文社科知识历经神话—宗教—

[①] 例如《三国演义》中反复出现孔明、司马懿等夜观星象，见到异常现象便能推知"将星陨落"之类的变故，以及《水浒传》中将一百零八将与一百零八星宿——对应起来的阐述。

[②] 对于"狄尔泰鸿沟"的系统论述，详见张进，蒲睿. 2021. 论"狄尔泰鸿沟". 西北师大学报（社会科学版），（5）：40-48.

伦理—道德—法律—社会学等人类社会知识发展的过程，沿着从单一学科到综合学科、从局部到系统的发展脉络，每一个发展环节都是对此前知识的局限性的修正和突破！

再从知识的表征形式简要考察知识的局限性。知识必须用符号表征，而最完善的符号系统即语言，所以说，语言是人类的家园[①]，是人须臾不可或缺的根本性工具[②]，人生活在由语言等符号表征而成的符号帝国、文化帝国和意义帝国中[③]。从符号表征看，意义即关系，是作为能指的符号（语词）与所指之指代物之间的关系。符号的本质在于假设，通过假设实现用符号指代实际对象的目标，这种指代关系经过约定俗成形成能指/符号/语言与所指/对象之间的语义。然而，从一开始，这种假设关系便蕴藏着太多的可能性。例如，假设某个符号能指代事物，那么就可能换一个符号也可以指代同样的事物；同一个符号可指代不同的事物，那么同一符号也可指代同一事物的不同方面等。在符号迈出假设这一步的基础上（注意，这是人放飞智力的翅膀，是着力发展并本质性地超越动物的关键性的起步），进一步的假设以各种修辞的形式彻底释放了人的智力和想象力的潜能。各种可能性为符号化运作带来了广大的发展空间，同时也产生了诸多缠绕性的问题，在此暂不多论。要言之，能指与所指之间的关系是不对称的，蕴含着丰富多样的组合可能，即是说符号与所指之间的意义具有不确定性。符号运动经由语词组合而成句子、段落、语篇，其中意义的可能性几何倍数地增加了。另外，符号一经生成为系统，就具有了一定的自主性或独立性，即符号之间的聚合和组合可能生成新的纯粹符号形式上的文本，如并不一定具有实际意义的绕口令、谐音等语言现象。符号系统的相对独立性又会加剧意义指代的复杂程度，增加知识表述歧义的可能。如此，符号化表征为知识发展赋能的同时，却平添了知识表征和理解的多重可能性，也意味着每一种理解都只能是管窥一隅，不可能是全面的理解。这是知识局

[①] Heidegger, M. 1982. The nature of language. In M. Heidegger, *On the Way to Language* (Peter D. Hertz Trans.)(pp. 57-108). New York: Harper & Row, Publishers Inc.

[②] 关于这一点，即对于语言作为人类最根本的工具的论述，参见陈开举. 2009. 论语言的力：语言的哲学、文化学与语用学本质. 学术研究，（12）：155.

[③] 关于人活在符号帝国即文化世界中的有关论述，详见卡西尔. 2013. 人论：人类文化哲学导引. 甘阳译. 上海：上海译文出版社：43-46.

限性的又一个方面。

当代文化研究重点研究了知识的表征和传播，研究视域扩展到整个社会经济-文化生活过程。例如，斯图尔特·霍尔（Stuart Hall）的"文化循环"理论就阐述了知识生产和传播各个环节对知识和意义的影响[①]。

图 5.1 表明，充满知识的文化作品知识/意义表征、接受者的认同、作品的生产、受众的消费（如阅读或观影）、过程中所遵守的知识与管理规范规则等要素或环节都存在交互作用。这意味着知识或意义从生产到消费的全过程是动态的，接受着多重要素的影响，所以是变动不居、发展着的；同时从另外的角度看，无论是谁在哪个环节接触和理解到的知识都是片面的、非完成的，当然也是有局限性的。

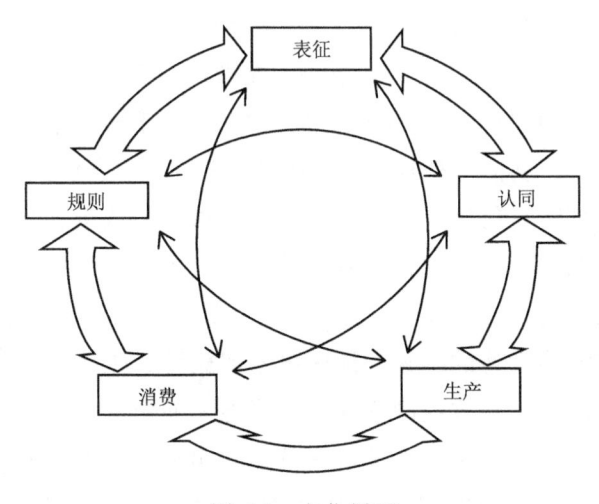

图 5.1 文化循环

资料来源：霍尔（2003：1）

接下来再从人类社会的发展看知识的相对性、发展性和局限性。社会的发展、文明的进步不断颠覆着人们原有的知识或理解。科技的进步，如航天航海技术的发展，使得上天入地不再是浪漫的狂想；地暖、冷藏技术使得冬季的青藏高原都能产出新鲜的菜蔬，即使在冰雪季节人们也能享用青绿色的春芽或嫩玉米；高铁、飞机等快速出行方式的普及使人们的工作

[①] 斯图尔特·霍尔. 2003. 表征：文化表象与意指实践. 徐亮，陆兴华译. 北京：商务印书馆：1-5.

生活圈几何级扩大，甲省工作、乙省居住成为可能。人们对地理、生产、生活等方面许多问题的认识有了知识层面的颠覆、拓展和重塑，智能通信和网络使得大山旮旯的老人和在都市工作的子女通过视频、监控实现"在场""同场"，"天涯咫尺"变成现实。近年来，人类在社会实践中遇到的诸多新问题、新现象不断提出新问题域，为人们打开了新视野，如COVID-19、超音速导弹、新能源汽车、核废水排放等，无不催人努力提高认知能力，不断更新知识，以应对新的问题和危机。知识的发展推动人们更新和提高认知水平，扩大对新生活的期待，不断将新的知识水平当成新的起点。

在消费社会、信息时代的当下，人们对日新月异的生活变化已见惯不怪，例如，中国现在可能大多数人都理所当然地将工作、学习、生活建立在智能手机、信息互动的基础上。以往可能还是梦幻般的概念，如"云豹""雪豹""彪"，现在动动手指，很快就能搜出相关知识、图片，乃至各种相关统计数据；2020—2023年的大部分时间里，十多亿中国人相当大部分的各种消费购物，从信息查找、商品选择、下订单、支付到收货乃至退货、理赔等消费全环节，居然是人们足不出户通过手机或电脑来完成的。信息技术正在对人们的生活方式进行着质的形塑，不知不觉地给人们带来认识和实践方面巨大的改变，以至于倘若突然到智能手机信息覆盖、电子支付、电子购物等技术不发达的国家和地区出差或旅游，工作、学习、生活都可能无所适从。但是，从这些国家和地区当地人的角度看，我们基于信息技术的认识、生活和对未来的设计可能是不切实际的痴人说梦，他们将上述问题（如"你知道云豹吗？"）当成滑稽可笑的刁难。仔细一想，20年前，当这些新技术没有进入日常应用时，我们自己的认识何尝不是与他们一样呢？这里回到知识的局限性上，人类文明文化不断进步，知识不断更新，不断突破既有知识的局限，通过创新提升认识水平。

要言之，人的知识是一个发展、提升、完善的无止境过程，人类发展历程基于自然、超越自然、提升自我，整个趋势是人的第二世界——知识的、符号的世界——的分量不断加重的过程。知识和符号在本质上基于假设、隐喻，用符号表征物在主观意向与事物或概念之间建构起指代关系。显然，这种关系是假设的、想象的、主观的、建构的。在认识发展过程中的任何一个环节或界面上，知识都是片面的、发展着的，即具有局限性。

第二节 阐释对知识局限性的救赎

人通过知识活动实现与外界的信息交换。知识在作为子系统的个人与作为母系统的自然和社会之间起到交换信息和能量的作用。知识活动是一个阐释的过程，包括吸收信息和表达思想两个部分，其中吸收信息主要是在感知信息的基础上对意义的理解。有了确定的理解，就能决定自己的意见，进而表述出来，实现思想、意义交流的闭环。其中，理解在整个过程中处于中心地位。人终其一生都在从事着理解：我们努力理解自然，理解自己，理解他人和社会，理解历史，理解事物发展的趋势，理解伦理道德，理解真善美，理解具体的处境，以总揽各种相关要素，进而规划行为，预判成效。

知识具有局限性或者地方性，并由此而具有建构性和发展性，以不断克服和弥补其局限性。发展是基于充分理解既有知识，澄清既有知识的不足，并引入新的要素补充和完善既有知识，这三个方面也正是阐释的根本内容。即是说，阐释补益与救赎了知识的局限性。

阐释是人的本体性行为，理解是其核心环节。人通过阐释将其本质属性充分展开。"在心理学视域下，阐释的本质为'自证'——阐释主体证明自我的心理企图和冲动，以自证满足为目标和线索而持续展开，不断确证自我认知与自我概念，最终实现意识主体同质化的自我建构……自证贯穿于言说、说明、翻译等全部阐释功能之中，不断更新人类知识系统，建构独立意识主体的认知图景。"[①]人的自证、自我建构、知识发展没有止境，即知识不断突破原有的格局，通过阐释实现发展之路贯穿于人的整个存在和发展历程中，属于人的本质性实践之构成。

这里再从知识的符号表征和阐释的语言实践场域考察阐释对知识局限性的补救。现代语言学发展之初，人们把言语交际过程看成一个机械而粗

---

① 张江.2020.阐释与自证：心理学视域下的阐释本质.哲学研究，(10)：95.

浅的过程，典型的如雅各布森的语言交际模式，见图5.2。

语境（指涉功能）

信息（诗性功能）

发话者（表情功能） ……………… 受话者（意动功能）

接触（交际功能）

代码（元语言功能/解释功能）

图 5.2 语言交际模式
资料来源：江久文（2009：33）

图5.2描述了传播/交际的过程，看起来简单明了，然而问题也正在于描述过于粗浅。交际的核心应该是意义和知识，却没有在图中体现出来——交际的内容仿若一个简单的物件，如篮球，发话者将篮球（言语）抛出去，受话者接到篮球（接受言语），从而完成了言语交际。若是不同的读者阅读同样的书籍、不同的学生听同样的课或拿到同样的材料，理解效果应该基本一致，而实际情况却大相径庭。自然科学课上的学生们成绩各异；同样的古文、外文著作，有些人读起来如痴如醉，有的人却一窍不通，觉得味同嚼蜡。这充分说明，包括雅各布森的这个图在内，"任何知识都是特殊时空的产物，知识生产一开始是以地方性特征呈现"[①]，需要进一步操作，进行补足和提升。

实际上，知识经过作者的思想加工形成了脑文本，再经过语言加工形成文本，传播给接受者，通过后者的理解形成相关意义的脑文本，再据此做出思想计划和语言处理，生成并发出答复文本，如图5.3所示。

作者经验 →概念化→ 作者脑文本 →符号化→ 文本A →接受→ 阐释者 →概念化→ 阐释者脑文本 →符号化→ 文本B

图 5.3 文本阐释过程示意图
资料来源：陈开举（2023：193）

图5.3中，作者脑文本和阐释者脑文本对于确当理解言语交际过程具有重要的意义，可以说，没有脑文本的环节，对言语交际的理解就不可能正确。

[①] 杨枫. 2022. 知识翻译学：出发与抵达. 当代外语研究，（5）：卷首语.

正是在这个意义上,聂珍钊说:"直到今天,作家创作任何文学作品,从根源上说都是对脑文本的回忆、组合、加工、复写、存储和再现。"①

知识是抽象的思想,思想以符号表征存储在大脑中,两个人之间的思想交流显然不能像传递物品那样直截了当。只能通过符号将意义编码,再以符号的声音或文字信号发出,接受者受到信号刺激,通过解码过程理解意义。知识操作过程及阐释对知识局限性的补救,正是发生在这个符号作用的从作者脑文本表述成文本A到阐释者接受符号刺激而形成阐释者脑文本的过程之中。

随着符号世界的发展,人类越来越多地生活在知识帝国、符号帝国中,设计、完善、确证、说服、执行、发扬光大、推广成为标准的过程。大量桥梁、隧道、高速公路和铁路,以及包括大型驱逐舰甚至航母在内的轮船等高质量的大型工程主要是通过符号进行设计、论证、修正、完善,从而完成知识的展开,指导具体的施工实践。在整个过程中,虽然实际施工中的管理、技术、设备也很重要,但是总的来看,生产力水平的提高主要是拜前述知识操作环节的进步所赐,这些操作环节构成了相关知识阐释的闭环。

人类文明文化的交流互鉴使不同文明文化体特有的知识向对方敞开,同时也向原有的知识甚至知识体系提出了新的目标、愿望、需求,通过阐释去比较、筛选、引入、消化、内化,实现提升和完善本己文明文化知识体系的功效。文明互鉴和文化交流的阐释例证,如古代丝绸之路、马可波罗游记、近代中国的洋务运动等,无不彰显了阐释的各个要素环节的作用。人类越发展,知识水平越高,阐释越重要,因为阐释的理解、批评、创新等环节是知识发展的必由之路。

在知识的发展过程中,新的版本总是建立在对既有知识的理解和解释的基础之上,通过阐释实现对既有知识的丰富和发展。人文社科知识与人类社会一道总是处在不断发展、不断完善、吐故纳新的过程中。通过阐释实现对既有知识的局限性的救赎。

---

① 聂珍钊. 2013. 文学伦理学批评:口头文学与脑文本. 外国文学研究,(6):14.

第三节　从知识翻译学看阐释对知识局限性的救赎

人的认识的局限性和发展性决定了知识的局限性和发展性，符号表征使知识的局限性和发展性指数级地增加，而人的发展、知识的积累也突显了既有知识的局限性。阐释是对既有知识的理解、批判和创新的根本途径。这是从整体论的视角观察知识论和阐释学得出的基本分析。聚焦在翻译这种具体的阐释形态上，这些原本抽象的讨论变得十分简明。

在现代阐释学的发展史中，翻译占据着阐释的大部分内容。考据 hermeneutics 词源中的 Hermes 发现，是指古希腊神话中负责神和人类之间信息传递的赫尔墨斯，他相当大部分的工作内容就是翻译（和解释）；后来经过施莱尔马赫、狄尔泰、海德格尔、伽达默尔、帕尔默等现当代阐释学学者的发展，哲学阐释学和阐释学本体研究得到充分的确立。在这一发展脉络中，翻译是阐释最基本的重要形态这一点一直很清晰，所以有学者明确断言"翻译即阐释"。同样，翻译的本体性也具有相似的哲学基础。

在翻译研究中，翻译的标准、作者与原文的地位、译者主体性、译文接受度等构成了翻译学的基本论题，对此笔者有专门的梳理，在此不赘。[①] 许多研究要么提出理想化但与翻译实践脱节的理论，如同时做到"信、达、雅"不太可能，实际翻译中译者并不一定理会这些标准；要么提出的理论缺乏说服力，如翻译意义、等值翻译，但并未回答究竟为何要那样译，出现矛盾时又当如何取舍，译者主体性如何界定，文本重译以及评价译本的标准是什么等。对这些问题的研究和争论推动了翻译学的繁荣和学科化，也为更统一清晰的认识提出了要求。我们认为，知识翻译学为上述问题的研究提供了较高、较全面的视域。

对于翻译的本体性，或者是翻译在人的本质性活动中的重要作用，知

---

① 对翻译研究发展脉络的梳理，参见于陈开举. 2023. 文化语境、释义障碍与阐释效度. 中国社会科学，（2）：194-202.

识翻译阐释得十分精当："翻译是地方性知识世界化的过程，翻译使不同语言承载的不同知识成为世界公共财富。"[①]知识的地方性和个体性是翻译存在的前提，也给定了翻译的使命，即在人的知识建设中起重要作用。这正是翻译的本体性所在。

知识翻译学将翻译研究从之前长期聚焦语言学等形式方面的研究拉回到注重意义本身，这个问题看似简明，翻译研究的探索却绕了很大的弯才回到知识、意义这个翻译作为人类活动的出发点和旨归上来。为什么要译？译什么？如何译？这些翻译的本体问题，说到底，要由翻译的本体性功能来回答和评判：翻译旨在服务于人的知识的扩大、技能的丰富、文明文化水平的提高。换言之，译文对于社会文明文化实践的作用是检验翻译成效的标准。历史地、宏观地看待对外来文明文化的翻译、阐释、吸收，以丰富本文化体的知识，提高本文明体的发展水平，可以看到翻译对于引入文明文化体社会发展的巨大作用，如日本在历史上长期翻译和引入中国文化和其他外来文化，促进了日本社会文明文化的发展[②]；中国近现代以来对日本和西方文明文化知识的翻译、阐释、吸收，最终成就了波澜壮阔的社会革命和成功的社会文明文化的现代化。

对于特定的、具体的知识文化体而言，翻译和引进其他文化体的知识可以补全自身知识系统的不足，克服本己知识体系的局限性。中国近现代以来对西方现代知识系统的翻译、吸收和整合，从根本上丰富和发展了自身知识体系，建立了系统的现代自然科学学科体系、社会科学体系，补全了医疗和保健知识体系等。通过翻译引入自身相对缺乏的知识，通过阐释吸收成为自身的知识体系的有机构成成分，改善自身，促进本己知识体系的健康、快速、持续发展。

从整体论的角度看，各文化体之间知识的翻译、交流、补益体现了翻译、阐释对于知识局限性的克服作用。知识作为人的主体存在的重要组成部分，也在这个过程中实现了自身的意义和价值，即对人类思想和意义的保存、传播、发展及赓续。也正是在这个意义上，我们说，人的不断发展

---

① 杨枫. 2021. 翻译是文化还是知识？. 当代外语研究，（6）：卷首语.
② 关于这方面的系统梳理，详见陈开举，等. 2018. 电影中的日本人. 北京：知识产权出版社：1-5.

也是知识发展的过程，是人通过其本质属性的阐释活动不断修正知识，补全和强化知识体系的过程。

对上述这些问题的清楚认识有助于解释和回答许多长期存在的与知识、翻译、阐释研究相关的问题，这里我们仅简要考察其中的几个：知识、翻译与阐释的标准；人文社科、精神科学在人的整个知识体系中的地位和作用；经典文本为何需要被不断阐释或重译；如何看待知识生产和精神科学学者的贡献。

阐释的本质是人的自我确证，通过知识的认知、理解、批评，完善其对世界恰当的认识，这个丰富和提高的过程也是人不断克服其知识局限性的过程，翻译是其中快速发展的、成效显著的知识改善和扩充策略。相同文本的诸多阐释者和译者竞相角逐，目的在于使自己的阐释得到最大限度的认同，成为公共阐释。公共阐释要求阐释者必须"以普遍的历史前提为基点，以文本为意义对象，以公共理性生产有边界约束，且可公度的有效阐释"[①]。在追求公共阐释的过程中，对典籍的阐释、翻译、批评同时也就以最佳的阐释方式阐述了自己的思想和创建，为其文化知识体系做出最大的贡献。这是第一个问题，即阐释和翻译以公共阐释为阐释者或译者追求的标准。这也可以用来解释孔子对中国文化知识体系所做的贡献，他在开创性的典籍整理、筛选、阐释的过程中已经完整地融入了自己的思想，使之成为本文化知识体系中不可分割的有机组成部分，其原创性贡献贯穿于他所阐释的文献之中。所谓"述而不作"，只不过是谦辞，切不可以此错误地理解为孔子"不作"故无原创性贡献！

第二个问题是人文社科、精神科学在人的整个知识体系中的地位和作用。生活常新，故社会文明文化实践滚滚向前，发展变化不止，在有的时期变化还会很剧烈，呈范式化、模式化的质变，如1840年以来，中国社会经济文化生活波澜壮阔般一波接一波地变化；当下中国社会文明形态和文化模式与50年、100年前相比，差异真可谓沧海桑田。然而，社会生活在大部分时期呈现出平稳演进的景象，消化、顺应了深水激流的急剧变化而不是紊乱无序，这又何以可能？这极大程度上乃是归于人文社科、精神科

[①] 张江. 2017. 公共阐释论纲. 学术研究，（6）：1.

学领域学者同仁们潜心勤奋阐释、更新和发展社会文化思想知识体系之功。人文社科、精神科学记录、解释、提高、完善了人文社会知识系统，通过教育、宣传、文艺等形式传播和影响社会成员，起到了社会稳定器和发展力量源泉的作用。随着社会的发展，文化知识系统成为人须臾不可或缺的第二世界，是真正的精神家园。家园属于目的性价值理性而非功用工具理性范畴，其意义或功能不能以有用与否来判定，而应该以作为人之本体存在之状态去衡量。人文社科、精神科学面对新的社会文化实践，尤其是其中显现的新问题时，展开阐释、批判（包括翻译和借鉴其他文明文化体中先进或有效的成分），修正、完善本文化体知识，保障社会文化生活的有序展开，这就实质性地驳斥了人文社科"无用论"之类的粗浅谬论。

第三个问题是经典作品为何需要被不断阐释或重译。阐释是人的自证行为，是知识传承的基本方式，即知识在阐释中流传和创新，没有简单重复的传承，即没有阐释，其影响就会萎缩，逐步遭到淘汰。例如，中国传统文化内容丰富多彩，其中相当一部分内容因长期丧失阐释、批评和整理的机会而逐渐失传，典型的如《乐记》《礼记》等，虽然也可能有别的重要原因，但是没有被不断阐释因而遭到淘汰，这一点是肯定的。

受其自身历史时代精神的影响和推动，阐释者、翻译者必然要加入新的时代精神，使作品在其他的阐释或翻译过程中发展和流传。越是经典的文本，获得重新阐释和重译的机会就越多，也正是因为有更多阐释翻译流传的机会，经典的传播更广、影响更大，更成就了文本的经典地位。这也是阐释的无限性，对于同一个文本，"不同时代、不同阐释基础上的公共阐释也有发展变化的可能，随着新的语境要素的发掘，新的最佳关联语境要素可能被带入阐释中，从而形成新的最佳阐释结果"[1]。当然，需要注意的是，应该严格区分阐释与阐发，将对文本的原意和作者的意图的阐释与对阐释者或翻译者自身观点的阐发区分开来，尤其要避免"偷换对象，变幻话语，借文本之名，阐本己之意，且将此意强加于文本，宣称文本即为此意"[2]，避免形成强制阐释。

---

[1] 陈开举. 2020. 从语境看阐释的有限与无限. 社会科学辑刊, （6）: 49.
[2] 张江. 2021. 再论强制阐释. 中国社会科学, （2）: 4.

另外，当代我国人文社科学者经常遭到集体诟病，即"大师论"问题，即所谓民国时期涌现出了许多汇通古今中外的人文社科大师，而现在研究条件更好、起点更高、文献更多、待遇更好、分工更专业，为何却出不了大师？从知识论的视角看，这个问题就比较清楚了。在具体门类的知识系统化之初，少数出类拔萃的学者垄断式地享有该门知识的阐释权，并将阐释扩展到相关学科和方向，在做出贡献的同时也确立了"通才"式的"大师"形象。然而后来随着学科知识的累积，新的阐释需要尊重和吸收既有知识的主题养分，对其中不合理、存在局限性的部分加以批判，并做出相应的创新和补全，研究的范围往往狭窄而深入，因而给大众留下不如学科奠基阶段那些全知的"大师"的偏差印象。

知识的体系化发展、学科专业方向分工的细化，不需要也不可能出现无所不包的亚里士多德式的"全才"大师，更遑论亚里士多德本身就有贪多出错的情况（如其关于重的物体先落地这种直觉式的、似是而非的错误）。我们认为，对于既有知识的阐释，只能是微创式的创新与补全；但是只要有创建，阐释者（或译者）就已经具有了大师的品格。如此看，每个时代都有自己的大师，因为他们需要基于既有知识，结合其所面对的时代精神和问题，展开合理的阐释，以提升人们的认识，保障社会生活的顺利进行。这里需要强调的是，通过阐释传承知识、补足知识的局限性、发展知识系统，包含着不断的、微创式的创新。

小　　结

知识是人的主客观生活经验经过智慧提炼的结晶，是人的生活中最重要的组成部分。知识随着人的认识经验的累积、认识水平的提升、生产生活质量的改进而不断提升、改进、完善，即知识的个体性、地方性、局限性不断被克服，知识体系不断完善。知识的符号表征方式以及在此基础上的修辞等再假设手段将知识的局限性、不确定性和创造性放大。人通过学习、理解、批评、创新等环节阐释知识，发现和克服知识的局限性，并丰富自身的文化知识体系。从翻译的视角看,知识的地方性差异带来了翻译的必要性,通过翻译将地方性知识转变成世界性知识。在翻译的过程中,译者发挥其主体性,将自身的时代精神与文本意义和作者的意图结合起来,阐释生成目标语译本,改善相关知识构成。具有特殊价值的经典文本经过反复阐释或重译,历久弥新,得以保存和传承,丰富和发展了目标语文化知识,为文明文化的演进起到了独特和重要的作用。

第六章

翻译哲学何以可能？①

翻译是一项将信息由一种符号（语言）转化为另一种符号（语言）的活动，包括语内翻译（intralingual translation）、语际翻译（interlingual translation）和符际翻译（intersemiotic translation）三种形式。翻译活动中有三大不可或缺的要素——语言、文化/知识、解释/阐释。长期以来，翻译被看作一项专业技能，译者的翻译实践严格按照作者/源文本的语言、意义、风格等各项要素派生出来的要求进行，对翻译的研究也基本聚焦于翻译的技能和策略方面。20世纪下半叶，现代语言学、阐释学、文化研究理论成果相继被引入，催生了一系列翻译理论；90年代中期开始，翻译学实现了学科化发展。②近年来，翻译的哲学研究这一课题越来越受到学界的重视。本章基于翻译研究的发展脉络、翻译关涉的核心要素和类型讨论翻译哲学的理论来源、基本论域和方法论，剖析翻译哲学的可行性和理论价值。

第一节 从翻译研究到翻译哲学研究

起源于译经解经的翻译实践迄今已有2000多年的历史，是一项对专业

---

① 本章原文基于陈开举，杨静. 翻译哲学研究：学理、论域与方法[J]. 中国翻译，2024，45(05)：9-16+191. 收录过程中内容有修改。

② 对此系统的阐述参见杰里米·芒迪. 2014. 翻译学导论：理论与应用. 李德凤等译. 北京：外语教学与研究出版社：4-7.

知识要求较高的学术工作。对翻译实践进行有意识的反思、探讨和争论的解经学、译经学、语文学、训诂学等学术研究，有着与翻译实践几乎同等悠久的历史。在现代科学分项研究取得突破性进展前，与对其他门类的研究一样，人们对翻译的认识显得综合而笼统。争论的焦点在于"'直译与意译'的问题。这种不精确的争论徘徊不前，直到最后 50 年人们才从中慢慢走出来"[1]。20 世纪 60 年代，以结构主义语言学、后现代思潮为代表的当代文化研究理论、哲学阐释学的研究成果被引入，催生了翻译理论的繁荣。围绕"直译与意译"提出的诸如"信、达、雅"的翻译标准等，显得笼统、不精确，而且类似于道德律令，缺乏精细的分析和严密的论证，难有说服力。在具体实践中，"信"因为有原作者和源文本，以他们为标准展开语义分析具有可行性；至于能否做到理解和解释的充分性"达"，就没有明确的标准了，因为作者自己都可能慨叹"都云作者痴，谁解其中味"，其深藏在文本中的"味""意味""作者真实的意图意蕴"如何从满纸"荒唐言"中得出？面对"真事隐（甄士隐）"而"假语存（贾雨村）"的文本，阐释者或译者如何确知哪句是真、哪句是假？实际上，对文本准确意义理解之难、标准之缺失、作者/原文本与阐释者之间的关系如何厘定等问题构成了阐释学、语用学、翻译学等多门类学科的核心问题，甚至在他们之中都没有形成共识。这些问题也构成了后续理论继续探讨和争论的基本课题，且将成为翻译哲学的核心问题。

20 世纪 60 年代以来，受现代语言学尤其是乔姆斯基的转换生成语法的影响，奈达提出的翻译转换模式强调"形式对等""动态对等"等，纽马克提出了语义翻译之"交际翻译"论，科勒提出了关于"对等"的论述，以及许多其他相关的理论，都属于现当代语言学理论影响的结果。这类理论虽然各有侧重，有的甚至很重视接受者的反应，但靠得住的还是语言形式分析这一共同特征，即试图通过详尽的语言形式分析达到解释的充分性，这也是语言学理论影响下的翻译理论的重要价值所在。

结构语言学令人信服的清晰的结构分解如下：从句子细分为子句，子

---

[1] 参见杰里米·芒迪. 2014. 翻译学导论：理论与应用. 李德凤等译. 北京：外语教学与研究出版社：x.

句再分为名词词组+动词词组（NP+VP），各类词组再细分出内部的组成成分，这种分析方法类似于自然科学的切分，一直可以细分到最小的语法和语义单位词素。在此基础上进行归类，形成词法和句法系统。现代语言学的成功就是这样建立在清晰的结构分析的基础上。及至 20 世纪 50 年代后期，乔姆斯基的转换生成语法更进一步描述清楚了人脑中与基本语义相对应的抽象形式的深层结构是如何通过句法中的一系列规则转换生成表层的实际读写中的话语（utterance）的。按照形式化、公式化的转换生成机制，便可以生成无限多的可能的句子。这就能清楚地解释为什么任何一门自然语言只有有限的词和规则，却能生成无限的词组和句子。用类似的分析方法，语言学家也进一步研究了语义的描写机制。包括转换生成语法的现代语言学成果应用到计算机、人工智能中，通过编写相应的程序实现对话语和文本的语法、语义分析，实现机器/计算机对自然语言的理解。发展至今，各类智能机器人与人类之间的对话以及机器翻译等已经取得了相当大的进展，在许多实用领域发挥着作用，以至于在过去的 20 年中，机器取代人，外语学习、翻译学习"无用论"等外语行业人士面临的危机被越来越多地提及。

  在诸多翻译研究的理论来源中，现代语言学最强，产生的相关理论也最多。精细的形式分析具有较强的说服力，再加上语义分析，较好地达到了文本语义上的求真。该派的理论成果应用到人工智能领域取得的成功验证了理论的正确性。但是，文本或话语除了基本的语义，还有社会意义、情感意义和反射意义[1]，这些意义反映着作者/说话人的交际意图，不能直接由语义分析获得理解，需要结合各种相关语境要素通过非论证性推理才能获得。[2]这类意义因种种原因不能直说，只能藏在文本的字里行间，然而正是这种意义才是推动作者/说话人产生写作/言说的动因：某种诉求如鲠在喉，逼迫着作者/说话人用文本/话语表述出来。因此，这种意义才是文本/话语的灵魂，不阐释/翻译出来就不能算是合格的阐释/译文。而这种

---

[1] 胡壮麟，刘润清，李延福. 1988. 语言学教程. 北京：北京大学出版社：143-144.
[2] 关于非论证性推理，笔者曾专题论述过。参见陈开举. 2023. 文化语境、释义障碍与阐释效度. 中国社会科学，（2）：185-188.

意义从语言形式上分析是无能为力的①，只能从意义的来源即社会文化语境方面着力。

《真理与方法》的发表标志着现代阐释学的成熟。由于翻译与阐释的同源关系，以及阐释学家一直以来相当关注并研究翻译，现代阐释学理论很快被应用于翻译研究领域。其中，理解的历史性、视域融合、效果历史等理论反复被应用到翻译研究中。译者主体性、阐释学翻译理论、哲学阐释学更是直接丰富和发展了翻译理论。

在传统的语言学翻译理论研究中，译者总是被认为必须严格遵从作者和作品原文，因此译者成了"求工不得而又欲罢不能的尴尬角色，而译作则被看成当不得真的仿制品和权宜性的替代品"②。现代阐释学重视人的生命体验，强调阐释者的主观能动性，这也成为译者主体性的强力支撑。斯坦纳的阐释学翻译理论更是将译者的主体性通过"阐释的四个步骤"（信任、侵入、吸收、补偿）充分彰显出来。③斯坦纳在《通天塔：文学翻译理论研究》中深刻阐释了作者、文本、语言、文化、翻译过程等概念。他提出的这四个步骤清晰地描述了翻译实践的发生过程。④这些步骤始终坚持了译者的主体性。当然，他也敏锐地强调了需要忠实于作者和源文本，反对"添油加醋、添枝加叶，把自己的意思加了进去"⑤的强制阐释。

斯坦纳的阐释学翻译理论基于自身长期的翻译实践，既强调作者和作品的历史性，也强调译者受到自身历史性的制约。这就与海德格尔以来对

---

① 虽然奈达、约翰·卡特福德（John Catford）、凯瑟琳娜·莱斯（Katharina Reiss）和汉斯·弗米尔（Hans Vermeer）等也有意识地强调意义、信息等，但是他们从语言学的形式研究出发，终究未能令人信服地阐述如何理解与翻译这类意义。

② 查明建，田雨. 2003. 论译者主体性：从译者文化地位的边缘化谈起. 中国翻译，（1）：20.

③ 如杨秋灵. 2012. 斯坦纳阐释学翻译理论下的译者主体性研究. 宜春学院学报，（9）：113-115；赵凡. 2016. 斯坦纳阐释学翻译理论关照下的译者主体性：以李继宏《追风筝的人》为例. 英语广场，（11）：40-41；陈琳. 2012. 乔治·斯坦纳阐释学翻译理论观照下的译者主体性——以《聊斋志异》两个英译本的对比分析为例. 中国民航飞行学院学报，（5）：62-65；胡晓莹. 2014. 乔治·斯坦纳阐释学翻译理论观照下的译者主体性：以葛浩文《红高粱》英译本为例. 海外英语，（4）：110-111，123；徐荣嵘. 2021. 斯坦纳阐释学翻译理论下的译者主体性研究：以《爱在集市》中译本为例. 哈尔滨学院学报，（5）：108-113.

④ 关于斯坦纳四步阐释翻译理论的论述，详见陈开举. 2023. 文化语境、释义障碍与阐释效度. 中国社会科学，（2）：196-197.

⑤ 乔治·斯坦纳. 1987. 通天塔：文学翻译理论研究. 庄绎传编译. 北京：中国对外翻译出版公司：70

理解和阐释的历史性和本体性的阐释是一致的,在这个意义上,翻译被看成人作为主体的本质活动,具有本体性特征。

20 世纪后半叶,当代文化研究异军突起,后现代主义思潮、后殖民主义批评、性别研究、生态批评等流派纷纷登场,文化研究在空前繁荣的同时也为包括翻译在内的人文社科研究提供了丰富的理论资源。翻译学家玛丽·斯内尔-霍恩比(Mary Snell-Hornby)将相关翻译研究称为"文化转向"(cultural transfer):"从严谨的语言学角度看,翻译纯粹是替换或转码,这种概念现在已基本被摒弃,甚至对特殊语言的翻译亦是如此,而文化转向方法还有待开发。"[①]

以后现代思潮为代表的人文社科的文化学转向意味着,意义的开放性和不确定性、文本的独立性被突显出来。要言之,后现代思潮否定真理的绝对性和权威性,这就撼动了作者/源文本作为意义的唯一来源和标准的决定要素;后现代思潮颠覆中心,关注边缘,这种思想为文本意义理解的开放性、阐释者/译者的主体性、读者接受度的重要性提供了支撑。如果说这是当代文化研究对翻译研究内部要素的影响,那么,它对翻译的外部影响也是显著的,例如后殖民主义翻译理论反思和批评翻译在殖民主义中的"帮凶"作用;性别研究理论被应用到翻译研究中,关注女性主义学者的翻译研究和实践;生态批评理论关注人与自然之间的关系,更关注译者和翻译研究本身的学术与社会环境等。显然,当代文化研究丰富的理论资源从内到外丰富和拓宽了翻译研究。

近年来兴起的知识翻译学补全了翻译之语言(形式)、知识(内容)、翻译(过程)等核心要素中的一环,并且从总体论的高度对翻译有了一个全面的观照。从知识论的视角看,翻译具有了本体性。为什么要翻译?见贤思齐,取长补短,通过翻译引进其他文化体优长的知识改善自身知识的局限性。译什么?译对本己文化最有用、最急需、最缺乏的知识。如何评判翻译的标准和效果?看其对本己文化的补益程度,以及对社会文明文化的作用。大道至简,知识翻译学抓住了问题的根本,为这些长期争论的问

[①] Snell-Hornby, S. 1990. Linguistic transcoding or cultural transfer? A critique of translation theory in Germany. In S. Bassnett & A. Lefèvere (Eds.), *Translation, History and Culture* (pp. 79-86). New York: Cassell: 85.

题提供了简明而颠扑不破的答案。

知识翻译学在被提出的短短几年的时间里已经取得了丰硕的研究成果。如今，对该理论的研究已经从可行性发展到内涵和应用研究等方面。[1] 可以说，翻译学研究发展到知识翻译学标志着翻译学的成熟，为翻译哲学研究的提出做好了理论准备。

第二节 翻译哲学的理论渊源

上一节回顾阐释学翻译理论时提到，有学者将该理论称为"翻译的哲学理论"。实际上，翻译的哲学研究已经被国内学者反复专题讨论过，笔者在中国知网（CNKI）全文数据库中检索关键词"翻译哲学"，搜索结果为 49 篇学术论文、2 篇会议论文、3 篇硕士学位论文。[2] 可见，翻译哲学研究已经具备了相当的研究基础。本节讨论翻译哲学研究的学理基础和理论来源。

先还原到翻译的最根本的起点，考察翻译哲学的学理基础。翻译涉及三大方面：语言、文化/知识、阐释[3]。这三项各自均已确立了相应的哲学研究范式：语言哲学、文化哲学和哲学阐释学。

语言哲学是对语言的哲学研究，包括语言与大脑的关系，以及作为能指的语词与作为所指的对象之间的真值关系等，对应着句法学、语义学、语用学等语言学分支。[4]语言哲学家通过类似形式逻辑的语言逻辑分析语言意义的真值条件，旨在解决语义真实的问题。语义之真实很重要，是一切理解的基础。与结构主义语言学的句法分析一样，真值分析对于语义的

---

[1] 关于知识翻译学的应用研究，参见杨永林. 2023. 知识翻译学新范式：怎么看、如何用、盼什么？. 当代外语研究，（4）：16-28，161.

[2] 此段数据来源于中国知网全文数据库，搜索时间为北京时间 2024 年 6 月 11 日 11 时 30 分.

[3] 本书中并未对"阐释""解释""诠释"做细微的区别，将三者视作可以互换使用。当然，在专门的阐释学、解释学、诠释学、现象学专题下，三者是应该做细微区分的。

[4] 参见 Blackburn, S. 1996. *The Oxford Dictionary of Philosophy*. New York: Oxford University Press: 211.

分析充分聚焦在意义之"真"上，逻辑分析的严密性也令人信服，由此指导翻译，则可致"信"。问题是，话语意义除了基本语义之外，还有作者和解释者可能寄寓的非直接表达的含意。

由约翰·朗肖·奥斯丁（John Langshaw Austin）提出、经约翰·塞尔（John Searle）等人发展为成熟理论的言语行为理论是语言哲学的又一显著成果。"言说行为"（locutionary act）、以言行事（illocutionary act）、以言成事（perlocutionary act）将语言的交际功能展现出来，为作者/说话人意图、语言的社会功能研究做出了重要提示。通过言语行为理论看翻译，翻译属于一种言语行为，不仅是话语或文字行为，更是在完成一项工作或项目，翻译的结果是实现项目目标，影响受众乃至整个目标语社会的文明进程和文化知识体。

20世纪80年代兴起的关联理论无疑是语言哲学的又一项重要成果。该理论解释了话语交际中的认知处理过程，特别是说话人/作者的话语含意的概率性、非论证性推理过程，这就清晰地补上了语义逻辑分析理论留下的说话人/作者的含意这一重大漏洞。关联理论深入研究了语言理解中人的认知机制，在含意推理方面有着独到的创新。该理论问世以来，已经被大量运用到反思翻译实践和指导理论研究中。可以预测，该理论的自然语言含意推理机制也将很快运用到机器翻译的程序编写中，接受翻译实践的检验。

此外，自海德格尔以来，部分语言哲学家强调的语言作为"人类的家园"也具有深远的影响。海德格尔甚至说"'词语破碎处，无物存在'，这是指词语与事物间的关系，即词语本身就是关系，它将事物表现出来，并支撑它们。如果词语没有这种性质，则所有事物，即'世界'，就会陷入含糊不清"[①]。这就是说，语言是一切存在的（最）重要方式，这当然是从人的认识角度出发来说的。钱冠连强调，"人活在语言中，人不得不

[①] 原文为"'Where word breaks off no thing may be,' points to the relation of word and thing in this manner, that the word itself is the relation, by holding everything forth into being, and there upholding it. If the word did not have this bearing, the whole of things, the 'world,' would sink into obscurity."引文为笔者自译。海德格尔在同一篇文章中的稍后部分还进一步论述道："To say means to show, to make appear, the lighting-concealing-releasing offer of world." [（以语言）说出（某物）意味着表明（它），使（它）显现，（亦即）揭开世界（它）的遮蔽物。]Heidegger, M. 1982. The nature of language. In M. Heidegger, *On the Way to Language* (Peter D. Hertz Trans.)(pp. 57-108). New York: Harper & Row Publishers Inc.: 73, 107.

活在语言中,人活在程式性语言行为中"①。

语言哲学之"存在论"和"家园论"实际上应该被看作对符号的阐释,而符号的下属概念除了语言还有文化、知识,语言哲学和文化哲学在此形成交叉。现代文化哲学的奠基人卡西尔将文化帝国与符号帝国等同起来。文化哲学认为文化乃是人类的第二家园——精神家园。实际上,符号表征的知识系统才构成了人的精神家园;语言、文化、知识交汇于符号系统。上一节我们强调了符号起于假设,这就与崇尚"大胆假设、小心求证"的科学哲学之实证主义形成了交叉和汇通。

文化哲学与文化研究之后殖民批评、性别研究、弱势群体研究、生态批评等理论相衔接,这些理论大多从社会文化现象入手,通过福柯所谓的知识考古,旨在廓清社会文化现象背后权力的交织与博弈。上节谈到这些理论自20世纪80年代以来已经被广泛引入翻译研究,产生了相应的翻译理论,也指导着翻译作为社会文化活动的动态性、实践性特征之研究。历史唯物主义观下的文化哲学研究的文化模式、文化发展与变迁、文化危机、文化模式转型等理论为意义研究提供历时的研究进路和方法,并且在这些课题上与社会学、历史学、文学、哲学形成交叉,这也是文化哲学对普通哲学的反哺。

文化作为社会文化历史语境的综合体,是话语/文本的意义之源。文化哲学为含意理解夯实了基础,是翻译哲学的基本理论来源。翻译哲学在含意理解的充分性上和文化哲学一道对普通哲学形成反哺。翻译哲学这个闭环进路也印证了其作为学科方向的学理合理性。

阐释学的发展简史就是一部祛魅的知识解释学简史。阐释学揭去知识/信息来源玄虚的层层面纱,将知识和意义的神秘性、神授性、垄断性逐步解构,与宗教学、社会学、知识论的发展共同完成了知识的发展进步,揭露了神学、宗教、玄学的人为建构本质。经过马丁·路德(Martin Luther)、路德维希·安德列斯·费尔巴哈(Ludwig Andreas Feuerbach)等具有划时代意义的思想家的努力,人们清晰地认识到,神根本不存在,是人建构出

---

① 钱冠连. 2005. 语言:人类最后的家园:人类基本生存状态的哲学与语用学研究. 北京:商务印书馆:35.

来的，神秘的宗教也是人建构的。如此一来，问题的神秘性不在于神和宗教，而在于神职机构和人员作为解释/阐释中介的存在，在于他们对阐释权和话语权的强制性垄断。阐释和翻译即是行使话语权和解释权。马丁·路德用德语翻译的《圣经》，在德国底层民众中被广泛阅读，实质性地赢得了《圣经》在德国信众中的解释权。之后他提出"唯信称义"，即信仰全凭信众自己的心，无需中介性组织的介入，即无需教会等神职机构或者牧师等神职人员的帮助。这就冲击了教会和神职人员所垄断的解释权，揭穿了他们据此敛财的手段和路径。知识的普及、解释权的下放对于民众而言是一种赋能，文化由小众走向大众，知识、文化、解释的权力从少数人独享的特权变为广大民众的普权。

哲学阐释学将阐释看作人的存在方式，通过阐释不断展开自证："自证贯穿于言说、说明、翻译等全部阐释功能之中，不断更新人类知识系统，建构独立意识主体的认知图景。"[①]通过阐释，即"我注六经"达到"六经注我"之自证目的。人终其一生所做的各种行为在宏观上就是在理解与自证，以理解与自证为核心的阐释和翻译具有了当然的本体性。哲学阐释学家伽达默尔更进一步发展了关于理解的历史性、视域融合和效果历史等学说，这些学说也已经反复被引入翻译研究。

哲学阐释学对翻译哲学的理论支撑最显著的莫过于斯坦纳的阐释学翻译理论。阐释翻译的四个步骤为译者主体性提供了极强的理论支持。此外，斯坦纳在其代表作《通天塔：文学翻译理论研究》中还对作者/源文本、译者能动性、主体性、读者/受众都做了相应的论述。斯坦纳的阐释学翻译理论也被看成"翻译的哲学理论"[②]。近十年来我国兴起的阐释学的诸多理论也可作为翻译哲学的理论支撑，其中"强制阐释论""公共阐释论""阐释的有限与无限"等理论对于翻译的标准和重译现象具有较强的解释力。

知识翻译学为翻译提供了总体论。站在人类文明文化活动的高度，翻译显然是文明文化体之间的相互借鉴和交流的最佳路径。社会文明文化实践催动和决定了为什么译、译什么、怎么译等具体事项。站在知识翻译学

[①] 张江. 2020. 阐释与自证：心理学视域下的阐释本质. 哲学研究，(10)：95.
[②] 参见杰里米·芒迪. 2014. 翻译学导论：理论与应用. 李德凤等译. 北京：外语教学与研究出版社：231-255.

的高度，反观长期以来外界对译者的要求，显得苍白无力而又霸道：译者不生产知识，只是知识的搬运工？！

知识、文化、语言乃是人的第二家园——精神家园，具有本体性。在该家园中的劳作，无论是翻译实践还是翻译理论研究同样具有本体性，劳作者作为主体之一必然具有能动性或主体性。这种主体性彰显了翻译哲学学理上的合法性。在知识翻译学看来，翻译是跨语言、跨文化知识加工与重构的重要实践活动，应该置于"知识社会学框架下探讨翻译在'知识采集—知识分析—知识传播—知识后果'历史过程中的作用"[①]。

杨永林概括了知识翻译学的六大核心特征，即本体性、跨越性、融通性、成长性、适用性、批判性。[②]这些特征足以证明知识翻译学本身就具有很强的哲学性。知识翻译学的视域、理论和方法为翻译哲学提供了重要的基础支撑。

围绕翻译相关的语言/符号、意义/文化、阐释/翻译过程，本节讨论了相关哲学理论，它们为翻译哲学研究提供了充分的理论资源。知识翻译学是一种新兴的具有总体论意义的学说，为翻译哲学提供了强有力的框架性支撑。鉴于此，我们认为在梳理翻译哲学研究相关成果、聚拢相关分相哲学研究资源的基础上，提出并展开翻译哲学研究正当其时。

第三节　定义、论域、论题、方法

早在 20 世纪八九十年代，就有学者陆续提出或专题论述过翻译哲学，如黄忠廉将"翻译哲学"概括性地定义为"系统化和理论化了的翻译观。翻译哲学的基本问题只有一个，就是译者思维同翻译行为之间的关系问题"[③]。可以看出，在翻译学科创设阶段，翻译学界尚未就本学科的主要理论形成共识，这个定义聚焦在具有悠久历史的翻译实践上，并将其作为研究和指

---

① 杨朝军，炎萍. 2023. 知识翻译学视域下的翻译过程. 外文研究，（3）：82.
② 杨永林. 2023. 知识翻译学新范式：怎么看、如何用、盼什么？. 当代外语研究，（4）：17-18.
③ 黄忠廉. 1998. 翻译哲学及其它：读"关于翻译的哲学思考". 外语研究，（1）：56.

导的对象。哲学家刘邦凡提出，翻译哲学是"关于翻译和翻译理论的精深分析及其总的一般的看法"，强调"翻译哲学实则应是分析哲学的范畴，它是翻译的过程（步骤）、技巧（技术）、方法、方式（模式）、环节（层次）、原理（原则）、价值、本质、心理、道德等一系列问题的所谓一般性的总的看法"[①]。翻译研究的重心转到了哲学性即"一般性""总的看法"上，并将翻译哲学归类到具体的哲学研究分支"分析哲学"中。后续的诸多研究大多在翻译哲学的研究对象应该聚焦为翻译实践抑或翻译理论方面谨慎地展开，没有形成清晰的见识。

2023年，覃江华较全面地梳理和讨论了翻译哲学的诸多要素，即翻译与哲学的四种内在关联性——"以哲学文本为翻译对象、借助翻译进行哲学思辨、利用哲学资源研究翻译、通过翻译研究反哺哲学"，并提出"构建一门作为学科哲学的翻译哲学，服务翻译学科建设，促进学科交叉融合"[②]。我们认为，翻译哲学作为一个学科方向的提出时机基本成熟。

基于上一节的翻译理论梳理和已有的翻译哲学研究，我们将翻译哲学定义为关于翻译理论和实践的总体的一般性研究，属于学科哲学。

翻译哲学的研究对象是翻译理论，是在翻译理论基础上进行的总体的、一般性的研究。翻译哲学不能取代翻译理论对具体翻译问题的研究，而是以对翻译理论的再思考为研究对象，这没有疑问；翻译哲学不是直接针对翻译实践的研究，那属于翻译理论的应用性理论即翻译技巧的研究范畴。对此，我们认同潘文国在论述语言哲学时对翻译哲学做过的论述："翻译哲学——翻译理论——翻译技巧——翻译实践"[③]。

当然，翻译哲学作为总体的翻译观可以综观上述从翻译理论研究（含翻译哲学研究层次本身）到翻译实践的四个层次。翻译技巧、翻译实践不是翻译哲学直接的研究对象，但是它们作为人的本体性活动即人的认识与实践活动具有本体性，从而在总体上可能成为翻译哲学思考的对象。翻译哲学研究的成果也会反过来影响翻译理论、翻译技巧和翻译实践的视角、方法、标准，乃至做出总体上的得失评估等。

[①] 刘邦凡. 1999. 试论翻译哲学. 探索，（6）：60.
[②] 覃江华. 2023. 从哲学翻译到翻译哲学：翻译与哲学的互惠关系及未来走向. 中国翻译，（4）：5.
[③] 潘文国. 2004. 语言哲学与哲学语言学. 华东师范大学学报（哲学社会科学版），（3）：100.

学科哲学的提出是该学科系统化建构成熟的重要标志。在这个意义上，每个学科都需要有自己的哲学，如语言哲学、文化哲学、翻译哲学、货币哲学等，见图 6.1。

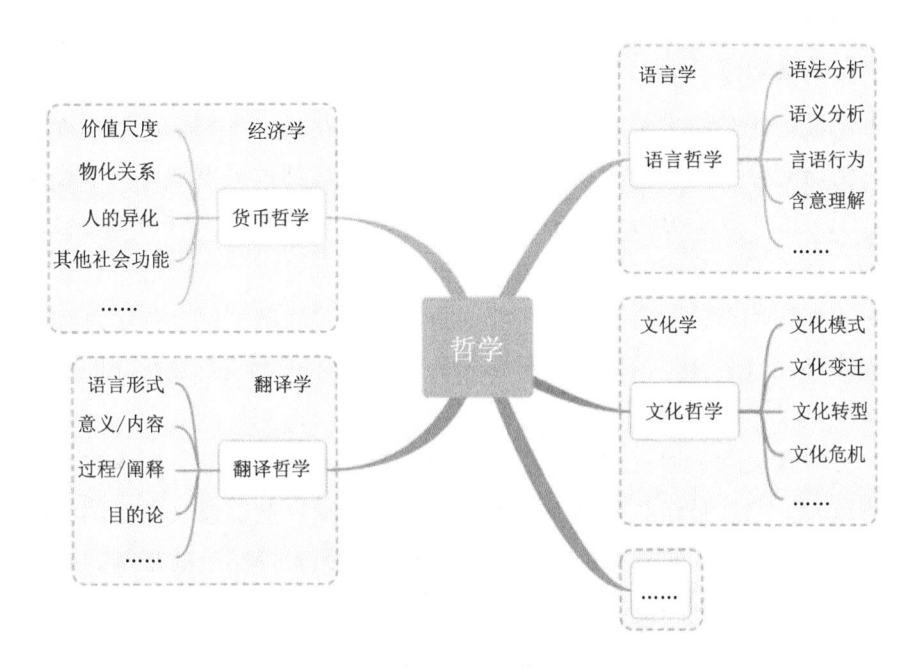

图 6.1　翻译哲学学科关联示意图

总的说来，翻译哲学基本处在翻译学科的大范畴之内，它在学科哲学的层面上与其他学科哲学形成相匹配的层面，并与之展开对话与合作；翻译哲学作为学科哲学与普通哲学相关联，接受普通哲学的指导，并以翻译理论成果反哺普通哲学。

翻译哲学的基本论域和论题是翻译理论，这些理论的研究对象是翻译的基本要素：语言形式、意义/内容、过程/阐释、目的论。翻译哲学之"总体的一般性研究"指的是对翻译理论的再反思以及对翻译的总体研究，不能陷入应该由翻译理论负责的对具体翻译要素的研究之中。对于具体对象的研究如对于语言形式的研究，要么成为语言哲学的研究内容，要么成为更细分的句法学或语义学范畴，那就失去了哲学之综观特性。当然，具体的翻译哲学研究与翻译理论、翻译技巧乃至翻译实践必然存在着互涉、交叉、穿越的情形。具体的翻译哲学研究往往起于翻译理论乃至实践中具有类特征的问题，即从具体对象之某一方面的问题开始，总结、分析、提炼到类特征，然后才能展开抽象的、总体的、一般性哲学研究。

翻译哲学的基本论题与上一节综述的同属于学科哲学的相关理论来源有着较多的交叉。其中，对于翻译基本要素之一的语言方面，语言哲学已有的论域论题必然也是翻译哲学需要关注的，包括但不限于以下方面：从词语到语句再到语篇的结构分析；从语素到构词到短语再到更大单位的语义适配与语义真值分析；话语多重意义（语义+含意）的分析和推理理解；话语的言语行为分析；语言作为人类的存在之家等。这些论题中较宏观的那些本来就是相关学科哲学乃至普通哲学共同关注的论题，其中总体性的一般性要旨当然也包括翻译哲学在内的学科哲学和普通哲学所共同关注的内容。

文本意义除了通过逻辑分析可以得出的基本语义之外，还含有丰富的其他意义，尤其是作者寄寓在文本中的交际意图，这些意义和意图只能通过挖掘话语语境、建构相应的脑文本或视域从而获得相应的理解。在这个过程中，作者和原文本以及译者/阐释者的社会历史文化语境要素决定着理解的结果。文化哲学的相关理论和视角对于文本意义以及文本背后交织的社会-文化-权力关系同样适用于翻译哲学的相关研究，包括但不限于以下方面：当代文化研究之后殖民批评、种族-族群-身份、社会分层-弱势群体研究、性别研究、生态批评、话语-权力理论、后现代思潮等诸多流派；历史唯物史观下的文化发展与转型的文化哲学理论对于翻译哲学研究也大有裨益，尤其能对知识、观念、阐释的发展有很好的解释力。

意义理解和表述是翻译和阐释过程中的核心环节，因此，阐释学翻译理论将翻译和阐释等同起来。[①]可以说，哲学阐释学与翻译哲学有着最大的交叉。如上文所述，哲学阐释学家斯坦纳的阐释翻译的四个步骤理论对翻译过程做了清晰的论述，也为译者主体性提供了强有力的理论支撑。此外，哲学阐释学中的阐释与自证、理解的历史性、阐释（语内翻译）与文化的保存与传承、强制阐释论与公共阐释论等论题应该也是翻译哲学研究

---

① 参见陈开举. 2023. 文化语境、释义障碍与阐释效度. 中国社会科学，（2）：196.

的基本论题。

我们认为,知识翻译学是翻译研究迄今最好的总体论,该理论对翻译的目标、过程、标准等提供了人类认知活动整体上的透彻的解释。知识的地方性、局限性、发展性,以及知识的符号表征、阐释对知识局限性的救赎等也应该是翻译哲学关注的课题。

翻译哲学的研究方法与普通哲学研究一致,主要就是思辨。针对翻译理论中的总体性、一般性、本质性问题展开演绎、归纳和顿悟式的思辨。通过逻辑推理演绎分析从总体到局部的层次构成和学理关系,基于既有的翻译理论和实践经验归纳出一般性特征,以及通过学科交叉融通实现创新式的认识质变——这些基本方法已经在前述翻译哲学相关理论来源中得到验证,如偏重演绎推理的语言哲学在语义真值、句法方面的应用,偏重知识考古式归纳法的文化哲学在后殖民批评[①]、文化危机、文化模式中的演进和递变,以及知识翻译学突破以往偏重语言形式的局限性,强调翻译是知识活动,开启了新的、整体性的、融通式的翻译理论新视野等。

翻译哲学共享着普通哲学和其他许多学科哲学的特点,如潘文国论述的语言哲学的四大特征——聚焦本原问题、怀疑精神、强调思索的过程和反对"终极真理"[②]——也同样适用于翻译哲学。翻译哲学并不直接研究翻译实践,这就必然要直面哲学面临的老生常谈的批评——哲学无用论。对该问题的回答需要回到哲学之目的性而非工具理性的价值论争上。但是,作为学科哲学,翻译哲学必然要与翻译实践发生间接的关系。尤其是在人工智能发生革命性进步的当下,大量非文学翻译正被机器和智能软件替代,触发的机遇与危机以及未来的发展可能超出绝大多数人包括翻译学者和翻译家的想象,其中就有很多质性的重大问题如翻译的学术伦理、翻译的标准、翻译的类型等。这些都是翻译哲学责无旁贷地需要直面的问题,要求我们及时展开研究并做出基本的回答,以指导翻译理论研究和翻译实践。

[①] 例如,爱德华·沃第尔·萨义德(Edward Wadie Said)在梳理了大量文献的基础上归纳出西方文化殖民主义之"东方学"(Orientalism),罗伯特·扬(Robert Young)从大量的西方电影文化作品中归纳出"西方中心论"(Westocentrism)等。

[②] 潘文国.2004.语言哲学与哲学语言学.华东师范大学学报(哲学社会科学版),(3):101-102.

综上，翻译哲学应该基本涵盖翻译基本要素相关的论域论题，即原文本之语言形式、文本意义、翻译过程、翻译标准与读者对译文的接受等。具体哪些论题是最核心的、哪些论题是次要的、还存在哪些未概括到的论题等，还有待进一步深化和细化。

小　　结

翻译哲学是关于翻译理论和实践的总体的一般性研究，属于学科哲学。翻译哲学是翻译学科发展成熟的重要标志。翻译是人的知识活动的重要组成部分，是文化主体间文明互鉴、文化交流，完善知识的重要手段。知识、文化、符号乃是人的存在之家，于此，翻译也就同时具备了本体性、认识性和实践性意义。翻译的核心关联要素作者、源语/源文本、译者、阐释过程、译本、读者是翻译理论关注的论域论题，且大多形成了相应的学科哲学，即语言哲学、文化哲学、哲学阐释学、知识论。这些学科哲学和知识翻译学一起构成了翻译哲学的主要理论来源，它们的论题大多也是翻译哲学的论题，只是必须总体上从翻译观的视角展开研究。翻译哲学与其他学科哲学和普通哲学采取思辨的研究方法，从总体反思和研究翻译理论和实践，其研究成果反过来也为相关学科哲学和普通哲学提供参考和支持。

第七章

意义与形式：雅各布森形式主义文学理论的阐释学批判[①]

> 青山遮不住，毕竟东流去。——辛弃疾《菩萨蛮·书江西造口壁》

受哲学的语言学转向、文化研究转向的影响，20世纪文学批评经历了相应的转向。改革开放以来，这些西方文学理论流派或批评方法相继被引介过来，分为大致三类：一是"强调形式价值的形式主义批评"，包含"俄国形式主义、英美新批评和结构主义"；二是"注重分析在具体的社会关系和环境中文化是如何表现自身和受制于社会与政治制度的文化批评"，"强调从文化的角度研究文学，如文化与权力、文化与意识形态霸权等之间的关系"；三是"从政治和社会角度研究文学的批评方法，如女性主义批评、生态批评、新历史主义批评、后殖民主义批评等"[②]。其中第一大类是语言学转向的结果，后两类实际上都属于当代西方文化研究影响的结果。[③]

[①] 原文基于陈开举. 2018. 从文化学的角度看雅各布森诗学方法//张进，周启超，许栋梁主编. 外国文论核心集群理论旅行问题研究：第二届现代斯拉夫文论与比较诗学国际学术研讨会论文集. 北京：中国社会科学出版社：31-41. 收录过程中内容有修改。

[②] 聂珍钊. 2010. 文学伦理学批评：基本理论与术语. 外国文学研究，（1）：13.

[③] 当代西方文化研究主要包括后殖民研究、女性主义研究、弱势群体研究、生态批评等分支。

文化研究转向是20世纪60年代以来西方人文社科领域中的总体转向，反映了社会文明从现代性向后现代性的转型。21世纪以来，随着中国学术界的文化自觉、理论自觉，依据中华文明显著的传统特征，我国文学批评界明确提出了文学伦理学批评的伦理学复归。本章对形式主义的代表性奠基者之一雅各布森的语言学诗学理论进行回顾与批评，廓清其主要贡献与不足，以及向文化研究和伦理学转向的必然因素。

第一节　雅各布森与俄苏形式主义

"1914年至1915年间，雅各布森发起成立莫斯科语言学小组……致力于从语言学角度研究文学。这就是1914年到1930年盛行于俄罗斯的一种文学批评流派，即俄国形式主义。"[①]1920年，雅各布森移居布拉格，创立了布拉格学派，提出了"文学性"（literariness）概念，20世纪30年代在语音学研究中又提出了结构主义原则。二战爆发后，雅各布森流亡美国，先后任职于多所高校和研究院。雅各布森作为奠基者之一创建的形式主义经过其本人和众多学者的共同努力，提出了鲜明的学术观点并获得了丰硕的成果，对后来的文学理论特别是英美新批评主义和法国结构主义产生了深刻的影响。

雅各布森首倡文学性，强调文学研究的对象不是文学，而是文学性，即文学之所以为文学的特性。因此，"使文本成为艺术品的技巧或构造原则是文学研究的真正对象"[②]。雅各布森批评传统意义上的文学研究路数，反对将文学视作社会生活的摹写和教育读者的语言工具，因为无论是对作者生平还是作品中思想观念的挖掘都是文本以外的东西；他认为真正的文学研究应该集中在文学性的研究上，包括语言、结构、手法、技巧、程序、文体等方面。雅各布森借用现代语言学理论对文学尤其是诗歌的语言进行

[①] 纪建道. 2013. 雅各布森文学性概念辨析. 现代妇女（理论前沿），（9）：148.
[②] 张进. 2014. 文学理论通论. 北京：人民出版社：99.

第七章 意义与形式：雅各布森形式主义文学理论的阐释学批判

了深入细致的研究。关于诗歌性/诗学性，雅各布森说："诗歌性表现在哪里呢？表现在词使人感觉到是词，而不只是所指对象的表示者或者情绪的发作。表现在词和词序、词义及其外部和内部形式不只是无区别的现实引据，而都获得了自身的分量和意义。"[1]借用19世纪末语音学、音位学的学术成就，应用到文学尤其是诗学的研究中，并从语音扩展到词形、句型、篇章结构、风格等相关方面，取得了系统性的突破性成果。雅各布森等开创的形式主义的这些基本的研究方法和路数，着重研究文本本身，即其所谓的专注于文学性、诗歌性的研究。

为了突出文学研究中文学性的中心地位，雅各布森详细对比了日常语言和文学语言的不同特征，他认为，从功能上来看，日常语言是交流工具，而文学语言本身即目的；从构成上来看，日常语言只是依照习惯进行构词、语法、修辞选择，而文学语言必须打破常规，"对日常语言施以'暴力'，使之扭曲、变形，从而达到特定的美学目的"[2]。这就是后来由维克多·什克洛夫斯基（Viktor Shklovsky）提出的"陌生化"（defamiliarization）[3]的概念，认为基于日常习惯化的生活使人们的感觉变得麻木，而艺术可以"使人唤回对生活的感觉；艺术的存在是为了使人感觉到事物，使石头成其为石头。艺术的目的就是要给予事物如其所见、而非如其所知的感觉。艺术的手法就是使事物'陌生'，使形式难懂，增进认知的难度和长度，因为感知的过程本身是以审美为目的的，因此必须延长。艺术是体验事物的艺术性的一种方式；事物本身并不重要"[4]。

对于陌生化的阐发进一步说明了文学语言在形式上需要"讲究"的理据，旨在说明文学语言主要在于语言形式的选用。1958年，雅各布森提出了其著名的语言交际模式，见图7.1。

---

[1] 雅各布森的"何谓诗"，引自康拉德的《再论内容与形式的辩证法》。参见《马克思主义文艺理论研究》编辑部.1985.美学文艺学方法论（下册）.北京：文化艺术出版社：530-531.

[2] 张进.2014.文学理论通论.北京：人民出版社：99.

[3] 维克多·什克洛夫斯基.1994.散文理论.刘宗次译.南昌：百花洲文艺出版社.

[4] 拉曼·赛尔登.2000.文学批评理论：从柏拉图到现在.刘象禹等译.北京：北京大学出版社：290-291.

语境（指涉功能）

信息（诗性功能）

发话者（表情功能）·················· 受话者（意动功能）

接触（交际功能）

代码（元语言功能/解释功能）

图7.1 语言交际模式

资料来源：江久文（2009：33）

图 7.1 关于传播/交际的过程描述得清楚明了，具有清晰化、形式化的特征，也从语言交际过程中间的诸元素表明了语言形式的重要性。

上述几个主要方面基本勾勒清了雅各布森语言学诗学理论的突破性建树。理论建构为后继研究提供了滋养，同时，其中的弱项也成为被克服和超越的新课题。

文学性的提出和确立为文学研究确立了主要领域，具有为学科奠基性的重要意义。雅各布森对文学性的提出与探讨触及了文学的灵魂，"实现了对文学的彻底祛魅化"[①]。形式是文学性的一个重要方面，但同时，思想性、教诲功能也是文学性课题的应有之义。为了研究焦点的选择，可以如同科学实验中将观察项以外的要素控制起来，但必须清楚这种控制是假设的、人为的、暂时的；暂时悬置文学性的思想性和教诲功能，单独研究形式符合研究的规律，但像雅各布森那样直接否认这两项就显得片面了，其理论一开始就预理了先天性的缺陷。因此，雅各布森的文学形式研究在为文学研究设定焦点课题以促成学科域化的同时，也无意中为学科的发展构成了局限，学科的下一步跨越式发展必须打破这种局限。换言之，"域化"有待于"解域"。

陌生化将文学尤其是诗歌创作和鉴赏中的各种技巧的理据揭示出来，为文学研究设立了一系列重要课题。但是，与他们宣称的要"使石头成其为石头"相反，语言不过是符号，语词本身并不是实物本身，"石头"也好，stone 也罢，只是对事物的类表征，不能等同于具体的、具有千差

[①] 马汉广. 2014. "文学性"概念的多重蕴涵与当下意义. 文艺研究，（7）：37.

万别的石头，更不能等同于人们附加在石头之上的情感；表达思想则永远难以等同于思想本身，这就是人们常说的"词不达意"的含义。实际上，"石头"、stone 等不同的符号所表征的实物和意义乃是人的类生活中约定俗成的结果，而语词中被赋予的作为意义的思想感受则源自人与自然和社会的交往。形式主义以形式对内容/意义的遮蔽有待于文化研究转向中的解域。

语言交际模式将交际的过程描述得十分清楚，如同输油管道那样精致。形式上的解释固然重要且是艺术的重要表述方法，然而，如同一旦离开输油功能研究，输油管道只能是空谈，离开意义/思想和功能谈文学形式的研究也是不完备的。例如英国的巨石阵，无论从结构上如何清晰地描述这个奇观，假若不能挖掘出该建筑群遗骸背后的功能、意义，其存在的成因都只能成为一个谜团。纯粹符号化的语言堆砌出来的文学作品更是这样，最美的辞藻堆砌不出好的文学作品，绕口令不能成为名诗，道理就在于此。文学作品语言形式背后的功能不能被忽视，有待文学伦理学的解蔽和复归。

第二节 文化研究、文化哲学对意义研究的贡献

形式主义只重形式、抛却意义的理路弊端在其自身的发展中逐渐显现，在批评中修正、发展，"俄国形式主义以文本形式为绝对中心，排斥一切形式之外的因素；新批评较之采取相对折衷的态度，虽提出文本中心论，但并不完全摒弃历史的范式，承认作为语境的历史文化知识对于文学批评的必要性；结构主义批评由于直接受到了现代结构主义语言学的影响，研究焦点由文本扩展到潜藏在文本之后的宏观文学传统及读者的'文学能力'，研究视角大大拓宽，研究立场也比新批评更加包容"[①]。然而，作为语言学文学理论的形式主义理论囿于其根本性的框架，不可能将研究重心转移到内容、功能等方面来。新批评、结构主义只是将社会、历史、人

[①] 王欣. 2008. 由极端到折衷的形式主义批评. 长春工业大学学报（社会科学版），（5）：89.

的因素以"语境"的概念加以补充,本质上还是以静态的目光看待它,故该语境也是不变项,如同科学实验中的可控项。

跨越性、质变的突破是由20世纪60年代以来兴起的当代文化研究实现的。运用福柯的社会-权力-话语理论,结合后现代主义思潮,将社会生活中最活跃的作用因素"权力"揭示出来,同时也揭示了社会、历史、知识、意识形态等一切意义来源的形成性。原来这个"语境包"是动态的、形成性的、变动不居的,充满了种族、族群、性别、阶层等多维交织的各种社会纷争、磋商、妥协、宰制、忍耐;它是发展性的,可以通过人的启蒙、自觉、主动的批判性参与而改善。这一崭新的视角犹如打开了潘多拉盒子,多样的可能性和鲜活生动的活态性使社会、历史、思想观念这个"语境包"的动态性凸显的同时,也使之重归研究与批评的焦点——当然,必须是应用当代文化研究的批评和解构理论作为新式"批判的武器"。

当代文化研究的主要内容大致分为文化、文学史、性别研究、种族、意识形态、大众文化、文化多样性、殖民主义、后殖民主义、帝国主义、民族主义、阶级等。研究方法很多,有从哲学、心理学角度研究的,如福柯、弗朗茨·奥马·法农(Frantz Omar Fanon)、雅克·德里达(Jacques Derrida)、佳亚特里·斯皮瓦克(Gayatri Spivak)等;有从历史文献着手的,如萨义德、罗伯特·扬(Robert Young)等;有从文学作品特别是大众文化作品入手的,如约翰·菲斯克(John Fiske)、戴锦华、毛思慧、尹鸿、陶东风等;有从现实生活文化现象入手的,如贝尔·胡克斯(Bell Hooks)等。虽然当代西方文化研究呈现出百花齐放的复杂场面,我们还是可以将这些研究大致归结为以下几大领域:后殖民研究、性别/女性研究、弱势阶层研究。①

此外,随着当代社会的后现代性发展和文化研究自身的演进,研究领域一改传统的聚焦经典文学作品的路数转向对大众文化的研究。研究方法从欣赏型的分析转向对文化现象深层的权力关系的解构。经过学者们的不懈努力,该学科呈现了门类众多、成果新颖丰硕等特点,在人文社科领域产生了广泛的影响。②"文化研究对文学研究渗透的结果就是文学研究的

---

① 陈开举. 2012. 话语权的文化学研究. 广州:中山大学出版社:9-10.

② Graeme, T. 1996. *British Cultural Studies*. 2nd edn. London: Routledge: 1.

第七章 意义与形式：雅各布森形式主义文学理论的阐释学批判

范围急遽扩张并向跨学科方向发展。文学研究的对象已经不再局限于文学文本。其他非艺术的文本形式，如档案材料、政府文件、日常生活、历史轶事，总之过去为形式主义批评所排斥的'外部研究'对象又以新的方式进入文学研究的视野。"[1]这样，传统的纸质正式文本的文学范围就被几何倍地扩大了，大幅度扩展了对社会文化生活的关涉度。

后现代社会知识、信息大爆炸的时代，符号表达无处不在，以至于整个社会生活的各个方面都不同程度地被符号表征，成就了符号帝国或曰文化帝国。文化哲学家卡西尔对人的生活的符号化、文化化阐释得十分清楚：

人不可能逃避他自己的成就，而只能接受他自己的生活状况。人不再生活在一个单纯的物理宇宙之中，而是生活在一个符号宇宙之中。语言、神话、艺术和宗教则是这个符号宇宙的各部分，它们是织成符号之网的不同丝线，是人类经验的交织之网。从某种意义上说，人是在不断地与自身打交道而不是在应付事物本身。他使自己被包围在语言的形式、艺术的想象、神话的符号以及宗教的仪式之中，以致除非凭借这些人为媒介的干预，他就不可能看见或认识任何东西。人在理论领域中的这种状况同样也表现在实践领域中。即使在实践领域，人也并不生活在一个铁板事实的世界之中，并不是根据他的直接需要和意愿而生活，而是生活在想象的激情之中，生活在希望与恐惧、幻觉与醒悟、空想与梦境之中。"符号化的思维和符号化的行为是人类生活中最富于代表性的特征，并且人类文化的全部发展都依赖于这些条件，这一点是无可争辩的。"[2]

从符号-文化的层面对生活的强势阐释，突破了时空界限，打破了一切可以打破的边界，将一切与人的生活有关的因素都纳入自己的视野之中，使得意义的来源空前扩大了，而且是时时更新、生生不息、彻底的动态因素，理所当然地重回研究的焦点，这就是文学研究的文化研究转向的内驱力所在。

当代文化研究的重要研究课题总是贴近社会生活的急所，对社会实践的推进起到了极大的推动作用。在二战后被殖民地民族纷纷独立及之

---

[1] 周小仪. 2001. 从形式回到历史：关于文学研究方法论的探讨. 北京大学学报（哲学社会科学版），(6)：74.

[2] 关于人活在符号帝国即文化世界中的有关论述，详见恩斯特·卡西尔. 2013. 人论：人类文化哲学导引. 甘阳译. 上海：上海译文出版社：46.

后不久的时期内,殖民批评和后殖民研究最为活跃,支持着如火如荼的原殖民地独立和在社会文化等方面摆脱与宗主国之间的依附关系;在社会组织及家庭生活方面,性别研究极好地支持了女权主义运动;在社会分层方面,弱势性研究为处于从属地位的阶层争取平等的权利;在人与自然之间的关系方面,生态批评有力地支持着环境保护运动。从社会实践看,文化研究的成就也是令人信服的:黑人当上了西方超级大国的总统(如美国前总统奥巴马),女性当上了西方经济强国的总理(如德国前总理默克尔)。

社会-权力-话语和结构主义批评方法强大的批判力和解释力彻底破除了经典文学与大众文化、中心与边缘之间的藩篱,使日常生活、宏观与微观社会生活整个进入研究和批评的视野,从而实现了形式与意义的连通、理论与现实的连通,以及历史、现实与未来的连通。人与自然、人与人、人与社会关系通过话语-权力批评完全向我们敞开,彻底打破了形式主义对意义的封闭式的狭隘自闭,最大限度丰富了意义的源泉。

然而,强大的解构和批判力也带来了种种迷茫,宗教、意识形态、真理、科学主义等传统信仰、信念系统在经历了解构和批判的同时也带来了种种信仰真空的彷徨。

当然,由这种迷茫现象的出现而引起的一些对于当代文化研究、后现代思潮本身的批判和诟病,实际上存在着一定程度的误读。细观当代文化研究的路数,从整体上看,"解构"(deconstruct)并不是与"建构"(construct)完全对立的;相反,它是积极的、建设性的,旨在涤除建构过程中因为权力配置的不均,从而形成霸权,继而导致权力的滥用。传统社会中权力配置的不均导致的种种苦难,反映在文学中形成了苦难、伤感、悲剧文学,那么,解构的目的不在于破除权力本身,而在于矫正种种不公,避免类似于曾经的殖民主义苦难的重演。

当然,新的问题需要相应的方法和视野上的革新,真正对上述担心的纠偏有赖于学界冷静地思考。其实,在文学文化史上,相关的解决办法早就存在,需要在新的社会语境下加以创新,用来解决新时期的问题。如文学的伦理教诲功能曾经就是一剂良方,适用到新的社会语境中,能不能起到矫枉纠偏之功效呢?

第七章 意义与形式：雅各布森形式主义文学理论的阐释学批判

第三节 文学伦理批评

　　文化批评"是一种新型的社会历史批评，但并不是传统社会历史批评的简单重复。文化批评扬弃而非抛弃了形式主义的批评方法，因而提倡从形式层面而非内容层面回归社会历史"①。假如我们认同伊曼努尔·康德（Immanuel Kant）的观念，认为人的是非观念与生俱来，并指引着人的一切行为，这个是非观念就是伦理的最通俗的解释。然而，本来属于普遍的伦理观念，落实到具体社会历史中的人身上，则会加上个人的体验、追求、宏观与微观社会语境，成为有差别的价值诉求。也正因为这些差别，才有了伦理、价值表述、传播的必要。但如前所述，当代文化研究和后现代批评强大的批判和解构力度也给社会带来了种种信仰真空，并在大众文化的泛娱乐化中使人迷失。反映文明的文化（符号世界，即知识世界）的全面发展、繁盛造就了知识世界作为或然世界、应然世界的"爆炸"式发展，理性中心主义或科学主义成就了"人能胜天""一切皆有可能""一切只是可能"的膨胀状态。然而，人类文明是否已经发展到"人人平等、个个幸福"的阶段了？严肃的思考和理性的反省是否已经显得多余了呢？

　　历史地看，在传统/前现代社会中，由于物质的稀缺、生活水平的低下，人们总是需要举起伦理的大旗，管束人们的欲望，以防止因少部分人的纵欲消耗过多的资源，从而造成其他人无法生活。人类文明进入后现代丰裕社会时代，随着生产力的极大发展，物质供给总量已然过剩，消费反而成为需要鼓励和刺激的经济发展拉动因素。

　　本来，文学的传统秉持文以载道，文学研究历来重视对伦理价值的争论和探讨，所谓"观乎人文以化成天下"②，旨在"化成"即收取教化、

---

① 周小仪. 2001. 从形式回到历史：关于文学研究方法论的探讨. 北京大学学报（哲学社会科学版），（6）：69.
② 见于《易经·贲卦·彖传》："刚柔交错，天文也；文明以止，人文也。观乎天文以察时变，观乎人文以化成天下。"陈戍国点校. 四书五经（上）. 2023. 长沙：岳麓书社：133.

教诲之功。这一点看起来是无须过多强调的,而正是形式主义将伦理教化功能排除为文学的外部因素,就不得不使我们警觉重提文学之伦理学批评的必要性。

文学伦理学批评是一种从伦理的立场解读、分析和阐释文学作品、研究作家以及与文学有关问题的研究方法,它认为文学是特定历史阶段伦理观念和道德生活的独特表达形式,文学在本质上是伦理的艺术,教诲是文学的本质属性,审美是为文学的教诲功能服务的,是文学的第二功能。[①]

"从文学伦理学批判的视野出发,作家的责任就是以文学创作为平台,在对社会现实进行批判的同时以'自我正义'的方式通达'诗性正义'。"[②]文学批评者的责任在于明确"文学批评的最高境界是在哲学层面上实现其自身,即关乎着意义建构和价值建构的、关乎人的精神寄托与精神家园的问题,它的指向是人及其内在的精神世界,它所追求的是对人的存在意义和价值的最终追问"[③]。文学创作者和批评者对这种意义和价值的思考、表达、追问、争论正是文学伦理学批评倡导的核心内容。

从方法论上,"文学伦理学批评带有阐释批评的特点,它的主要任务是利用自己的独特方法对文学中各种社会生活现象进行客观的伦理分析、归纳和总结,而不是简单地进行好坏和善恶评价。因此,文学伦理学批评要求批评家能够进入文学的历史现场,而不是在远离历史现场的假自治环境(false autonomy situation)里评价文学。文学伦理学批评甚至要求批评家自己充当文学作品中某个人物的代理人,做他们的辩护律师,从而做到理解它们"[④]。这就与形式主义理论形成了鲜明的对比,形式主义追求与社会现实隔离的语言技巧之美,文学伦理学批评追求的是人类生命的意义和价值,要求紧密契合作品所处的具体社会语境。《狂人日记》中的狂人"我"也好,《威尼斯商人》(*The Merchant of Venice*)中的商人夏洛克也罢,若非放在其各自所在的社会语境中,整个作品便难以被理解:被家庭照顾得好好的"我"何以抓狂?旨在逐利的商人何以会起心谋害其客户?

---

① 聂珍钊. 2010. 文学伦理学批评:基本理论与术语. 外国文学研究,(1):12.
② 车凤成. 2009. 文学伦理学批评内涵再思考. 武汉理工大学学报(社会科学版),(4):128.
③ 刘雪松. 2007. 文学批评与哲学. 当代文坛,(4):66.
④ 聂珍钊. 2010. 文学伦理学批评:基本理论与术语. 外国文学研究,(1):20.

第七章 意义与形式:雅各布森形式主义文学理论的阐释学批判

换句话说,将一部作品从其本身所处的社会语境调换到另一个语境中,作品存在的合理性都成了问题,也因此基本不可能被创作出来,即取消了作品的存在的可能性,取消文学的社会文化语境和伦理教化功能也就取消了文学本身!

文学也不同于纯粹艺术,后者基本可以纯粹讲求形式美,如书法、绘画等,从形式方面如构图、笔锋、笔力等基本可以完成对作品的评判;文学除了这些相似的形式要求外,更重要的是要关注其中的思想,如《岳阳楼记》,无论辞藻多么华丽,起承转合多么自然,只要失却了其中的核心精神"先天下之忧而忧,后天下之乐而乐",立即黯然失色,难成经典,甚至都不能产生使原作者创作它的冲动。也正是这个中心思想成就了该作品独特的伦理教化功能。

文学批评的活动性、过程性体现为四个阶段:"'欲望'、'阅读'、'鉴赏'和'批评'。"[①]作为文学活动的阅读首先取决于文本的可读性,文本的意义首要地决定了它是否具有阅读的价值,能否激起读者的阅读欲望,能否使人开展阅读及细读鉴赏,进而反思批评,最终取得何种效果。文学活动过程充满了伦理教诲的实现,最简单的文学活动如讲故事,讲述者必然带有某种教诲的目的。因此,常常会出现这种情况,大一点的孩子一听到老师或家长说"今天我们讲一个《狼来了》的故事",极可能马上红着脸说:"对不起,我错了,我不该撒谎。"在文学文本中,"人生自古谁无死,留取丹心照汗青""人固有一死,或重于泰山,或轻于鸿毛"等核心思想促成了作者的创作、传播者的传播、阅读和聆听者的感悟。故伦理思想和教化功能是文学活动与批评的首要内驱力。

文学活动和文学批评作为人类实践必然带有目的性或功利性,艺术的审美自洽论者实质上只是刻意回避了目的性或功能性。然而,这种选择性的"鸵鸟策略"并不能掩盖事物的本质。当然,文学伦理学批评的功利性指的并不是个人主义的功利或目的,而是指向人类普遍、永恒的功利,正是这种大爱的、永恒的、普遍性的功利目的成就了这种伦理追求的正义性

[①] 聂珍钊.2012.文学批评的四个阶段及社会责任//聂珍钊.文学伦理学批评及其它:聂珍钊自选集.武汉:华中师范大学出版社:95.

和神圣性，支撑着人类文化史上屡屡出现的伦理说教者、文学创作者为了表述和传播自己可能反社会主流、反正统的伦理观点而招致迫害，却因为坚信其思想真善美的伦理正义感，从而能视死如归、从容殉道。

如果说文化研究为文学作品的意义开发了广阔的社会生活源泉，那么加上了文学伦理学，就为文学活动与文学批评装上了导航器，以文学、文化"化成天下"的目的性为旨归，文学批评理论复归到了文学的本来目的。

第四节 雅各布森方法综合评述

回望20世纪文论的发展格局，可谓波澜壮阔、异彩纷呈，产生的各种流派从广度和深度上都远远超过了此前文论史的总和。其中，形式主义既是20世纪文论诸流派的发端，又经历了最充分的发展，形成了最多的分支流派，影响时间最长，成为其后文学理论发展不可避绕的基础。雅各布森将语言学理论运用到文学特别是诗学的研究之中，创立了结构主义音位学和结构主义诗学，构成了结构主义文论早期坚实的基础；坚持"将数学中描述结构的手段应用于语言学。……这使他得以创建生成语法——后来由乔姆斯基加以详细建构的生成语法"[1]。他提出了文学性的关键概念，影响并发展了陌生化学说，提出了至今在语言学之语用学、社会语言学、话语交际等方向颇具影响的语言交际模式。简言之，雅各布森以其形式主义诗学为代表的一系列陈陈相因的理论成果，为文学研究的语言学转向做出了卓越的贡献，同时也将关于形式与意义、审美与功能等文学核心问题的论争推动到新的高度。

关于形式与意义的争论自古以来就是文学、艺术课题中的核心课题，并吸引了哲学、社会学、美学、文艺研究等几乎所有人文社科学科的研究兴趣。雅各布森将形式作为文学研究最重要乃至唯一的核心课题全面、系

---

[1] 周启超. 2012. 当代外国文论：在跨学科中发育，在跨文化中旅行：以罗曼·雅各布森文论思想为中心. 学习与探索，(3)：125.

统、明确地提出，是对此前类似讨论科学化、具体化、形式化的升华，对本来可能显得神秘莫测的文学艺术的祛魅。可以说，雅各布森及其团队的成就正式确立了形式主义文论，并使文学研究成为一门独立的学科。但同时，对意义的漠视成了形式主义的硬伤。"形式主义对文学中的社会历史因素倾向于形而上的接纳，接近于索绪尔的看法。……我们思考时或者使用语言时所说的概念和现实中的实际事物并不一样，我们用的只是实物所对应的观念。"[①]在此，问题的关键是这个"观念"是流动的、变化的、建构的，是人们交流、改变、试图影响的中心所在，是人文社科的核心，而不是想当然地稳定的、可置之不理的。将言语交际的内容即意义悬置起来，如果说从"科学"的视角看可以接受的话，那么从文学等交际相关学科来说是剔除了本应该研究的核心内容。实际上所有的交际过程中，意义（包括雅各布森交际模式中的表述者和接收者）总是动态的、调整的、发展的、商榷的、相对的，即思想、知识、意义是变动的，是变量，而且是最大的变量。对形式的批评，只完成了文学批评的表层部分，并以此将文学批评域化，形成了亟待打破的樊笼。

　　文学批评理论经历的从唯形式论到后来的文化研究和到伦理学批评的发展过程，实际上就是从形式到意义再到目的的研究重心转移过程，旨在打破形式主义的封闭系统，更纵深、全面、开放地探讨意义。后现代思潮、当代文化研究运用权力关系视角，将社会、知识、话语看成动态的、发展的、权力交织的，这就为文本信息的来源、表征、影响以及信息本身传递的意识形态背景打开了广阔的研究空间，方法上的更新使文艺研究中原来被遮蔽的核心内容走到研究的前台，成为文艺研究领域的新焦点。实际上，语言的形式研究发展到极致是乔姆斯基的形式语言学，应用在语法范围内尚可，扩展到哪怕是形式语义学即捉襟见肘，解释力有限——有趣的是，形式语言学代表人物乔姆斯基本人在其语言学研究的巅峰时期也突然转向了文化批评（社会文化时评）的行列。文化研究、后现代主义思潮尤其是解构主义的广泛应用，将社会、历史彻底敞开，成为意义空前广阔的来源，使文学切实与历史、现实联通起来，实现了文学关注生活、慰藉人生的重要功能。

---

① 郑海婷. 2014. 俄国形式主义理论视域内的"形式"概念. 学术评论，（2）：86.

雅各布森理论将形式立为文学批评的核心，理据是以文学之美为研究旨趣，宣称与功利性、目的性无涉。"在形式主义看来，艺术是由语言构成的独立世界……企图在社会历史之外建立一个独立自足的审美乌托邦。"[①]这就将"文以载道""化成天下"等文学传统的伦理教诲功能放逐了，文学于是成为少数人无所事事、把玩于形式层面的消遣物，其中的谬误是显见的。"他们（形式主义论者——笔者注）离开了其内心的故乡，他们背叛了现实的苦难，历史与现实的缺席在表意形式的背后留下空白，然而这种形式主义的策略难以穿透历史的实质，难以触及人类精神和现实的痛处，其意义只能是有限的。"[②]文学通过意义的选择和表述实现抑恶扬善的人文关怀和伦理教诲功能，而形式主义有意识地否认这一点作为文学批评的重要内容乃是该理论的"硬伤"。

前文提到，文学伦理学批评认为文学表达着特定历史时期的伦理观念和道德生活，故就其本质而言，文学是伦理的艺术。[③]虽然伦理道德的教诲在古今中外、宏观的社会生活与微观的家庭生活中从来没有间断过，但现实利益的冲击却时常令这种教诲的效果显得十分脆弱，因此诱发对这种教诲功能的质疑也就在所难免。然而，人类社会的演进并没有根除人类的苦难，人类的私欲与偏见使伦理教诲如同西西弗斯面前的巨石，纵使艰难也始终需要人们鼓起勇气不断推举。这正是文学伦理学批评的使命所在，"目的在于通过对文学文本的阅读与分析，从而获取新的认识与理解。文学批评不是批评的重复，而是追求新的理解与新的解释，并从对文学作品的阅读中获得新的理解和启示。文学批评不是静止的，而是一个不断向前的运动。文学伦理学批评的价值不在于维护已经形成的观点或看法，而在于努力获取新的认识和理解以超越前人，从而把前人的批评向前推动"[④]。简言之，重要的不是伦理条规本身，而在于批评过程本身；在批评与探讨的过程中让参与者、读者、社会受到伦理、规范的洗礼，收到

---

① 郑海婷. 2014. 俄国形式主义理论视域内的"形式"概念. 学术评论，（2）：86-87.
② 黄斐. 2005. 历史与苦难的缺席：对形式主义文论纯技术主义倾向的反思. 南京工业大学学报（社会科学版），（3）：71.
③ 聂珍钊. 2010. 文学伦理学批评：基本理论与术语. 外国文学研究，（1）：12.
④ 聂珍钊. 2010. 文学伦理学批评：基本理论与术语. 外国文学研究，（1）：22.

"化成天下"之功效。

其实，文艺意义与审美的多元性、复杂性，关涉到的情感、体悟、价值观、想象力、同情、移情都是难以用结构的方法分析清楚的。例如，假如"东边日出西边雨，道是无晴却有晴"只是结构性的艺术的话，那么它的美感顿时与绕口令别无二致，令人兴趣索然。文学理论的文化研究转向加上伦理学批评视野，就打破了形式主义的狭域，将社会生活彻底敞开为意义的源泉，以文学的伦理教诲功能使文学回归到为人类的共善服务的根本上来，从而完成了文学批评理论的去疆域化。

综观以雅各布森为代表开创的形式主义文学理论及其后续发展，到后来文学研究的文化研究转向和20世纪末兴起的文学伦理学批评，也正映射了过去一个多世纪滚滚前行的人类社会历史，虽有曲折往复，但总体前行的方向和进程不以人的意志为转移。正应了那句名诗："青山遮不住，毕竟东流去。"

下编：中国文化翻译、阐释与传播实践研究

第八章

彼域志儒，玉成吾愿：汉学家的中国文学英译与传播[①]

中国文化"走出去"是实现中华民族伟大复兴的"中国梦"之题中应有之义。作为中国文化中的核心构成要素，如果说"中国文学'走出去'是个系统工程，翻译（就）是其中重要的子系统"[②]。在整个系统工程中，一个"走"字充分说明了这个过程是一个主动的、有意识的、有明确目的的文化传播过程。

随着中国文学外译发展到自觉阶段，并且有计划、成规模地推进，促成了中国文化"走出去"的空前繁荣。对该项学术研究系统的反思、研究渐次展开。例如，中国文学英译研究"呈现出了宏观与微观并重、范围广泛、类型多样、古典与现当代并驾齐驱、研究的规范性不断增强等诸方面的特点"[③]。但是，对国外汉学家在中国文学翻译方面的研究在很长一段时间处于缺失的状态[④]，朱振武教授等著的《汉学家的中国文学英译历程》

[①] 本章基于陈开举. 2018. 忠实而又灵活的中国文学译介：《汉学家的中国文学英译历程》述评. 文学跨学科研究，（1）：153-158. 收录过程中内容有修改。
[②] 魏泓，赵志刚. 2015. 中国文学"走出去"之翻译系统建构. 外语教学，（6）：109.
[③] 朱振武，袁俊卿. 2015. 中国文学英译研究现状透析. 当代外语研究，（1）：53.
[④] 关于中国文学英译研究的系统性综述，详见朱振武等. 2017. 汉学家的中国文学英译历程. 上海：华东理工大学出版社：1-3.

（以下简称《汉》）填补了这项空白。可以说，该著是中国文化"走出去"学科化的一项标志性成果。

第一节　《汉》成功的主要因素

《汉》按照汉学家所属的几大主要英语国家分为英国、美国和澳大利亚三大部分对汉学翻译家的中国文学英译作品做了综合评价，其中英国8位、美国12位、澳大利亚1位。以下从严谨的学风成就卓越的翻译成就、与中国文化之间的深度互动，以及汉学家进行中国文学英译的历程三个方面加以介绍。

一、严谨的学风成就卓越的翻译成就

这些汉学家是所在国家中国文学英译的代表人物。他们在中国文学英译历程中既要遭遇中国学者碰到的同样问题，还会经历额外的困难。凭着严谨的治学态度和对中国文化的热爱，他们通过长期的努力，达成了其汉学英译的突出成就。

一方面，这些汉学家与中国学者在中国文学英译的全过程中经历了诸多的共同体验：在翻译前，他们同样要从浩如烟海的中国文学作品中进行筛选，对作品所反映的中国文化的独特价值进行品评，对文学作品进行阅读、鉴赏和批评[1]的全过程，以及对彻底打动他们的作品产生强烈的译介、推广的热情和责任感；在翻译过程中，他们同样会经历对原作意义和风格的理解、考证（注意：即使是对于当代中国学者，准确理解不同时代的中国文学作品的意义和风格也并非易事）以及译成目标语时的

---

[1] 聂珍钊. 2012. 文学批评的四个阶段及社会责任//聂珍钊. 文学伦理学批评及其它：聂珍钊自选集. 武汉：华中师范大学出版社：95.

第八章 波域志儒，玉成吾愿：汉学家的中国文学英译与传播

处理；翻译完成后，同样经历着在目标读者群中的接受和反馈，如读者问答、与批评界的互动，以及推广环节中译者承担的必要工作。另一方面，面对非母语和非本族文化，汉学家在对中国文学的理解和考证过程中经受的资料匮乏、缺少同行咨询探讨等困难必然更多、更大。

实际翻译过程充分体现了汉学家全身心的投入和严谨的学风。例如，英国汉学家翟理斯（Herbert Allen Giles）无与伦比的汉学英译成就与他在中国长期而全方位的生活和研究密切相关，其足迹踏遍中国沿海，笔触涉及中国社会多个方面[1]。美国汉学家罗慕士（Moss Roberts），以将近20年的时间精译了《三国演义》，用将近10年的时间翻译了《道德经》。谢泽鹏讴歌了美国汉学家威廉·A. 莱尔（William A. Lyell）的汉学、译学、从教生涯，指出其鲁迅研究、著述、翻译相得益彰。洪晓丹高度评介了芮效卫（David Tod Roy）："古有司马迁终其一生'成一家之言'完成恢宏巨作《史记》，今有芮效卫潜心数十载译介经典小说《金瓶梅》。"[2] 芮效卫几十年的潜心翻译成就了《金瓶梅》1—5 译卷/本。至于英国汉学家韩斌（Nicky Harman），"自童年起，她就对汉语情有独钟，并对中国文学作品一见倾心"[3]，为了做好中国文学翻译，她竟于2011年毅然辞去了伦敦大学帝国理工学院讲师一职[4]。

对于汉学家在中国文学英译中的严谨与专注，评述者们给予了一致的高度评价，体现在对细节和内容的精致安排和处理中：《汉》的每篇均以对仗/对偶句为篇名，概括出每位汉学家英译的历程，细述汉学家的中国文学翻译渊源、重要作品翻译过程、所取得的卓越成就，并在文尾详细列出其成果，彰显其对中国文学、文化的传播所做出的巨大贡献。

---

[1] 关于翟理斯这些方面的贡献，详见杨世祥. 2017. 两脚踏东西文化，一心评华夏文章：翟理斯的译介历程//朱振武等. 汉学家的中国文学英译历程. 上海：华东理工大学出版社：4-19.

[2] 详见洪晓丹. 2017. 昔人已乘黄鹤去，空余暗香一瓶梅：芮效卫的译介历程//朱振武等. 汉学家的中国文学英译历程. 上海：华东理工大学出版社：138.

[3] 见于刘文杰. 2017. 译介情钟在乡土，此生所恋是神州：韩斌的译介历程//朱振武等. 汉学家的中国文学英译历程. 上海：华东理工大学出版社：54.

[4] 见于刘文杰. 2017. 译介情钟在乡土，此生所恋是神州：韩斌的译介历程//朱振武等. 汉学家的中国文学英译历程. 上海：华东理工大学出版社：57.

二、与中国文化之间的深度互动

对文学作品的准确理解是做好文学翻译的前提，这离不开对作品的社会文化语境的充分了解。《汉》在这方面给予了足够的关注，以相当的篇幅挖掘了这些汉学家与中国文化之间的渊源和良好的互动关系。《汉》当中对每位汉学家在本国、他域及来华学习、研究、考证、交流中华文化，以及其关注和选译中国文学作品的过程做了大量的介绍。

除了莱尔和安德鲁·F. 琼斯（Andrew F. Jones），其他19位汉学家都采用了符合汉文化习惯的汉语名字，体现着他们对中国文化的深刻理解，这使得评述者能够将他们的名字巧妙地以各种修辞方式嵌入文章的对偶句标题中。早期的汉学家如翟里斯，因为种种际遇，长期在华工作、生活，积淀起深厚而全方位的汉学研究基础。翻译了中国古代文学经典作品《楚辞》《离骚》《红楼梦》的霍克思也在交通极其不便的时代远涉重洋来华研习，并见证了1949年的开国大典。中华人民共和国成立以来，社会的全面发展极大地方便了汉学家来华体验、交流和生活。这里仅举两例：一是《聊斋》的英译者汉学家白亚仁，"出于对中华文化的热爱，白亚仁一向不吝啬自己来华交流访学的时间，每有会议或是朋友相邀共商学术，他总是欣然前往，尔后满载而归"[①]；二是为了准确理解《马桥词典》，蓝诗玲于2000年和作者韩少功一起亲赴"马桥"，实地体会作者的用意和作品中的生活背景。

很多汉学家对中国社会文化的亲身体验往往超出了纯粹的文学作品翻译所需，他们通过交流将源文化与自身生活融为一体。英国汉学家狄星（Esther Tlydesley）1993年大学刚毕业就毅然选择到中国贵州省支教，她与中国学界之间交流密切。刘文杰评介了韩斌与作家韩东、曹锦清等相识、交流的情况。汉学家回国后往往也会对本国相应的社会文化生活产生相应的影响，如霍克思改革了牛津大学的中文课程，增加白话文的教学。

[①] 详见罗丹. 2017. 今古文学我为路，中西文化译作桥：白亚仁的译介历程//朱振武等. 汉学家的中国文学英译历程. 上海：华东理工大学出版社：71.

长期受到中国文化的熏陶,汉学家的人生会透露出汉文化的深刻影响,具有儒雅、仙风道骨的风范。他们在工作、生活、治学等方面言传身教地传播中国文化,影响周边的人们,这本身就是一条极好的文化传播之道。文化是人的真正的家园,故美国汉学家葛浩文(Howard Goldblatt)研习、翻译中国文学的经历乃是找到了真正的人生、事业和精神家园,因此朱砂以"浪子回头成正果"为题评述了他的成功转身。杨世祥指出,翟里斯在诸多工作上不得志,而他从外交界的黯然离开却翻开了英国汉学界光辉的一页。[1]长期的汉学影响甚至会重塑这些汉学家的人生观、价值观,成就了一些汉学家的隐士生活,如比尔·波特(Bill Porter)、闵福德(John Minford)等。打动他们的不仅仅是中国语言、文字、风格等文学形式上的美,更是对中国文化精髓/精神深度理解后的认同和向往促使其努力实现中国文化和他们母体文化之间的融通。

三、汉学家进行中国文学英译的历程

汉学家译介的中国文学作品涵盖古今、体裁多样。早期的汉学家接触的多是中国文化经典作品。与之相应,他们集中译介了中国经典文学作品。例如,翟里斯译《聊斋志异》《三字经》《庄子》;霍克思和闵福德译《红楼梦》,以及闵福德对《易经》的译介;罗慕士译《道德经》《论语》《三国演义》等。后来的汉学家将翻译的重心转移到现当代作品上,如美国汉学家莱尔对鲁迅和老舍作品的译介、研究;白睿文(Michael Berry)长期精研细译老舍的作品;英国汉学家狄星、蓝诗玲,以及米欧敏(Olivia Milburn)等,体现了向大众文化作品转移的当代文化发展特征。澳大利亚汉学家杜博妮(Bonnie S. McDougall)也译介了大量的现当代中国文学作品。随着中国国际影响力的提升,中国当代文学逐步成为汉学家英译的重要文本来源,莫言获得诺贝尔文学奖更是对汉学家英译中国文学最显著的褒奖。

---

[1] 详见杨世祥. 2017. 两脚踏东西文化,一心评华夏文章:翟理斯的译介历程//朱振武等. 汉学家的中国文学英译历程. 上海:华东理工大学出版社:9.

此外，汉学家翻译呈现专业化发展趋势，如蓝诗玲本科即以中文为专业，后续学位和研究工作也围绕汉学、中国文学翻译展开；狄星、蓝诗玲、米欧敏有着相似的科班化教育和翻译经历。多数汉学家除了中国文学的英译，还从事汉学研究、著述。例如罗鹏（Carlos Rojas）就亦著亦译，琼斯既翻译也研究现当代中国文学。大部分当代汉学家虽然大多从事着多种跨界工作，如集大学教师、作家、文学翻译与研究学者等身份于一身，但中国文学翻译始终是其工作的重心。

上述诸特征全面体现在朱振武先生以"他乡的归化与异化"为题给《汉》做的画龙点睛式的序言之中。

第二节　讨论：问题与解决办法

同为中国文学翻译、研究、教学的学者，本书的笔者们向前人致敬，激励着后来者不断努力，也提出了诸多中国文学外译中值得借鉴的特点，凝成了该著独特的价值。

一、如何看待中国文学翻译的标准

除了文学翻译中"信、达、雅"等传统翻译标准问题，本书一再强调目标读者群的接受度问题，值得中国学者在文学外译中高度重视、学习和借鉴。

论及译入语读者群的接受度问题，霍克思提出了文学翻译四原则，认为有时必须对原作品做适当的改动，"如果这样的改动超出了一个译者的职责范围，我只请求注意我为西方读者考虑之心"[1]。英国汉学家韩斌充

---

[1] 盛君凯. 2017. 毕生辛勤传汉典，半世浮沉梦红楼：霍克思的译介历程//朱振武等. 汉学家的中国文学英译历程. 上海：华东理工大学出版社：31.

分强调了译者自主性[①],强调归化,即译入语的接受性。狄星强调"汉语双关语中的微妙之处几乎是不可译的"[②],如何译只能由译者灵活处理,可谓一语中的!蓝诗玲坚持"以归化策略为主,注重中英之间的语言和文化差异,注重译文的可读性和可接受性,……'忠实性再创造'"[③]。这一点用葛浩文的话说,就是要强调译者的"创造性"。

归化也好,创造性也罢,灵活度的衡量尺度是什么?答案是在忠实于原作的前提下,充分照顾到译作在目标受众中的接受度。杜迈可(Michael S. Duke)"善于把握中国文学文化之精髓,采用异化为主的翻译策略,致力于传递原作的地道特色。同时,他还考虑到目标语读者的接受度问题,在忠实原作风韵的基础上,适当释义,增强了译作的可读性"[④]。罗鹏"为达意而'活译'《受活》,时而大胆转换,时而灵活增减,时而凸显意境,时而又创造新词,从而突破了诸多文化隔阂,将这部作品成功介绍到了英语世界"[⑤]。一方面,忠实地译出原文学作品中所蕴含的中国文化核心价值是必须坚持的基本原则。失去这个原则去翻译,就会丢失掉原作品的精髓,用朱振武先生的话说,就是"失去了文化自觉":"这些年来,我们在文化外译时尽量考虑目标语读者的接受习惯和思维方式,却较少注意到我们翻译活动的重心早已出了问题,很大程度上已经失去了自我,失去了文化自觉。"[⑥]另一方面,在具体词语的选择上充分考虑到读者的接受性属于创造性的翻译艺术。市场经济社会中成长起来的欧美汉学家具有强烈的社会/读者接受意识,从作品的选择、翻译中的情节处理、异化与归化策略的选用、译作的发表与推广、与源文化之间的互动交往等

[①] 刘文杰. 2017. 译介情钟在乡土,此生所恋是神州:韩斌的译介历程//朱振武等. 汉学家的中国文学英译历程. 上海:华东理工大学出版社:59.

[②] 王媛. 2017. 新译难求如洛纸,汉学参宿添新星:狄星的译介历程//朱振武等. 汉学家的中国文学英译历程. 上海:华东理工大学出版社:89.

[③] 唐春蕾. 2017. 文学翻译添薪火,英伦汉学焕诗情:蓝诗玲的译介历程//朱振武等. 汉学家的中国文学英译历程. 上海:华东理工大学出版社:103.

[④] 朱振武,王颖. 2016. 杜迈可对中国文学走出去的译介贡献. 燕山大学学报(哲学社会科学版),(2):23.

[⑤] 朱振武,张惠英. 2016. 此中有"真译":罗鹏英译《受活》的权变之道. 当代外语研究,(1):59.

[⑥] 朱振武. 2016. 翻译活动就是要有文化自觉:从赵彦春译《三字经》谈起. 外语教学,(5):83.

方面积累了诸多成功的经验。

二、中国文学、文化的地位问题

文学，与其他文化形态一道，"文化解释规约、指导着人的现实生活，即人通过文化对自身的社会生活实践加以确证"[①]。文学担负着个人与社会之人文化成、启迪心智、提升审美素质等其他文化形态难以替代的重要功能，传统上一直属于主流文化形态。"文学在本质上是伦理的艺术。……教诲是文学的本质属性，审美是为文学的教诲功能服务的，是文学的第二功能。"[②]源于生活、高于生活的文学作品也属于文化教育、文化交流与文明传承的主要形式和内容，深受人们的喜爱。跨文化文学作品的翻译、传播与交流是满足人们对文学需求的重要途径之一。随着社会文明的进步，以及文化形式的丰富、多元发展，以伦理、教诲功能为己任的文学经受着以审美、育人功能为主旨的其他文化形式的强力冲击，这使得以人文关怀为己任的文学由于缺乏了直接的实用性而失去了往日的光环。随着后现代文化娱乐的泛化、读图时代的到来，以及网络、新媒体传播形式强势进入社会文化生活，传统的文学阅读、体悟方式进一步式微，文学面临着空前的危机。

在这种宏观背景下，让我们回到中国文学翻译话题本身。中国文学有古典、现代、当代之分。中国古典文学对应的是最成熟、最稳定的农耕文明社会形态，而诠释文明发展、维护社会秩序的中国古文学全方位表征了所对应的社会秩序即（儒）"礼"，具有独特的价值，是人类文化宝库中的瑰宝。朱志荣将其中独特的艺术观念总结为"系统性""主体的生命意识""身心贯通""独特的体悟方式"[③]等。正是这些优秀的特质，使得不同时代的汉学家克服重重困难，反复译介中国古文学文化经典，如《道德经》《易经》《红楼梦》等。

[①] 陈开举，陈伟球. 2014. 文化意象、艺术镜像与自我确认. 哲学研究，（7）：123.
[②] 聂珍钊. 2010. 文学伦理学批评：基本理论与术语. 外国文学研究，（1）：12.
[③] 朱志荣. 2012. 中国艺术哲学. 上海：华东师范大学出版社：3-5.

中国现代文学中，虽然鲁迅、老舍等多位作家的作品吸引了汉学家的译介，但数量仍相对较少，这与我国社会向现代工业文明社会的转型起步晚、处于现代性的学习者角色是分不开的。20世纪60年代以来，后现代思潮全面而深刻地批判了现代文明理性至上、工具理性对人的异化，以及由此带来的一系列文化危机。[①]人们回望历史，用返璞归真的办法进行纠偏，传统汉学间歇式地引起学界的回溯、译介，希冀找出良方，应对现代社会文化生活中遭遇的问题；同时，基于不断变化的社会现实生活，探索生成新的文学作品。

现代化的当代中国与西方现代社会一道迎来了社会渐次向后现代文明、文化的转型，随着西方经济社会的式微和中国社会各方面的持续进步，中国大有后来居上、引领社会向后现代文明转型之势。诠释、设计、优化、滋养生活的中国当代文学必将迅速反映时代变化和新的社会文化历史语境中人的生命体验，为世界其他民族提供可资借鉴的文学资源，为中国文化外译、"走出去"提供好的作品源。这也是中华文化伟大复兴和中国文学复兴的良机。

以上是中国古典文学和中国当代文学在《汉》中两头大而中国现代文学中间小的深层次原因。深度挖掘反映中华文明、对人类具有独特贡献的文学作品，对其进行译介传播，并自觉地紧扣作品中所蕴含的独特的文化价值精髓/精神，就能做到不迷失，将忠实与创造有机结合，恪守用世界语言讲好中国故事的初心。

三、翻译之于文化交流和传播的效果解析

人类有意识的、成功的物种移植促成了文明的进步，如大豆、土豆、玉米等农作物从原产地向外的移植大幅度改善了全人类的粮食供给，成为人口大幅度增长的物质保障。翻译、引入优秀的异质文化促进了文化的巨大发展，思想的革新可导致社会的革命性发展，如马克思主义在中国的翻

[①] 关于现代性危机的批判，详见陈开举，张进. 2016. 后现代文化娱乐化批判. 哲学研究，（7）：123.

译和传播。所谓"成功的",指被社会接受、认可、践行,否则移植也好,翻译也罢,都难以实现可能的价值或达到理想的效果。文学"应该突破文学系统而指向社会,考察以作为'社会人'的读者为媒介性主体而得到传播的文学影响和文学功用"①。汉学家既从彼域来,必知彼域事,他们对自身所在的社会文化有着中国学者难以达到的理解和认知程度。他们围绕其社会语境下读者的接受性成功地进行"忠实的再创造"的宝贵经验,很值得中国的文学外译者重视和学习。

信息时代传播渠道的多样化也是文学翻译与传播工程中值得研究的课题,从当代中国文学作品被翻译甚至改编成电影、电视剧以及它们在国外的传播效果中可以得到很多启示,值得研究。尤其是近年来《木兰》《功夫熊猫》等中国文学作品、文化要素在国外频频"触电",传播效果值得文学翻译界的重视。此外,信息、网络新媒体在我国的发展很快,如何将其运用到文学的译介、改编和传播中是一项新的挑战和机遇,值得研究。

最后,中国文化"走出去"是一项自觉的文化传播工程,国家每年进行了很大的投入。毕竟,中国文学外译的彼岸语境是目标语读者群,"彼域志儒"的中国文学翻译工作从一个极好的角度"玉成"着中国文化"走出去"的宏愿,故建议把汉学家的中国文学译入工作纳入重点项目的资助范围。将中国的文学外译与汉学家的译入有机地结合,注重"主动的文化自觉和翻译自觉,关注接受环境和目标读者的文化差异和阅读习惯,相对减弱不同文化间的陌生感,这样才能架起中西之间的文化桥梁,让中国文化不光是走出去,还能走进去和融进去,从而绽放中国文学文化的真正魅力"②。

---

① 张进. 2014. 文学理论通论. 北京:人民出版社:278.
② 朱振武,杨世祥. 2015. 文化"走出去"语境下中国文学英译的误读与重构:以莫言小说《师傅越来越幽默》的英译为例. 中国翻译,(1):80.

第九章

中国民间文学的跨文化传播：以电影《花木兰》为例[①]

在中国文学中，花木兰是一位集忠、孝、勇、谦、美于一身的女英雄。她生活在外族频频从北方入侵中原的北魏时期。为了击退入侵民族，朝廷下旨要求全国各家各户出一名男丁参军。花家由于儿子年纪尚幼，报效祖国的重任就落在了花木兰年迈多病的父亲身上[②]，尽管他已经为国家立下了汗马功劳。花木兰找到了一个既能让父亲免于继续服役，又能为自己恢复名誉的机会（她曾在相亲时丢了脸），于是她女扮男装去参军[③]。从军期间，她比男兵更勇敢、更忠诚。她女扮男装的秘密被保守了 12 年。退役回家后，花木兰的同伴们对她真实而美丽的形象感到惊讶："同行十二年，不知木兰是女郎。"[④]此外，花木兰虽无上光荣，但她拒绝任何奖赏，这彰显了她对名利的淡薄。在中国，《木兰辞》强调的是英勇抗敌、无所畏惧的民族精神

[①] 本章基于成雅莉、陈开举（通讯作者）合著的英文论文"Appropriation, rewriting and alienation: A postcolonial critique of *Mulan*"，收录到本书时内容有改动。参见 Cheng, Y. L. & Chen, K. J. 2021. Appropriation, rewriting and alienation: A postcolonial critique of *Mulan*. *International Journal of Social Science Studies*, 9(3): 82-90.

[②] 木兰的父亲花弧腿有残疾，是家中唯一的成年男性。

[③] 彭保良. 2005. 迪斯尼电影中"他者身份"的再现. 广东外语外贸大学博士学位论文：218.

[④] 卓振英编. 2023. 咏情言志：历代著名诗词曲赋英译鉴赏. 北京：商务印书馆：122.

和孝悌忠信的美德。因此，花木兰也是乡亲们称颂的优秀典范。

可见，花木兰的故事不仅蕴含着非凡的品质，也为海内外人士提供了丰富可用的文化资源。在中国，花木兰的故事被改编成电视剧[①]、音乐剧[②]、豫剧[③]和歌曲[④]。几乎所有的中国人都熟悉花木兰，因为《木兰辞》作为必修课文被编入全国中学语文教材中。

木兰的故事不仅在中国广为流传，在国外也很受欢迎。毋庸置疑，电影在现代和后现代世界的知识配置和权力关系建构中具有不可忽视的话语地位。迪士尼动画电影就是一个很好的例子[⑤]。1998 年，华特迪士尼公司（The Walt Disney Company，以下简称"迪士尼"）推出了动画电影《花木兰》（Mulan），意在摆脱以往的公主形象和故事模式。该片大受欢迎，全球票房达到了 3.04 亿美元[⑥]。从那时起，迪士尼试图改编真人版电影《花木兰》，以从目标市场获利。22 年后，真人版电影《花木兰》问世，该片由刘亦菲主演，妮基·卡罗（Niki Caro）[⑦]执导。然而，真人版电影《花木兰》并没有延续前作的辉煌，相反，令大多数中国观众很失望。根据近几年的市场表现报告，迪士尼真人动画电影的质量和口碑都很一般，票房也相差悬殊。如果电影能够忠于动画片，成功还原老作品的魅力，效果必会更好。例如，《美女与野兽》(Beauty and the Beast)、《阿拉丁》(Aladdin)、《狮子王》(The Lion King) 的全球票房都成功突破了 10 亿美元。不过，与动画版相比，真人版电影《花木兰》进行了改编，如取消了之前的歌舞场面，增加了大量战争和动作场面，原本的嘉年华主题变成了冒险动作片。

---

① 关于花木兰的电视剧有四个版本：《花木兰》（1996 年，时爱红饰演）、《天地奇英花木兰》（1996 年，杨丽菁饰演）、《花木兰》（1998 年，陈妙瑛饰演）、《花木兰》（1998 年，袁咏仪饰演）。

② 音乐剧《花木兰》（2020）由西安演艺集团演出。见 2020 西安首部原创音乐剧《花木兰》演出圆满结束. https://www.sohu.com/a/427914082_120575444[2020-10-28].

③ 豫剧是发源于中原地区的传统戏曲之一，《花木兰》是豫剧的代表作之一。参见陈文兵，华金余. 2008. 戏曲鉴赏. 2 版. 北京：对外经济贸易大学出版社：286.

④ 根据花木兰故事改编的歌曲比比皆是，且曲名都是《花木兰》，演唱者包括叶蓓（1998 年）、亚洲女团 Angel Girls（2012 年）、张曼莉（2015 年）等。

⑤ 彭保良. 2005. 迪斯尼电影中"他者身份"的再现. 广东外语外贸大学博士学位论文：203-204.

⑥ Pomerantz, D. 2015. Live action 'Mulan' in the works as Disney follows the money. Forbes, March 30. https://www.forbes.com/sites/dorothypomerantz/2015/03/30/live-action-mulan-in-the-works-as-disney-follows-the-money/? sh=2bb97f663890[2015-3-30].

⑦ 妮基·卡罗（1967—），新西兰导演、编剧兼制片人。

这些改编使真人版电影《花木兰》被评为"PG-13"[①]，也是迪士尼历史上第一部 PG-13 真人版电影。

第一节 电影《花木兰》的相关研究

近 20 年来，研究迪士尼改编的《花木兰》的学者比比皆是，但大多集中于动画电影《花木兰》，而非真人版电影《花木兰》。例如，彭宝良研究了动画电影《花木兰》和其他迪士尼电影，以展示迪士尼动画电影中的"他者"表征。本章研究是对迪士尼工作室所使用的一些典型的但可以忽略不计的"他者性"表征的跨学科批判，旨在揭露和验证这样一个事实，即迪士尼节目——正如它们经常被赞誉的那样——干净、健康和纯真，比其他形式的话语更容易和更方便被操纵和控制。此外，米歇尔·安雅·安吉尔巴格（Michelle Anya Anjirbag）做了后殖民批评，尽管动画电影《花木兰》的制片方宣称要实现多样性和多元文化，但在其框架中仍然可以看到殖民主义的遗产。[②]然后，她描述了动画风格本身被用来传达的一种他者感。

靳芸菲分析了动画电影《花木兰》如何体现中西文化的冲击与融合，它"将西方的女性主义思想和盛行的个人主义融入了动画片中，将中国崇尚的儒家忠孝美化改编为适合好莱坞语境的题材"[③]。

另有学者从女性性别认同的角度研究了真人版电影《花木兰》，认为"真人版电影《花木兰》中的所有变化都有助于构建现代社会中更加独立的女性身份"[④]，将推动女性参与社会公共事务，承担更多的社会责任，最终体现出女性更加独立的性别认同。

[①] 一部被评为"PG-13"的电影意味着 13 岁以下的儿童需要在父母的陪同下才能观看。

[②] Anjirbag, M. A. 2018. Mulan and Moana: Embedded coloniality and the search for authenticity in Disney animated film. *Social Sciences*, 7(11): 1.

[③] 靳芸菲. 2020. 花木兰中西文化形象的冲突与融合分析. 今古文创，（27）：59.

[④] Xu, Q. L. & Shi, Y. 2020. Female gender identity in the adaptation of Disney live-action film *Mulan*. *English Language, Literature & Culture*, 5(3): 115.

本书以真人版电影《花木兰》为研究对象，剔除了女性主义和个人主义的视角，延续了后殖民主义的观点，通过分析真人版电影《花木兰》中表现出的挪用、改写和异化现象，展开批判。但不同的是，本书还从大众文化的角度进一步分析了过度的大众狂欢和迪士尼的文化产业战略。

第二节　对真人版电影《花木兰》的文化批评

与动画电影《花木兰》在全球范围内的高票房和良好口碑不同，在中国，真人版电影《花木兰》与观众的期待相去甚远，票房和口碑双双失利。一位来自互联网电影数据库 IMDb[①]的观众评论说："这可能是我近两年来看过的最糟糕的电影。要知道，《花木兰》可是我最喜欢的卡通电影之一，所以电影拍得这么糟糕可是相当了不起了。"[②]真人版电影《花木兰》上映后，类似的评论在网上比比皆是。为什么真人版电影《花木兰》会让大多数中国观众失望？接下来，我们将从真人版电影《花木兰》对历史事件和传统价值观的任意挪用与改写，以及对中国文化的"他者化"来分析原因。

一、挪用与改写

詹姆斯·O. 杨（James O. Young）认为，文化挪用（cultural appropriation）指"一种文化语境下形成之物被属于另一种文化的人所使用"[③]。也就是说，文化挪用是一种从非自身文化中获取或使用事物的行为，尤其是在没有表示出尊重或理解的情况下。文化挪用的类型分为对象挪用、内容挪用、风格挪用、主题挪用和主体挪用。[④]在真人版电影《花木兰》中，一系列的改编都

[①] IMDb 是 "Internet Movie Database" 的缩写，即互联网电影数据库。
[②] 原文 "This is probably the worst movie I have seen in the last two years. And mind that Mulan still is one of my favourite cartoon movie, so that's quite something to achieve." 见海外散人. 花木兰 IMDB 网友打分评价一览. https://zhuanlan.zhihu.com/p/228247448[2020-10-11].
[③] Young, J. O. 2008. *Cultural Appropriation and the Arts*. Malden: Blackwell: 5.
[④] Young, J. O. 2008. *Cultural Appropriation and the Arts*. Malden: Blackwell: 5-7.

第九章　中国民间文学的跨文化传播：以电影《花木兰》为例

体现了主题挪用。它是一种偏离的、局部的挪用，既不是对另一种文化的再现，也不是对另一种文化的代表。主题挪用的关键词是生产性接受。其重点不在于保留原文化，而在于展示自己的文化和理解。例如，电影中花木兰居住的建筑是客家围屋。[①]对建筑的改写显然在时间和空间上都传达了文化上的错误。[②]更有甚者，当花木兰去见媒婆时，她的形象完全是多元文化挪用的集合。花木兰的发型借鉴了唐代仕女的发髻[③]；妆容渗入了日本艺妓的特点，纯白的脸庞却夸张地涂上了两颊的腮红；服饰乍看像汉服，但同时又有收腰和筒裙的样式，偏向于唐代服饰。最让人诟病的可能是花木兰额头上的红色花纹图案，与某国产品牌标志雷同。迪士尼根据自己的理解和改写，通过图案挪用，呈现了一个全新的"混合花木兰"。真人版电影《花木兰》中的建筑和人物服饰在很大程度上偏离了中国传统作品中对花木兰的描述。

在真人版电影《花木兰》中，文化挪用和误导理解的例子不胜枚举。影片中对中国元素的描绘剥离了背景，并嵌入了与历史不符的内容，如媒婆的情节和柔然[④]的出现。这种刻画起到了激发冲突的作用。[⑤]他们将东方元素和形象固化，将其可理解的部分混合在电影中，产生了一个偏离史实、荒诞可笑的结果。这一过程所蕴含的基本假设是，只有占主导地位的（西方）文化才能被普遍理解，该文化的价值观是强加给世界其他国家的默认标准。这种以挪用和改写为幌子的统治还"将统治者的观点或价值观强加给被统治的文化，不允许他们使用自己的观点或价值观"[⑥]，强化了被统

---

① 客家围屋，始建于唐宋（公元7世纪初至13世纪末），兴盛于明清（14世纪至20世纪初期），集中原古朴遗风和江南文化地域特色于一体。它是中国五大民居特色建筑之一。

② 根据原始记载，花木兰生活在虞城（今河南省，中国中部），而在《木兰辞》中，木兰生活在中国历史上的北朝（439—581年）。

③ "仕女的发髻"是指将整个头发盘起后用簪子固定。这是唐代流行的一种女性发型。

④ 柔然是生活在中国古代北方的游牧民族。

⑤ Dong, L. 2011. *Mulan's Legend and Legacy in China and the United States*. Philadelphia: Temple University Press; Dundes, L. & Streiff, M. 2016. Reel royal diversity? The glass ceiling in Disney's *Mulan* and *Princess and the Frog*. *Societies*, 35(6): 1; Yin, J. 2014. Popular culture and public imaginary: Disney vs. Chinese stories of *Mulan*. In M. K. Asante, Y. Miike & J. Yin (Eds.), *The Global Intercultural Communication Reader* (2nd edn.) (pp. 285-304). New York: Routledge.

⑥ Yin, J. 2014. Popular culture and public imaginary: Disney vs. Chinese stories of *Mulan*. In M. K. Asante, Y. Miike & J. Yin (Eds.), *The Global Intercultural Communication Reader* (2nd edn.) (pp. 285-304). London: Routledge.

治群体作为"他者"、统治群体作为自然和标准的"自我"的建构。

西方文化传媒对中国传说的挪用过程，是两种文化的对话。在这场对话中，美国文化凭借其经济和技术优势，显然拥有绝对的话语权。作为主流媒体的迪士尼，将中国古代传说所承载的本土文化进行了本质化的归类，将其降格为一系列东方密码，消解了本土文化的强力支撑，注入了顽固的民族中心主义文化元素，再按照其叙事逻辑，重构了一个面目全非的东方神话，从而将中国边缘文化的素材融入西方强势文化之中，成为大众文化的新成员，使其成为表达西方强权话语的工具。这就导致了本土文化的边缘化、身份错位、身份重写甚至身份丧失。

事实上，文化挪用在正确使用的情况下，是展现文化多样性和了解其他文化的一种有效而美妙的方式。但是，如果为了某种利益或文化霸权而进行文化挪用甚至文化剽窃，不尊重原文化的历史，歪曲原文化的事实，则是不可取的，也会进一步加深殖民主义对文化思想发展的负面影响。

二、对中国文化的"他者化"

萨义德尖锐地指出，西方人所表达的"东方主义"是建立在自己的意识形态和行为规范之上的，因此东方的真正文化被西方人所遮蔽。[1]西方一直居高临下地用西方的认识论来定义东方，用霸权话语维持着自己与他者、中心与边缘的统治模式。霍米·K. 巴巴（Homi K. Bhabha）指出，殖民话语旨在基于种族差异，将殖民者解释为"他者"，其目的是为殖民者的武力征服提供依据。[2]

对"他者"的表述从来都不是无辜的，也不可能做到意识形态的公正。[3]在真人版电影《花木兰》的改编过程中，迪士尼在再现"他者"的过程中，对原故事进行了扭曲和他者化，用美国主流文化的个人主义价值

---

[1] Said, E. W. 1994. *Culture and Imperialism*. New York: Vintage Books: 314.
[2] Bhabha, H. K. 1994. *The Location of Culture*. London: Routledge: 1-9.
[3] Hall, S. 1995. The west and the rest: Discourse and power. In S. Hall & B. Gieben (Eds.), *Formation of Modernity* (pp.275-331). Cambridge: Polity Press.

第九章 中国民间文学的跨文化传播：以电影《花木兰》为例

观取代了中国本土文化的价值观，从而错置了再现对象的身份。文化的融合、殖民和边缘化是西方意识形态控制东方的政治镜像。也就是说，"他者"是指西方人将外部的非西方世界视为"他者"，并将其置于截然对立的地位，实际上隐含着西方中心主义的意识形态。

迪士尼使用的"他者"现象在真人版电影《花木兰》中得到了明显的体现，我们不难发现原著民谣与改编电影之间的差异。在《木兰辞》中，花木兰被写成一个有责任感和孝顺的女儿，在父母的叮嘱下，出于孝道，她乔装打扮，代替病重的父亲从军。她隐瞒自己的性别长达12年之久，之后她退役，拒绝任何奖赏。在中国，《木兰辞》强调了勇敢抗敌、无所畏惧的民族精神和忠孝两全的传统美德。花木兰也是乡亲们称赞的优秀典范。

然而，迪士尼的真人版电影《花木兰》强调了花木兰的个性和人格，增加了动物（凤凰和雄鹰）的魔力，并利用花木兰的性别秘密作为使她屈服于军队的阴谋。[①]令人啼笑皆非的是，在电影中，有一个叫"仙娘"的巫婆（巩俐主演），她与花木兰成了对手。她们都拥有"气"的力量。在电影中，"气"的力量是一种超能力，为世人所畏惧和排斥。当士兵们打败敌人或克服困难时，电影制片人将这种能力归结为"气"的力量。此外，当皇城遭到女巫的严重入侵和攻击时，皇帝（李连杰主演）称女巫的"气"的力量为"黑魔法"。从西方的评判角度来看，"气"的力量可以等同于危险可怕的"黑魔法"，它将中国文化转化为负面的神话，而没有得到适当的理解。我们不难得出这样的结论：一些改编作品被异化、歪曲、神话和他者化了。这首北朝民歌与电影之间的变化揭示了中国文化价值观被西方意识形态选择性处置和取代的过程，同时强化了民族中心主义的他者意识和种族/文化等级观念。"这些变化改变了民歌的社会和文化价值，从而改变了叙事的文化货币，同时强化了对中国人的负面刻板印象和东方化。"[②]

[①] 在电影中，对于不诚实的行为的惩罚是开除当事人，使当事人、家庭甚至国家蒙羞。

[②] Anjirbag, M. A. 2018. *Mulan* and *Moana*: Embedded coloniality and the search for authenticity in Disney animated film. *Social Sciences*, 7(11): 5.

第三节　真人版电影《花木兰》的大众文化分析

结合第二节中的论述，我们主要运用后殖民理论批判真人版电影《花木兰》中的他者性体现（改写和歪曲）和挪用。接下来，我们将用大众文化的观点来分析过度的大众狂欢和文化产业策略。

一、大众文化概述

"日新月异的科技进步，促使大众传媒为适应自身发展，不断开辟新的文化视野和文化空间，为广大受众提供丰富的文化产品。"[1]可以说，大众传媒在培养、引导、刺激和扩大个人消费欲望，以及创造或改写大众文化的过程中扮演着举足轻重的角色。

在中国，"大众文化"是一个外来词，因此，只有在英语环境中我们才能更好地理解这一概念。在英语语境中，大众文化（mass culture）、流行文化（popular culture）以及类似的民间文化（folk culture）都可以被翻译为"大众文化"，但三者的含义是不同的。"大众文化"是一个与大众传媒密切相关的概念。随着广播、电视等大众传媒的出现，大众文化逐渐兴起并传播开来。流行歌曲、电影、电视剧、幽默笑话等都可以成为大众文化的一部分。现代科技使大众文化可以批量生产，生产者可以获得经济利益。从政治角度看，大众文化是一种自上而下的文化。大众并不是有意识地选择这种文化，而是受到外部环境的影响，被动地接受了这种文化。大众文化是一种历史较长的文化，它诞生于报纸、广播和电视之前。即使在媒体文化占主导地位的晚期资本主义社会，大众文化仍然可以以出版物的形式独立存在。因此，大众文化是一种更广泛的文化。它的出现使文化不再严肃和神秘，而是从小众的精英阶层走向大众的平民阶层。大众文化

---

[1] 王自合. 2020. 大众文化视域下传统媒体与新媒体传播. 中国报业，（20）：32.

是与高雅文化相对应的概念,它的特点是走入寻常百姓家,成为日常生活的重要组成部分。民俗文化的本义是"民间习俗和传统民俗",而民间文化是指以民间故事、民间歌谣、民间戏曲为代表的文化。民间文化是一种自下而上的文化,它源于民间,大多取材于普通人的生活。它表达的是普通人的生活体验和感受。因此,它与社会主流文化相对立。从范围上看,民间文化是大众文化的一个组成部分,但它又有自己独特的内涵和表现形式。总之,大众文化是一种范围更广、历史更悠久的文化,大众文化的繁盛是现代科技飞速发展的直接结果。

二、狂欢化

"大众文化具有通俗易懂、传播面广、脍炙人口等特点。"[①]换句话说,大众文化往往会引起个体的共鸣和狂欢。米哈伊尔·巴赫金(Mikhail Bakhtin)在《陀思妥耶夫斯基诗学问题》(*Problems of Dostoevsky's Poetics*)中提出了"狂欢理论"(Carnival Theory),该理论以民间狂欢的自由形式为基础。[②]狂欢节作为一种普遍的文化现象有着悠久的历史。早在古希腊和古罗马,狂欢节就在民众生活中扮演了重要角色,并渗透到各种宗教和祭祀活动中。在中世纪,各种民间文学、活动仪式和狂欢庆祝活动都具有传统与狂欢制度矛盾对立的特点。在文艺复兴时期,所有活动都以狂欢节的形式进行。17世纪后半叶,狂欢节生活逐渐衰落甚至恶化。"但是到了后现代,'狂欢与后现代'又一次回到了主流视野,以狂欢为代表的文化和大众文化走到了一起,将民间文化的狂欢与诙谐因素带入了大众文化的行列。"[③]以电影为例,吸引观众的注意力、激发观众的兴奋点是狂欢的先决条件。然后,狂欢节的目的就是利用大众文化的这些特点,最终获得巨额利润。

[①] 陈开举. 2004. 从《红高粱模特队》看大众文化的依附性与颠覆性. 江西社会科学,(6):181.

[②] Bakhtin, M. M. 1984. *Problems of Dostoevsky's Poetics*. C. Emerson Ed. and Trans. Minneapolis: University of Minnesota Press: 106-178.

[③] 刘学. 2020. 狂欢理论视域下对网络综艺节目《青春有你2》的文化解读. 视听,(11):36.

真人版电影《花木兰》由动画版翻拍而成，但它无论是票房还是观众口碑都没有延续前作的辉煌。不容忽视的是，迪士尼在挑选花木兰的女主角方面下足了功夫。最终，刘亦菲成功当选女主角。当真人版电影《花木兰》的导演卡罗被问及为何选择刘亦菲出演花木兰时，她说："她美得令人难以置信，而且非常英俊。扮演男性，她很适合。"①因为花木兰既有女性的特点，又有男性的特点，她既要能出色地完成电影中的武打情节，又要能说一口流利的英语，还要有公主的气质。之所以选择刘亦菲，最重要的原因是她在中国乃至世界范围内都有相当高的知名度，能够为这部电影吸引足够的热度和关注度。毕竟，迪士尼是想利用华丽的演员阵容制造出震撼的效果，最终在全球电影市场大赚一笔。例如，影片中的皇帝由李连杰饰演，武将由甄子丹饰演，巫婆"仙娘"由巩俐饰演。他们都在中国电影界有着举足轻重的地位。迪士尼这样做的目的是营造一种大片的体验效果，引起大众的狂欢。然而，尽管演员阵容十分庞大，但电影牵强的剧情和过度的大众狂欢，使得效果并不理想。

"话语幽默的使用必须掌握攻击的尺度，过火则可能达到失去幽默效果。"②除了强大的演员阵容，在真人版电影《花木兰》中，迪士尼电影制片方也试图展现幽默感。然而，其形式和内容的极大异化让观众尤其是中国观众感到怪异和尴尬。例如，在电影中，士兵之间关于理想女性类型的对话如下。

士兵甲：我喜欢丰满、屁股大而有力的女人。
士兵乙：我喜欢亲吻樱桃小嘴的女人。
士兵丙：我不在乎她的长相。我只在乎她做饭的样子。
（所有人都哈哈大笑起来……除了木兰。）
洪辉（问木兰）：你理想中的女人是什么样的？
木兰：我理想中的女人是勇敢的。（两个士兵大笑）她还有幽默感。（两个士兵笑得更大声）她还很聪明（两个士兵再次笑

---

① Xu, Q. L. & Shi, Y. 2020. Female gender identity in the adaptation of Disney live-action film *Mulan. English Language, Literature & Culture*, 5(3): 115.
② 马萧，陈开举. 2009. 话语幽默的文化策略研究. 江汉论坛，（9）：130.

起来）。

士兵乙：那她长什么样？

木兰：这不是重点。

士兵甲：勇敢、风趣、聪明……花军（木兰）不是在形容一个女人。他在形容我。哈哈哈……

在对话中，一群士兵在谈论女人。他们使用的"丰满""臀部""亲吻""嘴唇"等词汇，不禁让人联想到情爱或性的范畴，颇有异化文化植入之嫌。回到现实，在中国古代，女性的身材和形象几乎不被明确谈论，尤其是在公共场合。因此，这些内容与原有的文化和价值观是格格不入的。更糟糕的是，当花木兰谈及她理想中的女人时，士兵们在谈话中大笑出声，这意味着对花木兰的粗俗和不礼貌的态度。这也像是一个小丑自导自演的尴尬场面。这一情节的改编并没有达到有效的幽默感，反而增加了观众的困惑甚至误解。

不难看出，迪士尼电影制作方希望通过豪华的演员阵容和幽默的电影情节为《花木兰》增添吸引人的亮点，以达到引发大众狂欢的目的。但事实证明，要想取得好的效果，就必须尊重原有文化的核心价值和历史事实，否则就会物极必反。

三、迪士尼电影的表征策略

迪士尼作为知名的产业巨头，虽然其主要经营产品是文化产品，但最终还是要通过不断盈利来争取在资本市场的生存空间。逐利原则体现了资本的功利性和短期利益的最大化。它最在乎的是利益。资本市场对财富效应重组的追逐热度远高于产业融合。然而，文化产业不同于制造业。它的投入产出需要一定的周期。同时，它又具有产业和文化的双重属性。文化产业的跨界资本并购，不仅需要打破行业壁垒，实现经营理念与文化的兼容，更需要遵循文化产品自身的发展规律和价值取向。

2019年7月7日，真人版电影《花木兰》在女足世界杯间歇期发布了首款官方预告片。当天正是美国队与荷兰队争夺女足世界冠军的决赛。成千上万的球迷在现场屏幕上看到了突如其来的《花木兰》预告片。东方美女的红色装束、花木兰的勇敢奔放，立刻点燃了场内外观众的激情，预告片 24 小时全球网络点击量达到 1.75 亿次。[1]真人版电影《花木兰》的上映从此成为热点话题。值得一提的是，这部改编的作品不仅是"迪士尼公主系列"中第一部以中国传说为主题的真人版电影，也是第一部由中国演员出演的迪士尼公主系列电影。在迪士尼迄今推出的"迪士尼公主系列"的 14 位公主中，花木兰是唯一一位不靠公主出身、不靠与皇室联姻，而是靠自身成长、力量和自我认可的公主。花木兰靠个人魅力和综合实力被授予了"公主"称号。因此，毫不夸张地说，来自中国的花木兰改写和拓展了"迪士尼公主"形象的内涵，其目的是创造数十亿美元的价值，提升全球观众的接受度。

在真人版电影《花木兰》中，我们可以看到迪士尼制片方通过运用大量的中国元素来吸引中国观众的眼球。说到底，媒体热衷于呈现受众文化，因为吸引受众就意味着占领市场，拥有潜在的利益。迪士尼最根本的目的是在全球尤其是中国获得可观的票房。这也是为什么中国是第一个上映这部真人版电影的国家，而这种操作对迪士尼而言并不寻常。超级明星对中等成本电影的盈利能力有积极影响，但对高成本电影的盈利能力影响不大。明星的堆积并不会带来更好的效果。[2]然而，迪士尼邀请了众多中国明星出演这部高成本电影，尤其是那些知名度高、人气旺的演员。此外，电影中的中国取景地比比皆是，甚至在一些细节上也体现了中国元素，如花木兰家门口的红色对联[3]，花木兰剑上刻的"忠、勇、真"，以及代表杰出女性（花木兰）的凤凰形象。所有这些策略都是为了吸引更多观众观看这部电影。然而，令人啼笑皆非的是，影片中的许多中国元素在很大程度上都是从中国甚至外国文化资源中挪用而来的，最终成为模棱两可的组合，混淆视听，误导观众。

---

[1]时光快讯 Mtime.《花木兰》预告 24 小时点击量影史第七. http://content.mtime.com/news/1594822 [2019-7-9].

[2] Albert, S. 1998. Movie stars and the distribution of financially successful films in the motion picture industry. *Journal of Cultural Economics*, 23(4): 325-329.

[3] 对联上的内容引自元代（1271—1368 年）的著名文学作品《西厢记》。该细节也是真人电影《花木兰》中的文化挪用，因为木兰生活在北朝（439—581 年），而不是元朝。

第九章　中国民间文学的跨文化传播：以电影《花木兰》为例

小　结

真人版电影《花木兰》是一部典型的他者化电影，因为关于花木兰的历史事实和文化价值被明显地挪用、改写和歪曲。真人版电影《花木兰》的改编极大地削弱了原著的故事性，没有传达真实的历史文化事实，让中国本土观众失望。尽管电影使用了大量中国元素作为撒手锏，以赚取目标市场的票房，但结果并不能令观众和电影制作者满意。所有忽视文化差异的做法，以及所有抹平少数群体话语地位的做法，最终的结果都可能是照搬帝国主义的政治和文化，使全球文化失去差异，成为一个平面模块。这将是人类文化的终结。对于大众文化来说，在追求利益的同时，更重要的是尊重文化的多样性和差异性，对其他文化保持平等开放的态度。

第十章

中国音乐的外译阐释：
以土家族民歌为例[①]

第一节　恩施土家族民歌概况

在湖北省西南部，土家族主要居住在武陵山山脉广袤的清江流域，历史悠久，具有独特的历史文化和民俗风情。土家族民歌是土家族人民在集体劳动中创造的音乐艺术。它们不仅是风俗习惯的传承，也反映着人们的生活与劳动、对生命和生存的追问与诠释的生动而形象的历史。土家族虽然历史悠久，有自己的口头语言，但没有创造自己的书面语言，因此其历史没有被记录下来，而是以故事和传说的形式被人们记忆。这些重要的历史文化故事和民间文化都保存在少数民族民歌中。土家族民歌涉及社会生活的方方面面，涵盖运输、劳动、养殖、丧葬、嫁娶、修房

---

① 本章基于路伟健、陈开举（通讯作者）合著的英文论文"Translation and appreciation of Tujia minority ballads *Hands on My Girl's Shoulders* and *Embroidering the Sachet*"，收录到本书过程中有较大修改。见 Lu, W. J. & Chen, K. J. 2021. Translation and appreciation of Tujia minority ballads *Hands on My Girl's Shoulders* and *Embroidering the Sachet*. International Journal of Literature and Arts, 9(6): 261-268.

等方面。①因此，土家族民歌是了解土家族文化的窗口，也是中国宝贵的非物质文化遗产。

恩施土家族苗族自治州是土家族聚居数千年的地区，也是目前土家族民歌和土家族文化保存最完好的地区之一。②根据笔者对凉雾（恩施土家族苗族自治州利川市下辖的一个乡镇）民歌传承人牟秉进和利川市土家族民歌"大王"陈立高的采访，目前在恩施流传最广的土家族民歌大致可分为以下两类——情歌和劳动歌。③情歌侧重于通过歌曲表达爱情。"土家族青年男女对爱情的真诚和对封建礼教的反抗在这些歌谣中有着最直观与最强烈的表现。"④劳动歌的主要功能是减轻劳动的枯燥感。恩施地处山区，地形崎岖，劳动艰苦。因此，集体劳动非常普遍，劳动歌正是在这种情况下产生的。过去，在田间劳动时，重复的动作会让工人很快筋疲力尽，注意力和效率都会大大降低。然而，当大家一起唱劳动歌、喊劳动号子时，这种集体感会缓解疲劳、激发热情、提高效率。⑤因此，土家族民歌是情感和思想交流的纽带，反映了土家族的风俗习惯和生活状态。

同时，许多民歌中既有爱情的元素，也有劳动的表达，这恰恰反映了土家族农业文明的特点。其中《双手搭在妹儿肩》《绣香袋》是两首传唱度极高的民歌。《双手搭在妹儿肩》由一对恋人对唱，共分七节，以小伙子赢得姑娘的心为结尾；《绣香袋》由女声独唱，共分五节，描绘了姑娘为心上人绣香袋时的情景。这两首民歌反映了土家族人民对爱情的向往、对生活苦难的排遣和对美的追求。

土家族民歌从产生之日起，一直是劳动人民表达自我的重要工具。然而，在全球经济和现代化浪潮的冲击下，土家族社会文化正在发生翻天覆地的变化，尤其是当前土家族地区传承千年的社会经济结构正在解体。⑥土

---

① 谢亚平，王桓清. 2007. 鄂西歌谣与土家民俗：以中国"民间艺术之乡"恩施三岔为例. 湖北民族学院学报（哲学社会科学版），（3）：73.
② 戴璐. 2015. 恩施五句子歌的源流及民俗文化内涵. 湖北民族学院硕士学位论文：1-2.
③ 笔者于2016年夏天参与田野调查，收集第一手材料，并向牟秉进、陈立高请教土家族民歌背后的文化。
④ 黄家娟. 2014. 论土家族情歌的审美特征. 湖北民族学院硕士学位论文：3.
⑤ 李俊文. 2009. 简析武陵地区土家族薅草锣鼓艺术的特点. 贵阳学院学报（社会科学版），（3）：69.
⑥ 谭志国. 2011. 土家族非物质文化遗产保护与开发研究. 中南民族大学博士学位论文：1-2.

家族传统的语言、文化、认知濒临消亡。恩施土家族民歌作为一种非物质文化遗产,在现代化进程中受到了强烈的冲击。在文化多元化的今天,民歌处于弱势地位。从传承与发展的角度来看,对土家族民歌进行保护显得愈发必要。少数民族作为中华民族的重要组成部分,拥有丰富多样的民族文化。少数民族文化的传播效果将直接影响到少数民族的发展壮大,影响到中华文化的多样性和丰富性。[①]因此,保护和传播少数民族文化的重要性日益凸显。

笔者在湖北省恩施土家族苗族自治州巴东县进行田野调查,并特别邀请了恩施土家族的两位传承人进行了座谈,并对少数民族民歌隐含的文化民俗进行了求证。通过翻译和鉴赏,笔者从文化研究的角度分析了两首土家族民歌所体现的文化特征,探究了土家族民歌的文化内涵,希望以此保护土家族民歌和土家族文化,促进土家族文化与其他文化的跨文化交流。

第二节　相关研究简述

一、作为跨文化交流的翻译

在全球化背景下,讲好中国故事是一个热点研究课题。它是以民间文化和民间艺术的形式传播文化的有效途径,尤其是以戏曲和民歌的形式,蕴含着中国社会生活的独特背景[②],因此,翻译在跨文化交流中起着至关重要的作用。语言和文化的差异对翻译的效果影响深远。文化要发挥软实力的作用,就需要成功的翻译来实现有效的跨文化交流,促进跨文化接受,

---

① 刘艺. 2015. 新媒体对恩施自治州土家族民俗文化的影响研究. 西南交通大学硕士学位论文:10.

② 谭志国. 2011. 土家族非物质文化遗产保护与开发研究. 中南民族大学博士学位论文:49-50;徐锦子. 2013. 湖南土家族民歌传承的传播学研究. 华中师范大学硕士学位论文:28-29.

因为只有可读、可接受的译文才能帮助人们打破文化壁垒，形成有效的跨文化交流。[1]除了翻译的作用，跨文化交流的效果还受到其他因素的影响。尤其是必须与当前中国社会文化战略相结合，才能克服跨文化交流的困境，弘扬中华文化。[2]

跨文化交流是全球社会在不同文化背景下进行信息和文化整合以及资源共享的一种现象。[3]翻译是一个创造性的过程，也是跨文化交流的一种形式。翻译曾被认为是一种语言转换活动，现在则被视为语言与文化之间的动态互动。它促成了不同文化之间的交流，为弥合文化鸿沟和促进跨文化理解做出了重要贡献。[4]翻译研究发展至今，流派纷呈，翻译现象、翻译理论、翻译方法、翻译实践等都从语言学、文化学、哲学、伦理学等不同角度进行了分析和描述。[5]与跨文化交流研究一样，翻译也是一个跨学科的研究领域。

弘扬中华文化，首先要解决语言/方言障碍。由于土家族方言的复杂性，它在语内转换和理解方面给译者带来的问题往往比语际交流更多。因此，译者需基于读者需求来选择归化或异化策略进行文化翻译。[6]也就是说，在少数民族文化的翻译中，一方面，应采用异化策略来指导翻译，尽可能多地保留源语文化信息；另一方面，需考虑读者的接受性和译文的可读性，以达成不同文化和文明之间的信息交流和传递。翻译是一场异化与归化的博弈。根据功能对等理论，民歌汉译英不能只要求词与词之间的生硬对应，而是要实现语言之间的节奏、节拍以及韵律等方面的功能对等。[7]在翻译

---

[1] Xu, H. 2018. A study of translation and dissemination of Tujia folk songs in western Hubei Province. *DEStech Transactions on Social Science, Education and Human Science*: 388

[2] Xu, H. 2018. The application of multi-modal discourse in English translation of Tujia folk song *Long Chuan Diao* in western Hubei Province. In *Proceedings of 2018 2nd International Conference on Electronic Information Technology and Computer Engineering (EITCE 2018)* (pp.349-352). Hubei Minzu University: 350.

[3] Bennett, M. J. 1998. Intercultural communication: A current perspective. In M. J. Bennett (Ed.), *Basic Concepts of Intercultural Communication: Selected Readings* (pp.1-34). Yarmouth, ME: Intercultural Press.

[4] 姜学龙. 2016. 西北民歌"花儿"英译探析. 连云港职业技术学院学报，(4)：13-14.

[5] Spivak, G. C. 2000. Translation as culture. *Parallax*, 6(1): 14-17.

[6] 王智杰. 2018. 文化全球化时代少数民族传统文化的英译. 贵州民族究，(12)：144.

[7] 芦文辉. 2017. 功能主义视域下英文民歌翻译探析. 山西大同大学学报（社会科学版），(4)：84.

过程中，译者应真实地翻译出民歌原文所包含的实际意义，这就要求译者熟悉原文化和目标文化的价值观和信仰等文化要素。①尊重不同的文化，才能确保跨文化交流的成功。

二、少数民族民歌研究概览

我国对土家族文化的研究逐年增多，土家族文化研究的方向和门类也多种多样，如土家族民俗文化研究、文学艺术研究、经济文化研究等。总体而言，土家族民歌研究体系正在逐渐形成。②恩施土家族民歌体裁丰富、题材多样，是土家族少数民族生产生活的真实写照。因此，对民歌研究体系的构建，以及土家族民族学、民俗学、文化学、社会学的研究具有重要意义。③但是，目前民歌研究还需要与人文社科的其他学科更加紧密地结合起来。研究者只有建立严谨的研究体系，才能有效推动少数民族民歌研究的发展。同时，少数民族民歌研究还存在一定的局限性。目前，以土家族民歌为研究对象，上升到理论高度的研究还不多。同时，基于深入田野调查对土家族民歌独特文化特征的具体研究也不多。④最重要的是，其他国家的学者对土家族文化的研究很少，而且由于英文文献较少，国际上的研究热度也不够。目前，各国文化学者都在推动本国文化的跨文化交流，中国学者也应承担起这一责任。

---

① Liu, W. 2021. Research on multi-dimensional translation of Chinese folk songs. *Learning & Education*, 9(4): 41.
② 杨亭. 2011. 土家族审美文化研究. 西南大学博士学位论文：10-12；谢亚平，王桓清. 2007. 鄂西歌谣与土家民俗：以中国"民间艺术之乡"恩施三岔为例. 湖北民族学院学报（哲学社会科学版），（3）：76.
③ 戴璐. 2015. 恩施五句子歌的源流及民俗文化内涵. 湖北民族学院硕士学位论文：41-42；刘艺. 2015. 新媒体对恩施自治州土家族民俗文化的影响研究. 西南交通大学硕士学位论文：10；熊秋萍. 2018. 制度、内容、媒介：恩施州政府土家族民俗文化传播活动研究. 渤海大学硕士学位论文：7；严琰. 2017. 论恩施民歌中的女性观. 湖北民族学院硕士学位论文：3-4.
④ 谭志国. 2011. 土家族非物质文化遗产保护与开发研究. 中南民族大学博士学位论文：3-4；杨雅君. 2017. 桑植土家族民歌与生境适应性研究. 吉首大学硕士学位论文：3-5；熊晓辉. 2021. 论楚辞对土家族民歌的发生学意义. 艺术百家，（1）：160-166.

第三节 土家族民歌《双手搭在妹儿肩》《绣香袋》英译

一、《双手搭在妹儿肩》[①]

中文版[②]

男：(我) 双手 (那个) 搭在 (嘛嗯嗯嗯) 妹儿 (的) 肩 (嗟哟喂~喂)，(我) 有句 (那个) 话儿 (嘛哎嗨哟哇嗟哟喂~)(我) 不好言 (哪哈嗯哪嗯)
女：你有么子话儿嘛，只管说嘛
男：妹儿 (那个) 叫我 (嘛嗯嗯嗯) 直管 (的) 言 (嗟哟喂~喂)，(我) 裤儿 (那个) 烂哒 (嘛哎嗨哟嗟哟喂~)(我) 无人连 (哪哈嗯哪嗯)
女：那你去找亲戚撒
男：妹儿 (那个) 叫我 (嘛嗯嗯嗯) 找亲戚 (嗟哟喂~喂)，(我) 亲戚 (那个) 朋友 (嘛哎嗨哟嘛嗟哟喂~)(他) 不凑成 (哪哈嗯哪嗯)
女：那你去搭个会嘛
男：妹儿叫我 (嘛嗯嗯嗯) 搭 (一) 个会 (呀嗟哟喂~喂)，(我) 搭会 (那个) 容易 (嘛哎嗨哟嘛嗟哟喂~)(我) 还会难 (哪哈嗯哪嗯)
女：你这也难那也难，只有去死哦
男：妹儿 (那个) 叫我 (嘛嗯嗯嗯) 只有 (的) 死 (啊嗟哟喂~喂)，(我) 死在 (那个) 阴间 (嘛哎嗨哟嗟哟喂~)(我) 专告你 (哟嘛嗯哪嗯)
女：你告我么子嘛
男：(我) 不告情妹 (嘛嗯嗯嗯)(你) 不凑成 (嗟哟喂~喂)，专告 (那个) 妹儿 (嘛哎嗨哟嗟哟喂~)(你) 狠心肠 (哪哈嗯哪嗯)
女：那你歇一晚再走嘛
男：妹儿 (那个) 叫我 (嘛嗯嗯嗯) 歇一 (的) 晚 (嗟哟喂~喂)，(我) 死在 (那个) 黄河 (哎嗟哟嗟哟喂~)(我) 心也甘 (哪啊嗯哪嗯)

英文版

M: With (my) hands (that) on (ma en na en) my girl's shoulders (na jie yo wei~wei), (I am) hesitating (that) for (ma ai hai yo wa jie yo wei) getting your answers (na ha en na en).

F: You have anything to say, just say it out.

M: Now that my girl (that) tells me (ma en na en) to say it (na jie yo wei~wei), (my) trousers (that) are in rags (ma ai hai yo wa jie yo wei) and to be mended (na ha en na en).

F: Then you should turn to relative.

M: My girl (that) tells me (ma en na en) to turn to relative (na jie yo wei~wei), but they (that) will not help (ma ai hai yo wa jie yo wei) but leave (na ha en na en).

F: Then you can raise some money.

M: My girl (that) tells me (ma en na en) to raise some money (na jie yo wei~wei), but paying back (ma ai hai yo wa jie yo wei) will drive (me) crazy (na ha en na en).

F: If everything is so difficult, then you could go to hell.

M: My girl (that) tells me (ma en na en) to go to hell (na jie yo wei~wei), (I) die in (that) hell (ma ai hai yo wa jie yo wei) only to sue you (na ha en na en).

F: What would you sue me for?

M: (I) would not sue you (ma en na en) for not helping (na jie yo wei~wei), but for (that) your (ma ai hai yo wa jie yo wei) heart of stone (na ha en na en).

F: Then you'd better stay for one night.

M: My girl (that) tells me (ma en na en) to stay (for) one night (na jie yo wei~wei), then in (that) Yellow River (ma ai hai yo wa jie yo wei) I am willing to die (na ha en na en).

[①] 该曲中，男性的歌词是唱出来的，女性的歌词是应答说出来的。

[②] 这首歌是 2016 年暑期，笔者率队到恩施土家族苗族自治州巴东县采风时发现、整理出来的，后来又经过几轮的土家歌歌手、文化学家和学者的反复确证形成文字，是第一手资料。目前笔者仍保存了采风时土家族民歌传承人牟秉进先生的歌唱原声录音和歌词解说。

二、《绣香袋》

中文版[①]	英文版
一绣香袋开头绣	Firstly, when the sachet is started to be embroidered
绣个狮子滚绣球	On the sachet a lion rolling a silk ball is tailored
绣球滚在花园里	The ball is accidentally dropped in the garden
只见狮子不见球	I can see that lion, but my eyesight to the ball is hindered
二绣香袋丝线长	Secondly, when the silk thread is to be prepared
绣棵板栗岩边长	On the sachet a chestnut at the edge of the rock is tailored
板栗掉在岩脚里	The chestnut is accidentally dropped in the corner
只见板栗不见郎	I can see that chestnut, but my eyesight to my man is hindered
三绣香袋绣桃红	Thirdly, when the pink is to be colored
桃红包在绿叶中	On the sachet a pink peach wrapped in green leaves is tailored
叶儿包着桃花红	The peach is blooming with the leaves covered
哥妹几时才相逢	When the reunion with my man occurred
四绣香袋绣四角	Fourthly, when the corners are to be embroidered
四角香袋绣梭罗	On the corners the Reevesia trees are tailored
哥是牛郎妹织女	My man is as the cowherd and I am as the weaving maiden
牛郎织女过天河	On the Milky Way there will always be reunion
五绣香袋绣过头	Finally realizing that it's almost belated
怀藏香袋门外溜	I rushed out with the sachet decorated
手帕装进香袋里	Put the handkerchief into the sachet
香袋送给我的哥	Which is for my man, my beloved

第四节 译后鉴赏与评述

一、向生命致敬：与严酷的自然抗争

从远古的图腾崇拜开始，歌唱已成为表达情感和感受的一种方式。这种无比自由的表达方式充分体现了土家族的本真。爱情是土家族民歌的核心主题之一，关于爱情的民歌数量众多，受众最广。除本章介绍的两首民歌外，《黄四姐》《龙船调》等几首同样具有较高知名度的歌曲都是爱情歌曲。在未受中原封建礼教影响的土家族地区，土家族青年男女对婚姻制

[①] 同上。

度封建化程度加深的反抗，以及不同婚姻形式所渗透的不同甚至对立的道德观的存在，是一种更加无拘无束的人性的真实表现。[1]在追逐爱情相对自由的民族地区，情歌是年轻人传递情感的媒介和工具。因此，没有情歌，就没有土家族地区青年男女之间的爱情与结合。有些情歌还表现出诙谐幽默的特点，如本章中的《双手搭在妹儿肩》充分表达了青年男女对美好爱情的追求。土家族以民歌为媒介自由追求爱情，这是一种人文关怀和有趣的恋爱婚姻形式。"它自身的文化内涵远远越过了择婚的目的和形式本身，它符合现代人的观念和爱情至上的婚姻观。"[2]此外，在土家族民歌中，男性和女性的形象也有所不同。土家族男性勤劳，敢于追求爱情，对爱情忠贞不渝，机智灵活地为爱情动脑筋；女性勤劳善良，抵制包办婚姻，追求婚姻自由。[3]在本章的两首少数民族民歌中，《双手搭在妹儿肩》展现的是可爱机智的男性形象，《绣香袋》展现的是热情勤劳的女性形象。通过对情歌中人物形象的塑造，土家族人民的淳朴、率真和诚实也得到了淋漓尽致的展现。

土家族偏爱情歌的根本原因在于，为了对抗自然条件的残酷和生命的脆弱，他们必须通过民歌来崇拜生命，鼓励男女结合，以此作为对抗自然的希望。在人类社会从原始社会向现代社会的演变过程中，文明形态的变迁是人类从敬畏自然到改造自然再到最终征服自然的过程。其中，在原始文明和农业文明时期，人类在自然面前是渺小的，自我保护能力有限，人类生命的脆弱性尤为突出，只能顺应自然。土家族在山林中经历了漫长的原始文明和农业文明，生存条件恶劣，生活艰辛。因此，土家族需要通过唱情歌、提倡繁衍后代、鼓励男女之间多交往等方式来崇拜生命、崇拜爱情，进而通过男女结合、孕育新生命来延续文明的火种。正如西格蒙德·弗洛伊德（Sigmund Freud）认为，人类文明是从一切本能力量中升华而来的。[4]性

---

[1] 黄家娟. 2014. 论土家族情歌的审美特征. 湖北民族学院硕士学位论文：15.

[2] 王友富. 2009. 土家族情歌文化及其民族性格研究. 湖北民族学院学报（哲学社会科学版），（4）：20.

[3] 严琰. 2017. 论恩施民歌中的女性观. 湖北民族学院硕士学位论文：7-8；肖恩. 2020. 鄂西南土家族民歌男性艺术形象研究. 华中师范大学硕士学位论文：6-9.

[4] Freud, S. 1981. The Standard Edition of the Complete Psychological Works of Sigmund Freud Volume XXI (1927-1931): The Future of an Illusion, Civilization and Its Discontents and Other Works (J. Strachey Trans.). London: The Hogarth Press and the Institute of Psycho-Analysis: 97.

是生命的趋向，力比多（libido，指性能量）是正能量的源泉，可以服务于各种文明活动。在土家族民歌中，情歌服务于鼓励生育这一重要的文明活动。通过生育，人类可以繁衍，文明可以传承。因此，土家族民歌中蕴含着对两性互动的赞美、对生命繁衍的推动、对生命脆弱的抗争。在原始文明和农业文明中，男女结合是最庄严的事情。人类正是通过爱情的激励和男女的结合，使生命之光和文明之火得以延续。

二、摆脱困境：与严酷自然做斗争的策略

土家族民歌与普通人的生活息息相关，许多民歌具有很强的社会功能，土家族创作了许多具有很强实用性和民族特色的民歌，其中最有特色的是劳动歌。[①]土家族生活在大山里，受地理条件的限制，常常隔山呼应，对歌传情。因此，土家族民歌具有解闷、抒情的实用功能。在集体劳动中，土家族的体力消耗很大，唱同一首劳动歌起到了提神醒脑、统一节奏的作用，对提高劳动效率非常有效。同时，土家族人民在田间集体劳动时，演唱劳动歌也是人们的一种娱乐方式。[②]因此，民歌伴随着土家族人民的生产生活。

土家族民歌的一个重要功能是纾解生活困境。在原始文明和农业文明时期，落后的生产和再生产条件使人们生活艰辛。因此，人类需要寻求纾解这一困境的策略，然后寻求欢乐。对于土家族来说，民歌就肩负着这一重要使命。弗洛伊德认为，内部或外部的刺激可以缓解身体的紧张，使人感到快乐。[③]与此同时，人们倾向于追求幸福，避免痛苦，但往往不能如愿以偿。这种不幸福感使人类转向其他领域（如文学、艺术等）来创造幸福。[④]《绣香袋》中描写了许多日常生产场景，如在石缝中捡栗子。面对

[①] 李俊文. 2009. 简析武陵地区土家族薅草锣鼓艺术的特点. 贵阳学院学报（社会科学版），（3）：68.
[②] 李俊文. 2009. 简析武陵地区土家族薅草锣鼓艺术的特点. 贵阳学院学报（社会科学版），（3）：69.
[③] Freud, S. 1963. The Standard Edition of the Complete Psychological Works of Sigmund Freud Volume XVI (1916-1917): Introductory Lectures on Psycho-Analysis (Part III) (J. Strachey Trans.). New York, NY: W. W. Norton: 239.
[④] Marcuse, H. 2023. *Eros and Civilization: A Philosophical Inquiry into Freud*. London and New York: Routledge: 78.

山区日常劳动的困难、艰辛甚至危险，如果没有正能量的输入、刺激和弘扬，紧张和痛苦可能是难以承受的。因此，人们选择用民歌来创造快乐，缓解痛苦。土家族通过民歌将劳动与爱结合起来，给生活带来爱与希望，使每天重复枯燥的劳动不再只是艰苦本身，而是带着憧憬。[1]除此之外，还有一种豁达的生活态度，通过寻找希望和快乐，从而在艰辛中获得乐趣。人类在面对苦难时，需要正能量来创造精神财富，如通过控制幻觉在情感上克服恐惧与不安全感[2]，抵消痛苦。人类采用这种策略，度过了漫长而危险的原始文明和农业文明时期，并逐渐使这种策略融入了人类的文化基因。在现代，面对各种新的压力，人类仍然采用这种策略来追求幸福，并把感情寄托在各种文学艺术作品上。[3]这种策略的继承恰恰说明了它的有效性和必要性。

三、追求美丽：与严酷自然抗争的勇气

人类之所以能感受到音乐的美，一方面是因为从生理层面来说，音乐的节奏、旋律、音色能给人带来想象空间，比如节奏快会使人兴奋，音调高会给人带来悠远感等；另一方面则是从心理层面来说，音乐能给人的内心世界带来满足感。人类在与严酷自然抗争的过程中，不仅需要物质上的支持，更需要心理上的支持，而土家族民歌给予了土家族与自然抗争的勇气。

土家族民歌之美，首先在于通俗易懂。口头语言（非书面语言）是土家族的主要语言，这就决定了土家族民歌必须采用大量的方言作为押韵的基础，恩施的民歌亦是如此。虽然民歌都是通俗的口语，看似粗糙生硬，但正是这种粗糙体现了土家族独特的地域色彩和民族特色。[4]本章中的两首民歌没有华丽的辞藻，也没有过多的修饰，语言通俗易懂，却让人感觉

---

[1] 戴璐. 2015. 恩施五句子歌的源流及民俗文化内涵. 湖北民族学院硕士学位论文：36-38；王友富. 2009. 土家族情歌文化及其民族性格研究. 湖北民族学院学报（哲学社会科学版），（4）：20.

[2] Lopes, L. L. 1987. Between hope and fear: The psychology of risk. *Advances in Experimental Social Psychology*, 20: 288.

[3] Sinigaglia, J. 2013. Happiness as a reward for artistic work. *Societies Contemporaries*, (3): 18-19.

[4] 易小燕. 2007. 土家族山歌的音乐风格与特征. 南通航运职业技术学院学报，（1）：12.

格外清新、舒适。其次,土家族民歌美在内涵丰富。土家族情歌往往风趣幽默,这反映了生活在大山里的土家族乐观、豪爽、豁达、幽默的性格特点。就像本章中的《双手搭在妹儿肩》,让人读后或听后不禁会心一笑,感受到男方的机智幽默和女方的欲迎还拒。最后,土家族民歌之美体现在独特的土家方言魅力上。[①]无论是《双手搭在妹儿肩》的高亢,还是《绣香袋》的委婉,都体现了演唱者深厚的感情。语言形式是意义的载体,有节奏的语言形式也有其内涵——节奏之美。土家族民歌的节奏,如《双手搭在妹儿肩》的长短句对唱、《绣香袋》的对仗工整,都体现了对美的追求。

恩斯特·库尔特(Ernst Kurth)认为,音乐是人类的一种自然力量,是意志冲动的动力。心理力量的存在使欣赏者能够从音乐中获得美感[②],当创作者和欣赏者将自己的情感代入艺术作品时,美感就产生了。土家族民歌传承千年,其蕴含的旋律美和文字美让土家族人民感同身受。在艰苦的生产生活条件下,土家族民歌中的爱情和劳动元素赋予了土家族奋斗的勇气,这些元素正是土家族人民想听的、想说的,并通过歌唱的形式传播开来。一代又一代的土家族人民主动成为这种文化形式的传承者和参与者。对艺术美的追求,赋予了土家族人民面对残酷自然的抗争勇气和精神支撑。土家族人民以艺术的形式传播他们的勇气,让同代人和后代人能够鼓起勇气,从敬畏自然到改造自然,最终征服自然。在这一转变过程中,艺术美发挥了重要作用。

第五节　批判与讨论

土家族民歌蕴含着丰富的文化信息,是美与智慧的结晶,具有民俗风情和魅力,反映了土家族人民对美好生活的追求和向往。民歌作为一种原始的土家族音乐艺术,承载着土家族文化、历史、风俗、生活等多方面的

[①] 杨亭. 2011. 土家族审美文化研究. 西南大学博士学位论文: 107-108.

[②] Hsu, D. M. 1966. Ernst Kurth and his concept of music as motion. *Journal of Music Theory*, 10(1): 12.

珍贵文化信息。[1]土家族先民为后世留下了极其丰富的非物质文化遗产，当代土家族不仅是本民族非物质文化遗产的传承者和享用者，更肩负着繁荣和创新土家族民歌的重任。

然而，在全球化和现代化的强烈冲击下，我国各少数民族都经历了社会文化转型，土家族也不例外地经历了从传统社会到现代社会的文化转型。正是土家族独特的生产生活方式造就了独特的民歌文化，但同时传统的生产方式也在现代生产方式和文化产品的冲击下逐渐消失。如今，民歌的传承与传播已经发生了巨大的变化。以歌为生、以歌为乐、以歌为媒的文化生态已不复存在，更多的是活在老一辈人过去的记忆中。随着市场经济价值观念的主流化，民歌文化领域再次遭受沉重打击，年轻一代与土家族民歌文化脱节。因此，民歌的传承不再是传统，而成为受保护的文化遗产。随着旅游经济的发展，土家族民歌原本植根的自然生态和人文生态发生了巨大变化。[2]一些被评为非物质文化遗产的民歌被景区作为旅游项目不断使用，而其余大量的土家族民歌则逐渐被遗忘。土家族民歌作为旅游商品，体现了满足游客休闲娱乐和体验少数民族文化需求的载体形式。因此，大规模地包装、推广和经营土家族民歌必然会使民歌碎片化。伴随着土家族民歌神秘感、差异感的消失，土家族文化特色随之淡化、消失，这或许就是土家族文化的前景。[3]

随着社会经济的快速发展，社会文化呈现出多元化的趋势。新思想、新文化充斥着各种媒体平台，深刻影响着人们的思想观念，尤其是年轻人的思维、意识和行为。[4]有些新文化、新思想代表了时代的步伐，如科技的突飞猛进、大数据的运用等，进一步改善了人类的生存环境和生活质量。然而，新文化、新理念也有消极的部分，如一些追星族为了给偶像投票而

---

[1] 杨亭. 2011. 土家族审美文化研究. 西南大学博士学位论文：10.

[2] Jing, C., Zehui, W., Yan, L., et al. 2020. Inheritance and Protection of Intangible Culture in Minority Areas—Take Enshi Tujia Nationality "Ba Bao Tongling Dance" into the Campus as an Example. In 2020 12th International Conference on Measuring Technology and Mechatronics Automation (ICMTMA) (pp. 890-894), IEEE: 891.

[3] 杨杰宏. 2012. 现代性情境中口头传统的传承与变异：以恩施土家族民歌为研究个案. 民间文化论坛，(4)：21.

[4] Touijar, W. 2020. The impact of modernity on youth culture: Their linguistic choices, thoughts and attitudes. *The International Journal of Applied Language Studies and Culture*, 3(1): 25.

大量购买偶像代言的牛奶，从而造成严重的浪费。原本朝气蓬勃、追求理想、勇于拼搏的年轻人受到资本的影响，沉迷于资本制造的游戏中。爱、忠诚、责任、劳动等优秀的精神品质，正在被享乐、懒散和放纵消费所侵蚀。尽管如此，优秀的精神品质在民歌中依然熠熠生辉，彰显着土家族先民的智慧。今天的人们仍然可以从这些民歌中感受到精神内涵，汲取精神养分，在正确的引导下做出有意义的判断和选择。因此，研究、传承和跨文化传播民歌具有重大意义，值得长期坚持。

　　土家族民歌的灵活性决定了它不会在静止状态下默默凋零，而是会在现实生活中吸收养分，散发出时代的芬芳。从最初的口口相传发展到如今的融媒体时代，人们了解土家族民歌的方式也变得多样化。[①]我们的时代大力提倡发展民族文化，这为土家族民歌的传承与传播提供了帮助。土家族精神通过经久不衰的民歌实现着真正的传承，它保留了土家族精神领域中最积极的部分，充满了民族气息，蕴含着灿烂的人性。在许多民俗活动中，人们从民歌中获得了丰富的知识。同时，土家族民歌在生产发展和社会进步方面起着重要的促进作用，具有深远社会意义。

小　　结

　　本章通过对两首土家族民歌的翻译和赏析，分析了土家族民歌的文化因素和现实意义，并针对当今社会精神支柱缺失的现状，提出了土家族民歌的精神资源。在全球化时代，保护、传承和弘扬民族文化的重要性日益凸显。只有从历史文化中汲取养分，才能在消费主义的浪潮中为自己的灵魂筑起一道坚固的城墙，避免被资本裹挟而失去精神自由。随着社会的发展和时代的变迁，土家族民歌蕴含的文化精神将被继续传承下去。

---

① 田永红. 2010. 土家族山歌的命名、文化内涵及其艺术特征. 铜仁学院学报，（4）：1.

第十一章

中医药文化的异域阐释与传播：
从京都念慈菴在东南亚的传播谈起[①]

第一节 京都念慈菴概略

在中国与东南亚源远流长的交往历史中，商业贸易往来占据着重要的地位。其中官方组织的和民间自发的商业贸易往来同样占据着重要的分量，最早可以追溯到公元前 4 世纪的相关历史记载。[②]历朝历代都有着形式多样和内容丰富的商业贸易活动。秦汉时期有珠宝、金属制品等贵重商品交易；唐宋时期则有食品、牲畜等各式各样的日常消费品贸易。[③]在当今社会，全球化加速了现代资本投资、高科技发展、国家政策扶持和跨国公司

[①] 本章基于朱家瑶、陈开举（通讯作者）合著的英文论文"A cultural identity analysis of TCM in Southeast Asia—With special reference to Nin Jiom"，收录过程中有修改。见 Zhu, J. Y. & Chen, K. J. 2023. A cultural identity analysis of TCM in Southeast Asia—With special reference to Nin Jiom. *International Journal of Humanities Studies*, 11: 214-226.

[②] 杨小平，孙仲文. 2009.中国货币在东南亚区域化的历史进程：历史背景（二）：商贸往来的发展. 中国金融，（3）：76.

[③] 杨小平，孙仲文. 中国货币在东南亚区域化的历史进程：历史背景（二）：商贸往来的发展. 中国金融，（3）：76-77.

的活动，在频率和强度方面进一步促进了中国与东南亚之间的商业互动。特别是东南亚十国推动东盟的成立，增强了东南亚经济一体化的趋势，为中国商人加快寻找资源市场和制成品市场提供了独特的优势，从而推动了双边贸易和投资的快速增长。海关总署 2023 年前三季度的数据显示，东盟以高达 4.68 万亿元的贸易总额成功保持了中国第一大贸易伙伴的地位。[1] 海关总署新闻发言人、统计分析司司长吕大良在国务院新闻办公室就 2023 年上半年进出口情况举行的发布会上表示："随着未来区域经济一体化不断深入、合作领域不断拓展、贸易往来不断通畅，双边贸易有望继续保持良好态势。"[2]2013 年 9 月和 10 月，中国国家主席习近平先后提出了"丝绸之路经济带"和"21 世纪海上丝绸之路"，即"一带一路"倡议。[3]对此，位于"一带一路"沿线重要节点的东南亚国家将其视为经济发展的重要机遇，并很快予以积极的响应。自由贸易协定的签署以及对此的积极响应，必将为双方经贸合作带来更广阔的前景，为两国经济发展提供动力。此外，2022 年初《区域全面经济伙伴关系协定》（Regional Comprehensive Economic Partnership，RCEP）正式生效，在中国、日本、新西兰、澳大利亚，以及文莱、柬埔寨、老挝、新加坡、泰国、越南等东盟十国率先实施，标志着世界最大自贸试验区在新时代正式启航。

在形式众多和内容各异的商业贸易往来中，由于东南亚与中国有着相似的历史和文化环境，其对中医药有着显著的高认可度，中医药的贸易往来占据着突出的地位。"中国医药保健品进出口商会数据显示，2022 年我国中药类产品进出口总额为 85.1 亿美元。其中，与东盟市场的贸易总额为 20.8 亿美元，占比 24.4%。"[4]在众多开发东南亚市场的中医药公司中，京都念慈菴——一个具有数百年历史的中成药品牌（总部位于中国香港）——畅销东南亚各国，被认为是中医药海外销售和品牌传播的典范。

---

[1] 中国驻东盟使团. 2023 年前三季度中国—东盟贸易简况. https://mp.weixin.qq.com/s?__biz=Mzg2NTE5MjM5Ng==&mid=2247491872&idx=1&sn=04a36aed831144542bb3d366179a2168[2023-10-13].

[2] 熊超然. 东南亚已超越美欧，成中国最大出口市场. https://www.guancha.cn/internation/2023_09_05_707529.shtml[2023-09-05].

[3] 国家发展改革委，外交部，商务部. 推动共建丝绸之路经济带和 21 世纪海上丝绸之路的愿景与行动. https://www.mfa.gov.cn/web/zyxw/201503/t20150328_332173.shtml[2015-3-28].

[4] 慕欣. 2023-09-18. 中国与东盟国家药品合作再结硕果. 医药经济报，001：1

念慈菴开拓东南亚市场的历史可以追溯到 20 世纪 70 年代末。[1]新加坡、马来西亚、泰国、菲律宾、印度尼西亚和越南是其最早开发的东南亚国家市场。为了深入当地市场并融入当地社会,念慈菴进行了一系列的努力。其在马来西亚成立了自闭症儿童协会,旨在提供特殊教育和家长指导服务;在新加坡成立了天然药物研究中心,开发并创新科学中医药。如今,念慈菴在大多数东南亚国家的药店、诊所和超市均有出售,赢得了当地人的认可。如今,大部分学者认为其药物研发和多样化的国际营销战略是念慈菴走向全球和获得地区性成功的有利因素[2],但没有注意到其获得海外成功背后的文化动因。因此,学界迫切需要念慈菴在东南亚地区获得认可的文化认同分析,以填补整体研究的空缺。

第二节　全球化背景下的文化身份问题

英国学者约翰·汤姆林森(John Tomlinson)在谈到文化与全球化的关系时明确指出,"全球化(globalization)处于现代文化的中心地位;文化实践(cultural practice)处于全球化的中心地位"[3]。不同学者试图通过构建全球性理论来探索文化,弗朗西斯·福山(Francis Fukuyama)的《历史的终结及最后之人》(*The End of History and the Last Man*)从意识形态入手,强调全球文化的统一性和同质性;萨缪尔·P.亨廷顿(Samuel P. Huntington)着重现代世界文明的冲突,强调其异质性和排他性;阿尔君·阿帕杜莱(Arjun Appadurai)关注全球文化流动的复杂性、可变性和不确定性。[4]上述学者都或多或少地注意到其中文化认同的过程。文化认同是指

---

[1] 数据来源于念慈菴官网中历史沿革的相关阐述,详见 https://www.ninjiom.com/about/milestones。
[2] 蒿倩文.2007.中华老字号如何通过情感营销实现跨越式发展.商场现代化,(13):205-206;张华平.2008.中药品牌多元化扩张的成功之路:念慈菴润品牌延伸案例分析.中国现代中药,(10):44,64;曾建武,蒋杰.2014.香港"京都念慈菴"对内地中成药研制开发与国际营销的启示.亚太传统医药,(18):1-3.
[3] 约翰·汤姆林森.2002.全球化与文化.郭英剑译,南京:南京大学出版社:1.
[4] 周娟.2009.阿帕杜莱的全球文化景观论.国外社会科学,(6):96.

对人与人之间或者个人与群体之间的共同文化的承认、理解和认可。文化的共通性和相互联系是文化认同的基础。在全球化时代,世界范围内在经济、政治、文化等层面人们之间的交流加强了,文化身份不再单一,而是呈现出交错重叠的状态。同时,全球化的深化也加剧了文化身份问题,甚至加深了身份危机。从某种意义上说,文化认同的过程反映了利益、欲望和目的的动机和意志。①

第三节 消费文化与文化身份

在日常生活中,由于消费定义了一个人的活动范围,构成了他的存在,因此身份与消费明确而直接地联系在一起。在形式多样的消费中,食物的消费的"吃"有着特殊的意义。食物的摄入与个体身份的建构有着密切的相关性,因为前者是后者的基础。无论是在实际意义上还是在象征意义上,食物的摄入都是指对其所有特征的吸收:我吃什么,我就成为什么。②此外,食物不仅确定了食客所属的群体,还定义了他们与他人的差异。日本人类学家大贯惠美子(Emiko Ohnuki-Tierney)指出:"一个民族的烹调方法,或者一种特别的食物,常常标记着集体自我与他者之间的边界,例如作为区别他者的根据。"③在这个意义上,食物是社会阶级、种族、宗教以及社会中几乎所有其他制度化群体的象征。

随着当今社会商业活动的不断升级和消费主义的渗透,人们对商品的主要关注已经从其使用价值转向了附加在其上的象征价值,而象征意义几乎已经成为一个人购买行为的决定性因素。在消费社会中,消费者的购买行为无异于展示其身份、社会地位和阶层品位的过程,而这是通过嵌入在

---

① 崔新建. 2004. 文化认同及其根源. 北京师范大学学报(社会科学版),(4):102-104,107.
② Fischler, C. 1988. Food, self and identity. *Social Science Information*, 27(2): 275.
③ 大贯惠美子. 2015. 作为自我的稻米:日本人穿越时间的身份认同. 石峰译. 杭州:浙江大学出版社:1.

产品中的文化意义来实现的。①由于一个人的身份认同最终是通过符号价值实现的，故符号消费的本质等同于一种文化身份实践。②因此，有商业意识的企业往往特别注重对一整套商业文化符号进行编码，以吸引消费者的购买行为与认可。

第四节　京都念慈菴在东南亚品牌成功的文化要素分析

一、文化身份问题

东南亚与中国在历史、哲学、文化和医学思想方面的同源性，促成了中医药在东南亚的高接受度和高认可度。东南亚人与中国人有着相似的疾病谱系和用药习惯，在不同程度上都将中医药作为他们生活中不可或缺的一部分。例如，在越南，中医被称为东医，而中药与当地盛产的药材统称为东药。在相关的基础上，越南医学通过结合当地潮湿多雨的亚热带气候和地理位置的因素，以及当地居民的温热病、风湿病、胃肠道疾病等特点，逐渐发展了起来。这是借鉴了当地民间医学的经验和经过中越两国医生的长期不懈努力而发展起来的。③此外，越医背后的哲学思维和用药思维在很大程度上类似于中医思维，两者都重视以"气"的阴阳平衡为基本模式，以及有着与体液相关的寒热、干湿、血液等医学理论。④中国传统哲学在传统疾病治疗中的体现，在思维方式、实践以及认同等方面，已经融入东南亚当地的疾病治疗。

作为全球化的必然结果，人口流动促进了中国文化及其实践的传播，服用中药的习惯就是其中之一。这些实践深深地根植于海外华人群体，尤

---

① Zhou, L. & Hui, M. K. 2003. Symbolic value of foreign products in the People's Republic of China. *Journal of International Marketing*, 11(2): 52.
② Zhou, L. & Hui, M. K. Symbolic value of foreign products in the People's Republic of China. *Journal of International Marketing*, 11(2): 52.
③ 黄小琼. 2010. 论中越深厚的中医药情结. 今日南国（中旬刊），（9）：172.
④ 黄小琼. 2010. 论中越深厚的中医药情结. 今日南国（中旬刊），（9）：172.

其是大量来自中国广东地区的东南亚移民的文化生活中。基于地理条件的便利和历史社会活动原因，东南亚的粤籍人口在中国对外文化交流中做出了巨大贡献，其中包括了中医药的实践和传播。随着东南亚华人社区的逐渐庞大和成熟，中医药的流通得到了加强。长久以来，中医医院、诊所、药店的建设在数量上和力度上逐渐发展，例如广帮七大商号"七家头"在新加坡创立的同济医社、华人甲必丹叶观盛在马来西亚创建的培善堂、华侨高晖石等在泰国创办的天华医院等[1]。在当今现代社会，海外华人携带的中国文化与东南亚当地文化的交融发展到了前所未有的复杂程度。中成药念慈菴在预防和缓解广东人特有的"热气"状态方面发挥了重要作用，因"热气"的主要症状之一是喉咙不适。随着东南亚人口的流动，念慈菴在华人社区的也持续保持着较高的接受度。此外，对念慈菴的认可和接受，在某种程度上也归因于人们对中国香港（念慈菴总部所在地）这座享有盛誉和发展良好的亚洲城市的文化认同。

二、味道、乡情与文化认同

食物和饮食对构建一个人的身份有着十分特殊的作用。一方面，食物的摄入成为一个人身体的一部分；另一方面，食物所包含的特征和文化被内化为一个人的身份的一部分。从饮食的角度出发，从社区和个人层面探讨东南亚人服用念慈菴的心理，为解析其在海外的高接受度提供了新的解读角度。念慈菴的主要成分为中国独特的传统中草药，是中国文化和群体身份的味觉表征。味觉识别的深处记忆有助于加强东南亚华人群体之间的情感联系和沟通交流。尤金·安德森（Eugene Anderson）阐述了食物与文化之间的关系，认为食物是社会阶级、种族、宗教以及社会中其他几乎所有制度化群体的象征。[2]一个人所吃的东西构成了他的物理身体，同时也

---

[1] 黄凯文，刘菊红，曾召. 2022. 粤籍华人在中医药传播中的贡献与作用：以东南亚为例. 中医药管理杂志，(22)：5-9.

[2] Anderson, E. N. 2005. *Everyone Eats: Understanding Food and Culture*. New York: New York University Press: 125.

第十一章 中医药文化的异域阐释与传播：从京都念慈菴在东南亚的传播谈起

内化了食物所携带的文化，以此确立他的身份。念慈菴以川贝、枇杷、沙参、茯苓、橘红等为原料，巧妙地运用中草药组合进行药物调制。同时也赋予其以本土草药为象征的中国文化，侧面反映和传达了强调平衡状态的中国哲学。

全球化也带来了文化冲突，中西医之争就是其中之一。深入研究它们的不同表现形式，可以窥见中华民族的总体思维与西方实证主义传统之间的差异。全球化和西方文化的影响范围日益增大，其所带来的西化影响向中医在西方医学话语中的难以解释性提出了严峻的挑战。与中医药在某些地区遭遇到抵抗有所不同，近年来东南亚中医药的传播仍然顺利且乐观。正如尼克·菲迪斯（Nick Fiddes）所指出的，一个人所选择的食物反映了他对理想生活方式的真实态度，也暗示了他希望对某人或某物产生认同。[1] 一个人选择的食物或接受食物的烹饪方式象征着接纳它们所蕴含的种族和文化身份，而未被选择的食物则反映出一个人无感甚至抗拒的态度。因此，东南亚人对念慈菴的持续接受和消费表明人们倾向于认同其包含的文化及背后的文化身份。

与大部分中药调制品的形式不同（如广东地区的凉茶），被许多人视为"草药糖浆"的念慈菴在儿童患者口服方面具有天然独特的优势。这使得其在稳固长期的个人消费者方面胜过其他许多中药产品。标准装的念慈菴的净含量为300毫升，其中蜂蜜占了一大部分，为消费者提供了令人愉悦的甜味。不像其他大多数中医药汤包含了强烈的刺激性酸苦味。凭借这个特点，念慈菴成功地成为许多儿童患者的用药选择。在中国，尤其是在广东和香港地区，高频使用念慈菴的中医治疗传统，在个体层面建立了一种原始的情结，将一个人的童年味觉记忆和日后的怀旧情感联系起来。来自马来西亚的网红博主基特卡·奈尔费（Kitkat Nelfei）曾在他的个人博客中写道："这（念慈菴）是我家族信任的咳嗽糖浆品牌，几代人都在使用；从我的曾祖父到我的侄子和侄女。"[2] 口服止咳糖浆从童年的记忆发展到成年后食用味道唤起的怀旧，成功地吸引了年龄跨度从儿童到老年人的消

---

[1] Fiddes, N. 1991. *Meat: A Natural Symbol*. London: Routledge: 33.
[2] 参见 https://www.kitkat-nelfei.com/2020/11/my-familys-favorite-cough-syrup-since.html[2024-05-22].

费者群体。阿帕杜莱曾提到，"被灌输给作为现代消费者的主体的快乐，可以在怀旧和幻想之间的张力中找到"①。在念慈菴这里，特殊的味觉记忆与个人生命初期的经历，尤其是甜蜜温暖的怀旧记忆相呼应，在如今复杂而令人眩晕的现代世界中呼唤着记忆和身份的回归。

三、符号消费

在当今社会，后现代思潮与各种社会现实交融。其中，流行文化符号和各种媒体越来越主导我们对现实的感知，以及我们的身份定位和认同文化的方式。由于后工业社会存在生产过剩和消费不足等问题，人们面对庞大的商品选择时往往如同一头扎进茫茫无边的商品海洋中，迷失了意义，找不到身份定位。②法国社会学家让·鲍德里亚（Jean Baudrillard）在深入考察事物、商品和符号的关系后指出，符号的生产功能是消费的前提。③消费行为的过程是一个符号产生和生效的过程。经此，消费者可以感受到某种所谓的自由或自我实现，从而实现了身份认同。④念慈菴在东南亚的畅销一定程度上可以归功于其包含的象征意义，特别是其视觉上具有强烈文化内涵的商标和说明书在某种程度上加强了它的文化价值。此外，消费者也通过明星和名人的广告宣传和自发推荐中获得一定的文化身份认同。

在充斥着各种后现代主义观念的现代社会中，图像因其注意力的迅速吸引和引发多重想象的特点而变得愈发重要。与许多其他简约的中成药产品标志设计不同，念慈菴选择了一对古代的母子画像图作为其产品标志，成功地吸引了海内外的关注。这个具有悠久历史的中医药品牌在设计其商标时讲述了一个动人的亲情故事，以及其引发的更为深远的全民福祉的故事：一位名为杨孝廉的清朝县令终日不辞劳苦地寻找为他年迈的母亲治疗支气管疾病的方法并最终成功了，而他的母亲临走前告诫他将药方传播开

---

① Appadurai, A. 1996. *Modernity at Large: Cultural Dimensions of Globalization*. Minneapolis: University of Minnesota Press: 83.
② 陈开举. 2018. 后现代文化娱乐化批判. 北京：知识产权出版社：181-186.
③ 让·鲍德里亚. 2001. 消费社会. 刘成富，全智钢译. 南京：南京大学出版社：69.
④ 让·鲍德里亚. 2001. 消费社会. 刘成富，全智钢译. 南京：南京大学出版社：72

第十一章 中医药文化的异域阐释与传播：从京都念慈菴在东南亚的传播谈起

来，以造福更多人。在商标图中，年迈的母亲坐着，头微仰，平静地在嘱咐儿子；而男子则端着一杯茶，身体前倾着，尊敬地倾听。善心的母亲和孝顺的儿子相互尊重，而这一商标图也成功地使消费者在查看商品时暂时思索，同时延长了消费者的凝视时间。在凝视商标的时候，消费者的脑海中投射出了一种亲情、孝顺和无私利他主义的想象。事实上，一些在海外获得关注的中华老字号都有一种共同的商业意识，即在产品商标设计中使用独特的中华形象，以引起国外消费者的强烈好奇心。[1]这个形象设计仿佛在告诉人们：在被无数商品淹没的现代社会中，人们的焦虑感和迷失感，以及正在逐渐失去的美好品质，可以通过消费念慈菴的符号意义来消除和弥补。

除了商标设计图外，用药说明书中类似手绘的中草药插图也具有情调，在好奇的外国消费者群体中起到了引人注目的效果。每瓶念慈菴都附有一份内容丰富的说明书，其中既有文字描述，也包含枇杷膏所含的15种中草药的精美绘制图。这些绘制详细的中草药对于外国消费者来说大多数是陌生的，而准确的描绘在一定程度上保证了外国人对其中中药材料的了解和使用。缺乏对于中药材料的了解是长期以来中医药在国外获得的接受和认可度较低的原因之一。尽管这些插图稍显奇特新颖，但也以一种轻松的方式激发着外国消费者的兴趣。在服药前阅读说明书不再显得无聊，而是一次通过了解中草药来学习和鉴赏中国文化的旅程。正是念慈菴带来的用药安全感与中华文化体验的新鲜感之间的张力，实现了念慈菴在外国群体中的畅销。

在消费社会中，消费者购买服装、箱包、香水、汽车等商品的本质是对其品牌符号的消费，是对自己经济地位的展示和表征。在符号经济中，名人成为高度符号化的形象，消费者将内在心理需求投射到其身上。近几十年来，随着消费主义的发展，同时在当今媒体饱和、传播形式和内容日新月异的文化背景下，名人代言的规模已经从高端产品扩大到各种日常用品。比如，20世纪90年代最具代表性的念慈菴代言人——香港人气女演

---

[1] Wu, Y. Q. & Chen, K. J. 2020. Decoding the mystery behind the globalization of Chinese time-honored brands—A case analysis of Lao Gan Ma chili sauce. *International Journal of Literature and Arts*, 8(2): 90-91.

员郑裕玲的广告几乎出现在每个家庭的电视上。当时,香港有着令人垂涎的经济条件以及充满希望和繁荣的城市生活,其新潮而便利的生活方式就在广告中有所体现:在自家后院和朋友吃烧烤后,郑裕玲推荐大家使用念慈菴。这在当时的亚洲是一种相对奢华的生活方式。因此,虽然无法获得与郑裕玲同样的生活方式,但使用普通家庭更容易接触到的中成药产品念慈菴,可以满足人们对拥有较高社会地位的富裕阶层的渴望投射。这也是对20世纪90年代香港所象征的相对理想的城市生活方式的想象。

西方流行明星的自发代言则进一步强化了念慈菴在海外市场的明星效应。据新加坡媒体报道,格莱美奖得主、美国流行歌手兼词曲作者杰森·玛耶兹(Jason Mraz)承认每次演出前都会饮用一杯用念慈菴冲调的香浓的薄荷茶。同样,在日本,许多配音演员都曾在电视节目中承认并推荐使用念慈菴来维持喉咙的良好状态,其中在日本配音界享有盛誉的樱井孝宏(Sakurai Takahiro)高度评价了念慈菴,称其为声优的"传家宝"。以上的两个案例都说明了念慈菴成功地进入海外市场,并凭借社交网络和媒体的影响力赢得了一批忠实的海外消费者。这些业内顶级的"声音工作者"选择使用念慈菴,无疑促进了其海外市场的开拓与深入,也掀起了一股由有着较高影响力的社会群体认可中医药治疗喉病的风潮。

第五节 对中医药国际营销的启示

一、文化交流下的市场拓张

中医药向东南亚地区开拓市场并获得更深层次的认同的前提和首要条件是基于相似文化背景的交流和相互认同。作为一门经验性医学,中医在中华民族数千年的疾病斗争中积累了丰富的经验和智慧,这无疑值得为更多其他地区人们的需求而进行相关的交流和传播。中医药诊治和中成药背后蕴藏着与宇宙、环境、整体和人类命运等辩证思维融为一体的中国传统哲学和文化。支撑中医药治疗和中医药产品的是产品背后深厚丰富的中国

第十一章　中医药文化的异域阐释与传播：从京都念慈菴在东南亚的传播谈起

传统文化和哲学思想。因此，中医药文化和思维与宇宙、环境、整体和人类命运等辩证和全局思维融为一体。由于地理位置便捷和历史文化相似，大多数东南亚国家都深受中国传统文化的影响，这为中医药等文化产品的有效传播和高接受度奠定了重要基础。在中医药交流传播过程中，应最大限度地发挥具有丰富同源文化资源的文化认同优势，通过中医药的传播来实现两个主体之间的交往和相互认同。

二、适当的产品调整

中医药的瑕疵包括其强烈的刺激性味道、携带不便以及外国消费者的缺乏了解，这些使得许多其他地区的患者无法受益于中医药。据此，可以适当地对这些不足之处进行调整，以提高外国对中医药的接受度。京都念慈菴深知其在患者味觉接受方面的独特优势，因此开发出添加了温和性草药（如柠檬草、苹果和桂圆）的草药润喉糖系列产品，以充分利用其令人愉悦的甜味和草药香。对于有意开拓国外市场的中成药公司来说，可以从中受到相关的启发，开发更易于接受的、温和的、方便的中医药系列产品。值得一提的是，中医药与东南亚的交流离不开具有长远眼光的、有志于屹立于历史长河的跨国中医药公司。要做到这一点，相关企业就应该注意对文化身份认同有效而真切的情感营销。念慈菴就是通过其独特的口味和文化内涵培养了一代又一代的消费者群体。此外，念慈菴通过开发冲剂和小袋便携装，最大限度地提高了其便携性，进一步增加了消费者对念慈菴的依赖性，并促进了其在社区中的人际传播。此外值得注意的是，中国香港、澳门和台湾地区是中西文化融合的中心。特别是香港，由于历史因素，其长期以来一直是东南亚人口流动的重要节点。就香港城市的优势而言，有研究市场营销的学者指出，香港拥有一批精通中英文和有着丰富国际市场经验的人才，在开拓国际中成药市场方面起着重要的窗口和桥梁作用。[1]从文化认同的角度看，香港作为中国内地与东南亚地区之间进行中医药交流

---

[1] 曾建武，蒋杰. 2014. 香港"京都念慈菴"对内地中成药研制开发与国际营销的启示. 亚太传统医药，（18）：3.

的桥梁，其意义在于特殊的混杂身份认同，这是一种作为全球化发展结果的全球身份认同。

三、充分利用新媒体

高速变化和日益更新的高科技和社交媒体为各种各样的商品促销提供了前所未有的机会。通过这些新方式，商品呈现方式和消费行为都是各种文化符号作用的结果。在符号消费时代，面对不同种族间的文化差异，跨国公司应该高度重视那些能唤起人们对身份认同和想象力的产品设计。鉴于文化差异引起的潜在障碍，可在品牌的文化认同和公司理念的建构中融入相似的、同源的中国文化元素，通过保留中华性和当地地方性，尽可能避免文化冲突，以培育东南亚市场。此外，在自媒体时代，名人和网红（尤其是自发的）的影响力必须得到重视，企业可以与其建立起友好的商业关系。

然而，我们同时也应该注意到，肆虐现代社会的消费主义正在日益引起大众对眼花缭乱的商品奇观的反感。在东南亚推广中医药时，必须在构建品牌历史及其文化内涵时做出特别的努力和精心的设计，以唤起现代人在社会中遭受的异化、意义缺失和情感匮乏等时代顽疾中的温情与人性。在具体的操作中，关乎人类永恒主题和歌颂共同人性的传统中华故事可以作为激发灵感的素材，从而促进中国人与东南亚人民的情感连接和文化联系。

小　　结

本章从文化认同的角度探讨了老字号中医药品牌京都念慈菴在东南亚取得商业成功的文化动因。通过结合全球化背景下的文化认同和消费理论，解码了中成药畅销背后的文化推动力，包括文化认同、文化中的食物消费和符号消费。从根本上讲，中国与东南亚国家文化同源，这为中医药及其相关思想在东南亚地区的接受和认同奠定了可能性，而全球化深化时期的

第十一章　中医药文化的异域阐释与传播：从京都念慈菴在东南亚的传播谈起

人口流动和文化融合也促进了文化意义上的认同。念慈菴凭借其怡人的风味，在口味接受方面和增强民族情感联系方面拥有独特的优势，赢得了一批稳定的世代消费者。此外，在符号消费时代，与主流医药产品商标设计大相径庭的念慈菴商标，以及其使用说明书上精心设置的文化内涵，再加上名人效应为联想别样生活方式和药物功效的加持，共同为现代人创造了新奇但温暖的感觉。基于上述文化因素的分析，可以为更多中医药企业开拓东南亚市场并融入当地社会提供可行的启示，即在文化传播的基础上进行市场扩展，进行一定的产品调整，以及充分利用新媒体进行传播。从后现代转向后人类未来时代，越来越需要突出强调环境、自然、宇宙及其相互联系的整体视野，以解决当今全人类面临的共同问题。中医药及其背后的中华文化，突出强调系统各部分的平衡性、整体性、宏观性和联系性，为治愈现代性顽疾提供了智慧和启发。作为畅销东南亚国家的中成药，京都念慈菴在海外的知名度和接受度值得关注，这为更多的中医药品牌和其他本土品牌在文化认同层面上树立了典范，以加强中国与东南亚、东南亚与世界其他地区的文化交流与互鉴。

第十二章

中国物质文化的海外阐释与传播：以"老干妈"为例[①]

第一节 "老干妈"品牌的国际传播

在经济全球化背景下，发达国家的企业在全球市场上拥有拓展业务的优先权。[②]然而，这也给欠发达国家或地区一些曾经深受当地消费者欢迎的本土品牌的生存带来了严峻挑战。例如，一些无法适应新环境的中国老字号在蜂拥而至的海外新兴市场参与者的威胁下逐渐失去了原有的优势。中国方便面品牌"老北京方便面"和中国本土饮料品牌"健力宝"就属于此类。

尽管国内外同行业竞争激烈，独具中国传统风味的"老干妈"辣椒酱

[①] 本章基于吴艳琴、陈开举（通讯作者）合著的英文论文"Decoding the mystery behind the globalization of Chinese time-honored brands—A case analysis of Lao Gan Ma chili sauce"，收录本书时有较大改动。见 Wu, Y. Q. & Chen, K. J. 2020. Decoding the mystery behind the globalization of Chinese time-honored brands—A case analysis of Lao Gan Ma chili sauce. *International Journal of Literature and Arts*, 8(2): 87-92.

[②] Ger, G. 1999. Localizing in the global village: Local firms competing in global markets. *California Management Review*, 41(4): 64-83.

还是成功地在全球市场上站稳了脚跟。根据2018年5月28日中国国际大数据产业博览会上的资料，老干妈使用大数据分析客户分布，对不同地区生产的辣椒辣度进行分析，实现了每年6亿瓶的销量。[1]作为中国文化的前哨，"老干妈"品牌在全球范围内的成功布局在一定程度上可以为其他中国品牌乃至其他周边国家或地区的同行提供借鉴，以避免在全球竞争舞台上被边缘化。然而，值得注意的是，对"老干妈"辣椒酱的成功原因的分析不应仅仅着眼于经济或政治解释，因为无论是产品质量的提高还是当地政府的干预，都不足以让任何一家公司成为强有力的全球竞争者。[2]相反，一些基于文化考虑的特殊策略更有助于深入理解这类品牌在全球市场的顺利成长。因此，本章试图从文化认同、符号消费和本能理论等文化解释的角度来解读"老干妈"获得全球化成功的奥秘。

第二节 全球化与跨文化传播

一、全球化时代的文化传播

显而易见，全球化的快速发展与经济刺激有着直接的关系。由于资本追逐利润的本性，15世纪末的地理大发现自动开始将地球上主要独立的地区整合成一个大熔炉，这就是后来的全球化。然而，以传统经济或政治理论为前提的研究不足以帮助我们全面理解这一复杂现象。全球化具有"复杂的连通性"[3]，因此很难对它做出简明的解释。对全球化的理解需要慎重考虑多个相关维度，尤其是文化的视角[4]，这与马尔科姆·沃特斯

---

[1] 赵子滟. 国民女神老干妈又上热搜！大数据卖辣酱，每年6亿瓶. https://www.sohu.com/a/233350439_119665[2018-5-29].

[2] Zhou, L. & Hui, M. K. 2003. Symbolic value of foreign products in the People's Republic of China. *Journal of International Marketing*, 11(2): 36.

[3] Tomlinson, J. 1999. *Globalization and Culture* (Vol. 1). 2nd edn. Chicago: University of Chicago Press: 13-20.

[4] Waters, M. 2001. *Globalization*. 2nd edn. New York: Routledge: 11.

（Malcolm Waters）提出的全球化理论中的文化偏见相呼应。汤姆林森也指出，"全球化所描述的当代巨大变革进程，只有借助文化的概念性词汇才能正确理解"①。综上所述，尽管文化分析与全球化发展之间的关系并不明显，但文化分析作为合理解释全球化世界的先决条件，已逐渐得到相关学界的认可。

尽管在这个关联性日益增强的世界中，地方文化的同质化现象十分明显，但现有文献表明，全球化的加剧实际上促进了这些地方特色之间的杂糅状态。②文化全球化的"去地域化"使物理上孤立的地方文化彼此之间的跨国互动成为可能，同时也揭示了其消除地方文化多样性的潜力。③然而，全球化的重要意义实际上在与他者进行文化交流的过程中也出现了"差异性的次增值"④。罗兰·罗伯森（Roland Robertson）也同样认为，全球化的本质既不是同质化，也不是西方化，相反，它应该被视为一个极富活力的领域，由普遍性的特殊化和特殊性的普遍化两个过程组成。⑤

二、全球化时代的文化身份

文化意义上的身份认同不仅仅局限于将文化身份视为人类的生物指纹或 DNA 的代名词，而是认为文化身份超越了其生物学意义，一般可归结为某一社会群体共享的情感体验和归属感，这也将该群体在全球化中得以

---

① Tomlinson, J. 1999. *Globalization and Culture* (Vol. 1). 2nd edn. Chicago: University of Chicago Press: 1.

② Tomlinson, J. 1999. *Globalization and Culture* (Vol. 1). 2nd edn. Chicago: University of Chicago Press: 141-149.

③ Tomlinson, J. 1999. *Globalization and Culture* (Vol. 1). 2nd edn. Chicago: University of Chicago Press: 106-141.

④ "差异性的次增值"（subaltern proliferation of difference）是由斯图亚特·霍尔（Stuart Hall）教授于 2000 年 5 月 4 日在政治经济学研究中心的年度讲座《多元文化问题》（"The Multicultural Question"）中首次提出，也是帕维斯社会文化研究系列论文之一（Pavis Papers in Social and Cultural Research）。见 Hall, S. 2001. The multicultural question. Milton Keynes, UK: Pavis Centre for Social and Cultural Research, Open University Press.

⑤ Robertson, R. 1992. Globalization: Social Theory and Global Culture. London: Sage: 177-178.

与其他群体区分开来。①

　　文化认同理论有助于更好地理解日益密切的相关群体之间的交流。"面对现代性和全球化进程，似乎不是压制而是激发了各民族的存在自觉和文化自觉。"②在全球化时代，文化认同危机爆发。如今，一些追求享乐的消费者沉溺于从全球化市场上的外国商品中获取新体验，这也加剧了他们已有身份的不确定性。此外，文化认同危机问题还可追溯到全球化进程中人口跨国流动的加剧。这些移民到了一个新的地方，往往会感到自己与其他文化社区格格不入，从而导致他们对原有文化身份的焦虑。

　　因此，文化认同也是研究跨国资本主义体系中商业交流的一个价值点。例如，面对国外竞争对手的不断威胁，中国本土服装品牌美特斯邦威通过战略规划强调其内在的中国元素，努力重新激发顾客的购买欲望。③这说明文化认同有利于"增强顾客对国内品牌的相对偏好和实际购买"④。

三、后工业化时代的符号消费

　　消费者的购买动机在很大程度上取决于这些商品或服务的物理性能或功利性能在多大程度上满足他们的需求。⑤典型的消费者购买动机可以被理解为维持身体机能的需求。然而，在全球化时代，消费者对产品的主要关注点已逐渐转移到产品所蕴含的象征意义上，这些象征意义现已成为决定消费者购买行为的一个突出因素。⑥

---

① Aristova, N. 2016. Rethinking cultural identities in the context of globalization: Linguistic landscape of Kazan, Russia, as an emerging global city. *Procedia-Social and Behavioral Sciences*, 236: 154.
② 韩震. 2005. 论全球化进程中的多重文化认同. 求是学刊，（5）：24.
③ He, J. & Wang, C. 2015. Cultural identity and consumer ethnocentrism impacts on preference and purchase of domestic versus import brands: An empirical study in China. *Journal of Business Research*, 68(6): 1232.
④ He, J. & Wang, C. 2015. Cultural identity and consumer ethnocentrism impacts on preference and purchase of domestic versus import brands: An empirical study in China. *Journal of Business Research*, 68(6): 1231.
⑤ Baudrillard, J. 1993. *Symbolic Exchange and Death*. London: Sage: 2.
⑥ Ger, G. 1999. Localizing in the global village: Local firms competing in global markets. *California Management Review*, 41(4): 68.

同样，任何品牌在全球市场的成功运作都不能简单地归结为其卓越的实体品质。[①]此外，通过一系列规范的精细化管理而产生的潜在符号价值，也是其在全球范围内取得出色经营业绩的重要因素。[②]例如，有学者通过分析中国顾客对加拿大猪肉香肠的反应发现，无论其是奢侈品牌还是普通品牌，符号价值对外国品牌的流行具有重要意义。[③]有学者主张，麦当劳在国外街头的广泛分布可以追溯到其对符号价值的出色运用上，它将自己定位为发展中国家提高地位的门户。[④]如果两个地区之间存在不平等的权力分配，那么这种符号属性很可能会激活人们对其他外国产品的盲目崇拜，同时对本国产品不自觉地缺乏鉴赏能力。

第三节 "老干妈"品牌成功的文化要素

一、本土文化与全球文化间的互动

（一）对地方文化的尊重和对他者的挪用

在全球化的竞争舞台上，西方[⑤]蕴含在商品交换中的文化似乎将吞噬欠发达国家中所有贫穷落后的成员。[⑥]尽管西化不能被视为全球化现象的必然结果，但它对其他地方文化的巨大影响是显而易见的。"可口可乐化"[⑦]和

[①] Zhou, L. & Hui, M. K. 2003. Symbolic value of foreign products in the People's Republic of China. *Journal of International Marketing*, 11(2): 36-58.

[②] Watson, J. L. 2000. China's big Mac attack. *Foreign Affairs*, 79(3): 122-124.

[③] Zhou, L. & Hui, M. K. 2003. Symbolic value of foreign products in the People's Republic of China. *Journal of International Marketing*, 11(2): 45-46.

[④] Watson, J. L. 2000. China's big Mac attack. *Foreign Affairs*, 79(3): 121-122.

[⑤] 本章中的"西方"是指世界上处于经济优势地位的发达国家，与地理意义上的西方相区别。

[⑥] Radhakrishnan, R. 2001. Globalization, desire, and the politics of representation. *Comparative Literature*, 53(4): 315-332.

[⑦] Ger, G. 1999. Localizing in the global village: Local firms competing in global markets. *California Management Review*, 41(4): 64-83.

第十二章 中国物质文化的海外阐释与传播：以"老干妈"为例

"麦当劳化"[1]等现象在世界范围内的流行就是一个很有代表性的例子。部分中国人对西方文化的过度热衷，从麦当劳在中国市场的迅猛发展就可见一斑。作为一个来自美国的食品连锁品牌，麦当劳被贴上了高效、可预测、可计算的标签，这与美国人的生活方式原型相吻合。部分中国顾客对麦当劳的推崇在某种程度上可以归因于他们内心的渴望，即通过消费这种美式食品来获得对某种身份的象征性认可。

今天的中国在遭受外来文化蜂拥而至所带来的文化冲击的同时，本土文化却在不断崛起。汤姆林森认为，食物与文化之间的内在关系验证了一个地区的食物承载着其独特的符号价值和文化认同感的形成历史。[2]麦当劳还给中国人带来了西式酱料（如番茄酱、芝麻酱等），而这些酱料实际上蕴含着美国文化的独特身份。同样，"老干妈"作为一个历史悠久的中国品牌，是中国西南地区烹饪文化的真实代表。与西式酱料的有限材料不同，中式酱料则强调各种食材的适当组合，一般由鸡肉、发酵大豆、凉拌油和各种香料（八角、花椒、大蒜等）组成。独特的烹饪方法和香料文化共同造就了"老干妈"的地方特色，使之鲜明地区别于外国竞争对手。在全球化的社会背景下，西式酱料在中国人中的流行，无疑影响了中国传统酱料行业的经营业绩。当面对被边缘化的威胁时，中国传统饮食文化行业存在着一种极端而错误的认识，认为发展中国家的企业应借鉴西方的商业做法，以实现"双赢"[3]。"老干妈"却反其道而行之，以其独特的烹饪方法和烹饪文化为基础，将地方特色加以创新重构，使其产品种类日益丰富，以迎合顾客的不同喜好。尊重其独特文化身份的创新重构最终帮助"老干妈"重新赢得了消费者的青睐。

但值得注意的是，保护地方文化不能简单地等同于顽固地坚持自己的文化特性。在多元化时代，保持地方文化的完整性是不现实的。恰恰相反，各种地方实体应以其基本文化特性的完整性为前提，在全球化中重构自身。

---

[1] Ritzer, G. 2004. The "McDonaldization" of society. *The Journal of American Culture*, 6 (1): 100-107.

[2] Tomlinson, J. *Globalization and Culture* (Vol. 1). 2nd edn. Chicago: University of Chicago Press: 120-128.

[3] Ger, G. 1999. Localizing in the global village: Local firms competing in global markets. *California Management Review*, 41(4): 65.

现代信息技术使广告全球化成为可能，这加速了西方调味品对中国市场的渗透，"老干妈"遭遇了客户流失的威胁。为此，从不宣传自己的"老干妈"转而划时代地使用特色文化模式来推广其辣椒酱。这一新的尝试意味着对他者的挪用，有可能重新激活"老干妈"与顾客之间的共同经验，从而使顾客恢复对这种中式酱料的原有偏好。

（二）对他者的有利适应

最重要的是，肯德基和麦当劳在国外市场的盛行不衰并不能完全归因于外国产品的独特性。一个提高顾客忠诚度的可行方法是"为外国品牌穿上本土服装"[①]。本土化被认为是全球化的一个新兴阶段，外国品牌在海外扩张的过程中会加入一些本土色彩。全球化的最终结果并不是西方文化的单向传播。在西方文化输出的基础上，欠发达地区的本土文化通过努力重构自身，也能够结出自己的果实，并与西方文化相抗衡。对全球化多样性具有重要意义的是欠发达地区各种地方文化的参与者，正是他们不断努力输出其地方特色，才能为全球化的多样性增添色彩。

"老干妈"在全球市场上许多大型超市的货架上普遍存在，其作为发展中国家本土文化的特殊身份意义重大。概括地说，它验证了非西方文化的繁荣不一定要以完全抹杀其本土文化特性为代价，而是要通过与全球化的适度和解来实现。为了将业务范围扩展到中国以外的地区，"老干妈"选择根据外国人的喜好调整其正宗的中国风味，因为外国人一般不能忍受太辣的味道。西方人之所以对"老干妈"情有独钟，是因为它实现了他们在自己的酱料中难以体验到的多种口味的完美融合。中国饮食文化在"老干妈"中的外在表现形式，或多或少会有一定程度的调整，旨在在全球市场上获得来自他者的身份认同。"老干妈"以独特的烹饪方法和调味品文化作为其核心文化身份的表现形式，这也是"老干妈"在世界舞台上屹立不倒的根本秘诀。可以说，"老干妈"全球化的成功实践源自其独特的文化身份认知以及不断调整以适应异质文化需求。

---

① Zhou, L. & Hui, M. K. 2003. Symbolic value of foreign products in the People's Republic of China. *Journal of International Marketing*, 11(2): 40.

二、捕捉欲望的独特优势

人的内心同时具有神性和物质性,二者共同塑造了各种完整的社会主体。唯物主义强调人类对原始欲望的追求,如对感官享受的渴望;相反,人的神性(如内在精神和社会价值)则与其本质中更高层次的品质相关。人类祖先崇拜神秘的大自然,因为大自然拥有决定他们的肚子能否吃饱的终极权力。由于力量有限,他们对大自然的控制表现得相当无力。因此,为了生存,他们只能严格遵守大自然的进化规律,几乎没有发泄内心欲望的空间。随后,传统社会中僵化的分层制度要求人类必须遵守各类规则,否则就会受到权威的惩罚。直到现代社会,随着生产能力的极大提高,物质供应从紧缺转为丰裕,人类的物质欲望引起普遍的关注,成为拉动经济发展的关键因素。现代社会中人类内心的欲望也在多种方法的强烈刺激下表现出来[1],幸运的是在这个生产力高度发达的社会中人们找到了多种满足欲望的路径。

与西方同行一样,"老干妈"也顺应全球化趋势向海外扩张。不同于多数西餐对食材比例的具体规定,中餐往往更强调烹饪者的直觉和经验,建构了其独特的文化身份——浓厚的神秘色彩和不可模仿性。此外,中西方饮食文化的差异还体现在饮食观念上。西方人强调科学的饮食搭配,很大程度上是为了维持身体的正常机能。与之相反,中国人的饮食文化往往带有浓厚的情感色彩,其最终指向心理的满足。正是这种与西方酱料的本质区别成功地激活了西方人对"老干妈"这种多数人都能食用的、具有异国风味的酱料的兴趣。此外,构成独特文化身份的酱料文化在满足人类感官愉悦方面也享有特殊优势。[2]总之,"老干妈"辣椒酱所蕴含的独特文化特性,既迎合了顾客的内心欲望,又满足了他们的食欲偏好,从而促进了"老干妈"在海外市场的业务拓展。

---

[1] Baudrillard, J. 1993. *Symbolic Exchange and Death*. London: Sage: 84-86.

[2] Schneider, J. 2018. Was there a pre-capitalist world system?. In C. Chase-Dunn, T. D. Hall. *Core Periphery Relations in Precapitalist Worlds* (pp. 45-66). New York: Routledge.

归根结底，追求感官享受是人性的体现。"老干妈"辣椒酱作为一款食品类产品在走出国门的过程中具有先天优势。与其他行业相比，"老干妈"品牌在全球市场上要得到外国消费者的认可，并不需要太多的技术或资金投入。小小一瓶"老干妈"辣椒酱由内而外彰显了中国饮食文化的原汁原味，成功地在众多酱料中脱颖而出，激发了外国消费者的极大好奇心。在本能欲望的驱使下，全球化时代下的外国消费者对这种具有中国神秘风味的辣椒酱乐于消费也就不足为奇了。因此，"老干妈"凭借其独特的文化身份所蕴含的地方特色，在全球范围内获得可观的销售业绩并不奇怪。

三、符号消费

（一）以爱之名

鲍德里亚将后现代主义描述为人类主体的死亡或个体的终结。[①]在全球化背景下，人们享受着由蜂拥而至的差异所带来的有害的快感，同时，这种快感很快就被他们对生活的无尽焦虑和失落所取代。因此，他们急于通过商品消费从外部世界寻找一些慰藉。为了激活消费者的转移效应机制，"老干妈"巧妙地掩盖了其追逐经济利益的内在本质，转而表现出对整个社会的关爱。

"老干妈"通过形象设计、品牌命名和广告创新，成功表征了对社会的关爱。从理论上说，年轻貌美的代言人形象能极大地吸引人们的眼球，"老干妈"却反其道而行之，特意将一位相貌平平的老年中国女性的形象融入产品包装中，这反而唤起了外国消费者的强烈好奇心。此外，"老干妈"的品牌形象还暗指对这位女性的外在形象的刻意安排（如严肃的面容和中分的正常发型），这可用副语言进行解释。副语言包括声音、动作、服饰以及与主体同时出现的其他符号，广告主使用副语言辅助甚至取代语言，促进与受众的顺畅沟通，从而使产品更具吸引力。[②]中国传统的家庭主妇

---

① Baudrillard, J. 1993. *Symbolic Exchange and Death*. London: Sage.
② 陈开举. 2018. 后现代文化娱乐化批判. 北京：知识产权出版社：129-130.

第十二章 中国物质文化的海外阐释与传播：以"老干妈"为例

是公认的善良、体贴的群体。这一特别的体贴成功地向消费者传达了该酱料品牌的柔软情感。

"老干妈"成功抚慰消费者的另一个策略是其特殊的品牌名称。"老干妈"在中国指的是与小辈没有血缘关系，但仍心甘情愿地为小辈奉献爱的女人。它的品名甚至被翻译成在外国人内心深处享有崇高地位的godmother（教母）。"老干妈"品牌名称契合了母爱的特征，而母爱是世界上公认的最无私的爱的代名词。因此，"母爱"将其利益最大化的本质转化为对现代人当下困境的变相人文关怀。此外，在中国，不同的敬语选择意味着与不同社会主体的距离。在原来的敬语前加上"老"字，可以表示对长辈的尊敬。此外，这也是缩短人与人之间情感距离的一种有效的方法。"老干妈"的巧妙策略使其成功地与潜在客户建立了更为亲密的关系。当然，消费者在充满压力的社会现实生活中急于寻求慰藉，抢购这种盗版的母爱，也是一种看似合理的缘由。

此外，现代广告在设计上已经摒弃了原有的直接向受众介绍产品性能的模式。话语策略逐渐备受广告主青睐，即通过努力与受众建立情感联系来打动受众。它一般是通过在广告片段中有目的地挪用各种符号化的情感资源实现的，乍一看与功利主义、商业主义毫无关联。"老干妈"通过直指现代人所面临的共性问题来描绘现代人的真实生活状态，有效地传达了其理解现代人困境的积极信息，并通过倡导"以人为本"来颠覆传统的广告观念。"老干妈"所实施的这些巧妙策略，使消费者对产品产生了一种幻觉："老干妈"的品牌名称不仅是为了品牌自身的经济利益，更多是为了呈现出人类的同理心甚至母爱。因此，"老干妈"所表现出的所有操纵性的关注都有助于其被消费者接受，并推动其在全球化市场中的营销渗透。

（二）美妙但空洞的承诺

鲍德里亚认为，象征性利益是消费行为中突出的决定性因素。产品的物理属性不足以激活顾客的购买动机，因此必须嫁接一系列本来不太相关的意义。在现代社会中，符号的能指与所指之间的原始关系[1]已被极大的

---

[1] 费尔迪南·德·索绪尔.1980.普通语言学教程.高名凯译.北京：商务印书馆：100-102.

随意性消解了。"老干妈"丰富的符号链属于另一种策略，其中充满了美丽但空洞的梦想。

在全球化世界中，生活在海外并与祖国失去实际联系的特殊社会群体中普遍存在着以追求社会地位和认可为动机而消费所在地食品的现象。任何一个群体的形成都不能简单地归因于他们同时共享的一个物理区域。更重要的是，共同的文化经历塑造了他们独特的文化身份。[1]从另一个角度看，"物理邻近性"[2]所导致的人口大流动引发了海外华人对其固有身份的焦虑。中国饮食文化中蕴含的地方特色理所当然地形成了其独特的文化身份认同。当海外华人置身于一个新的环境中时，对外来文化产生了强烈的不适应感，导致他们对本土风味的愈加迷恋。具有几代中国人共同经历的中华老字号蕴含着一种特殊的文化情感。因此，"老干妈"很可能会唤起海外华人对故乡的特殊记忆，并使他们产生一种通过食用"老干妈"可以寻根的错觉。在"故乡"这一象征意义的引导下，海外华人以绝对的意愿购买"老干妈"，以缓解他们的焦虑和乡愁，并重新确认归属感和固有的文化身份。

非常规的符号意味着与诸多本来无关的事物之间建构起了某种联系，达到广告之最广泛关联的理想效果。"老干妈"辣椒酱在其广告中通过与主人公不同人生阶段的对比刻意地形成了一个人为的符号链，这个符号链可以用一个数学公式来表示："老干妈"=成功=收获爱情。

消除一切问题和冲突的无上力量是浮动标志在广告中保证的另一个显著特征。纷繁复杂的生活给现代人带来了许多挑战，他们往往感到自己的处理能力有限，从而导致生活异常压抑。在"老干妈"的广告中，无论是主人公与工作的矛盾，还是主人公与情感生活的矛盾，都应该以一种完美但不合理的方式得到解决，从而有效地给消费者留下这样一种印象："老

---

[1] Aristova, N. 2016. Rethinking cultural identities in the context of globalization: Linguistic landscape of Kazan, Russia, as an emerging global city. *Procedia-Social and Behavioral Sciences*, 236: 153-160; He, J. & Wang, C. 2015. Cultural identity and consumer ethnocentrism impacts on preference and purchase of domestic versus import brands: An empirical study in China. *Journal of Business Research*, 68: 1225-1233.

[2] Tomlinson, J. 1999. *Globalization and Culture* (2nd ed., vol. 1). Chicago: University of Chicago Press: 22.

干妈"有一种神奇的力量，可以帮助他们在灰暗的生活中获得成功，找到自己的灵魂伴侣。广告做出这种解决所有谜题和困难的可怕承诺，从而诱使消费者购买其产品。然而，一个有趣的现象是，广告主无须为这些空洞的承诺承担任何责任，仿佛他们从消费者那里获得了无尽的信用额度。

小　　结

　　本章从文化认同、符号消费和本能理论的角度，解读了全球化背景下中国品牌"老干妈"辣椒酱的成功动因。本章提出，要在竞争激烈的全球化舞台上生存，欠发达国家或地区的本土企业可以通过重建本土文化资源来缓解经济资本不足所带来的问题。面对西方酱料的不断威胁，"老干妈"努力将世界市场纳入自己的文化践行领域，甚至将自己的本土身份外化为中国文化的前哨。此外，"老干妈"所蕴含的独特符号价值，以及其满足人类本能的潜力，也推动了其向海外市场的扩展。全球化是当今世界不可抗拒的趋势，任何要求回到过去孤立状态的想法都是不可能的。真正重要的是，不同的地方文化，尤其是那些欠发达国家或地区的文化，如何凭借自己的地方特色积极地与这个时代进行博弈。中国的其他本土品牌，甚至其他欠发达国家或地区的本土品牌，都应该学习"老干妈"的这些策略，以确保在全球化浪潮中求得生存。

第十三章

中国文化在老挝的翻译、阐释与传播效果研究①

第一节 文化对外翻译、阐释与传播之重要意义

文化的对外翻译、阐释与传播是国际传播的重要领域，是实现国家和地区间文化交流与文明互鉴的重要途径，是文化传承创新、融合发展的特殊空间。关注本民族文化的对外翻译、阐释与传播情况，开展文化对外传播研究，是世界各国社会发展中的重要议题。进入 21 世纪以来，中国的发展日新月异，中国成为全球第二大经济体，在国际社会上发挥着越来越重要的作用，话语权日益凸显。然而，由于长期以来"西强东弱"的局面，加之当前风云诡谲的国际大环境，以及西方国家对中国的诬蔑诋毁，如何更好地传承和弘扬中华优秀传统文化，增强民族文化自信，进一步提升国家软实力，以及如何更好地发挥中国在国际社会中的引领作用，促进世界

---

① 本章基于刘颖君、陈开举（通讯作者）合著的英文论文 "Research on the effectiveness of Chinese culture spreading in Laos—An analysis based on questionnaire data"，收录到本书时有改动。参见 Liu, Y. J. & Chen, K. J. 2024. Research on the effectiveness of Chinese culture spreading in Laos— An analysis based on questionnaire data. *Communication Across Borders: Translation & Interpreting*, (1): 1-7.

文化多样性，推动构建更加公正合理的国际秩序和人类命运共同体，是社会各界普遍思考和探讨的关键性问题。这些问题自然而然地引发了对中国文化翻译、阐释与对外传播效能的思考。党的十八大以来，习近平总书记提出了一系列弘扬中华优秀传统文化、加强国际传播能力建设的新理念、新论断、新战略，不仅对文化对外阐释传播工作具有现实的指导意义，也从更高的层面提出了文化对外传播范式变革的要求。

第二节　中国文化在老挝的翻译、阐释与传播：历史与现状

中国与老挝是山水相连的社会主义友好邻邦，两国友好关系源远流长，据中国现有的史料记载，两国交往最早可追溯至公元3世纪初叶，堂明国或道明国为老挝地区最早的国家，于吴黄武六年（公元227年）遣使来中国。[1]这"标志着中老两国正式交往的开始"[2]。而据老挝史书记载，被视作老挝民族的祖先和文明开创者的坤博隆（Khun Borom，中国史书称"皮逻阁"）"为三国时期孟获的后裔"，"在唐玄宗时被册封为云南王"[3]。他统一洱海，建立南诏国，后其长子在南诏国南部建立起老挝历史上有名的古国——琅勃拉邦王国，公元1353年法昂王最终在此建立起老挝历史上第一个大一统的王国——澜沧王国，与当时的明王朝建立了朝贡关系。彼时两国双边友好关系以经贸往来、互通有无为主，据统计，从东吴至明清老挝向中国的朝贡共71次，其中明清两代就有65次。[4]老挝向中国朝廷的进贡品以大象、金银等为主，中国的回赠品则以瓷器、丝绸、茶叶等居多。

得益于老挝得天独厚的地理区位优势，伴随着两国经贸往来产生的是大规模的人口迁徙，在绵延千年的历史长河中，移居老挝的华人数量在20

---

[1] 周一良.1987.中外文化交流史.郑州：河南人民出版社：722.
[2] 黄盛璋.1962.文单国：老挝历史地理新探.历史研究，（5）：147.
[3] 陈建锋.2007.中国传统文化对老挝的影响与老挝的传统伦理.东南亚纵横，（9）：70.
[4] 周一良.1987.中外文化交流史.郑州：河南人民出版社：724.

世纪前无从考证。1921 年，法国对老挝进行人口普查时，统计有 6710 名华侨；由于法国殖民者限制华人进入中南半岛地区，在 20 世纪 30 年代，老挝的华人人数减至 3000 人左右。直到 20 世纪 50 年代法国人撤出中南半岛地区后，老挝华人的数量才连年增加。①20 世纪 70 年代初，华人数量约 16 万。②据万象中华理事会负责人估算，20 世纪 80 年代至 2012 年，从中国到老挝做生意、谋生的华人至少有 25 万。③迁居老挝的华人不仅带去了中国的生产技术、生活用品，还把中国的风俗习惯和文化传统传入老挝，中国文化、中国元素在老挝社会中扎根、生长，与传统老挝文化及其他外来文化交织融合，对老挝的经济建设和社会文化发展产生了积极的影响，成为中老两国相互理解、携手合作、共谋发展的重要推动力。

因此可以说，中国文化在老挝的传播历史悠久。近年来，随着中老两国关系的持续深入发展，以孔子学院为代表的中文教育、文学与影视作品的传播以及在中老铁路的助推作用下文化交流活动的增多等中国文化在老挝的翻译、阐释与传播呈现出愈发广泛和深入的态势，主要包括以下四个方面。

一是中文教育。老挝目前共设立有 2 所孔子学院，老挝国立大学孔子学院、苏发努冯大学孔子学院分别于 2010 年、2018 年正式揭牌运行，不仅提供基础的汉语教学，还开设有中文师范本科专业。截至 2023 年，孔子学院累计培训了近 4 万名老挝本土汉语学员，培训汉语教师共 12 届 313 人次，累计有 10 711 人次参加汉语水平考试，并推荐 200 余名获奖学金的学生到中国留学。④同时，老挝定期举办"孔子学院日"主题活动等形式多样的文化活动，包括中文教材展、书法、茶艺、国画、中国结等中华文化体验，有助于加深老挝人民对中国文化的了解和认识。孔子学院是中国文化对外传播的重要平台。老挝的华文教育也是促进中老交流尤其是连接华人华侨与当地人民、促进老挝民众深入体验和理解中国文化的纽带，为

---

① 陈建锋. 2007. 中国传统文化对老挝的影响与老挝的传统伦理. 东南亚纵横，（9）：70.
② 刘德榮. 2001. 老挝的华文教育. 东南亚纵横，（2）：45.
③ 方芸. 2018. 老挝华人华侨与"一带一路"建设. 八桂侨刊，（6）：60.
④ 常璟，范洁萍. 2023. 李建明：我在老挝教汉语 搭建中老文化沟通平台. https://news.cri.cn/20231103/c68b8793-584b-1263-325c-81b49b68e12d.html[2023-11-03].

此特别于 2017 年成立了老挝华文教育联合会，传承中华优秀传统文化，促进中老民心相通。

二是文学。中国文学在老挝的翻译、阐释与传播起步相对较晚，中国古代文化经典在老挝的传播发端于 20 世纪 70 年代末，主要由老挝学者翻译成老挝文，较为完整的代表作有《孙子兵法》《三国演义》《西游记》老挝文译本。[①]此后的数十年间，鲁迅的作品《故乡》《狂人日记》《阿Q正传》等，小说《红岩》，以及英雄人物的故事《刘胡兰》《黄继光》等相继被译成老挝语。随着中国"一带一路"倡议和共建中老命运共同体理念的提出，中老两国更加注重彼此间文化经典的翻译、阐释与传播。2021年4月，中老签署《中华人民共和国国家新闻出版署和老挝人民民主共和国新闻文化旅游部关于中老经典著作互译出版的备忘录》，双方约定在未来5年内，共同翻译出版50种两国经典著作，为两国读者和人民奉献更多的优秀精神文化产品。中国外文局坚持以书为媒，面向"一带一路"共建国家推出多语种精品图书，扩大中华文明的海外影响力和感召力，结合中老两国同为社会主义国家这一鲜明特点，《习近平谈治国理政》《平语近人：习近平总书记用典》《中国共产党章程》等相继被译为老挝文在老挝出版；为响应国家中国文化"走出去"的号召，各地出版社积极组织国内外专家学者翻译出版了《"一带一路"沿线国家儿童文学经典书系》《东方智慧丛书》《老挝语讲中国文化》《十村记：精准扶贫路·十八洞启航》《云南十五个特有少数民族民间故事绘本》等一系列经典著作老挝文版。

三是影视传媒。中国影视作品在老挝的传播不仅架起了一座文化交流的桥梁，更是中国文化软实力在海外传播的生动体现。自 2013 年首部译制电视剧《木府风云》在老挝引起轰动以来，中国影视作品以其丰富多样的题材和深刻的文化内涵，逐渐成为老挝民众了解中国的一扇窗口。从古装剧到现实主义题材，从中国动漫到农业节目，老挝国家电视台设立的"中国剧场"，以及成立于 1960 年并于 2015 年开始汉语广播的中国国际广播电台万象调频台等，将中国故事以老挝语的形式进行翻译和阐释，呈现给

---

① 陆蕴联. 2017. 中国古代文化经典在老挝的翻译与传播//白淳. 20 世纪中国古代经典在东南亚的传播与影响. 郑州：大象出版社：52.

当地观众，收视（听）率稳居老挝当地调频台前三位，成为老挝主流媒体报道中国、传播中国文化的主要途径，不仅丰富了当地人民的文化生活，也促进了两国人民之间的相互理解和友好情感。此外，中国与老挝在影视作品译制方面的合作不断深化，共同建立的译制机构和 2019 年登上大荧幕的首部中老合拍电影《占芭花开》①，更是两国文化交流与合作的具体实践。这些影视作品的翻译、阐释与传播，如同一股"中国风"，吹遍老挝的每一个角落，让中国文化在这片土地上生根发芽、开花结果。随着近年来人工智能、新媒体技术日新月异的发展，多家传媒公司、互联网企业开始进军包含老挝在内的东南亚市场，TikTok、经典手游等流行文化元素风靡东南亚，深受广大青年群体青睐，成为推动当地普通民众理解中国文化、认同中国文化的重要新型方式。

四是中老铁路带动下的旅游文化。自 2021 年 12 月 3 日中老铁路正式开通以来，这条钢铁巨龙不仅缩短了两国间的地理距离，更成为促进中国文化在老挝传播的旅游文化纽带。铁路沿线站点的特色，如普洱站的茶文化、橄榄坝站的傣族风情，成为展示中国多元文化魅力的重要窗口。通过铁路，中国的历史名胜、自然景观和民俗风情得以直观呈现，使老挝民众能够便捷地体验和学习中国文化。铁路的便捷性进一步激发了老挝民众对中国旅游的兴趣，为增进两国人民的相互了解提供了更多契机。与此同时，在中老铁路的建设和运营过程中，中国技术和文化知识的输出，以及在老挝举办的铁路相关主题中国文化节、旅游推广活动等，都极大地丰富了老挝民众对中国文化的认知。旅游文化的发展无疑为中国文化在老挝的传播提供了崭新的平台和强劲的动力。

中国文化在老挝的翻译、阐释与传播绵延流长，多样性、互动性强，随着中老两国关系快速升温并达到历史最好时期，业界开始普遍关注中国文化在老挝的深入传播和推广，从注重官方合作与文化传播、探讨媒体传播的角色、旅游文化交流互动等多个维度展开对中国文化在老挝传播的研究，并取得了一定成效，然而现有研究往往忽视了对传播效果的深入分析

---

① 中华人民共和国商务部网站. 首部中老合拍电影《占芭花开》在老挝公映. http://tradeinservices.mofcom.gov.cn/article/yanjiu/hangyezk/201909/91009.html [2019-09-20]

与评估这一文化传播领域中关键性的环节。习近平总书记在2016年召开的党的新闻舆论工作座谈会上指出，"要创新对外话语表达方式，研究国外不同受众的习惯和特点，采用融通中外的概念、范畴、表述，把我们想讲的和国外受众想听的结合起来，把'陈情'和'说理'结合起来，把'自己讲'和'别人讲'结合起来，使故事更多地为国际社会和海外受众所认同"[①]。习近平总书记在十九届中共中央政治局第三十次集体学习时的讲话中强调，"要全面提升国际传播效能，建强适应新时代国际传播需要的专门人才队伍"。"要加强国际传播的理论研究，掌握国际传播的规律，构建对外话语体系，提高传播艺术。要采用贴近不同区域、不同国家、不同群体受众的精准传播方式，推进中国故事和中国声音的全球化表达、区域化表达、分众化表达，增强国际传播的亲和力和实效性。"[②]

传播效果研究关注信息传播对受众心理、态度和行为的影响，具有重要的理论与实践意义。通过实证研究，我们可以揭示文化传播活动的实际效果，评估其在受众中的认知接受度、情感认同度和行为改变度。这不仅有助于我们理解文化阐释传播的内在机制，也为制定更有效的传播策略提供了科学依据。基于此，笔者决定以问卷调查形式下的事实数据分析为基础，研究中国文化在老挝的传播效能，析出该过程中存在的问题，寻求最佳解决路径，推动中国文化为更多的老挝民众所认同和接受，为构建牢不可破的中老命运共同体奠定坚实的民意基础。

第三节　中国文化在老挝翻译、阐释与传播效果实证分析

一、问卷调查的基本情况

本章研究旨在通过问卷调查的方式，了解中国文化在老挝的实际传播

[①] 中共中央文献研究室.2017.习近平关于社会主义文化建设论述摘编.北京：中央文献出版社：213.

[②] 习近平.2022.习近平谈治国理政（第四卷）．北京：外文出版社：318.

效果，分析老挝受众对中国文化的认知、态度，以及传播过程中存在的问题和挑战，进而为优化中华文化在老挝乃至在全球的翻译、阐释与传播策略提供依据。

（一）问卷设计

问卷设计是本次研究的数据采集核心工具，精心设计的问卷能够确保研究目的的准确实现。本章研究的调查问卷包含以下几个关键部分：①基本信息收集，用以描绘受访者的基本社会人口统计特征；②文化传播认知，评估受访者接触中华文化的渠道和频率；③内容偏好，了解受访者对不同中华文化元素的兴趣；④传播效果评估，通过具体问题了解受众对中华文化传播效果的感知；⑤意见与建议，通过开放性问题收集受访者对提升传播效果的具体建议。问卷设计注重问题的逻辑性和语言的通俗易懂性，以适应老挝受众的理解能力，确保数据的准确性和可靠性。

（二）调查对象

结合问卷内容设计和课题研究目标指向，我们的调查对象倾向于对中华文化有一定了解和兴趣的老挝受众。本次问卷调查通过线上的形式展开，共回收问卷 149 份，均为有效问卷。具体而言，学生群体以 64.43%的高比例成为本次调查的主要参与者，这反映了年轻一代对异域文化的高度好奇心和接受度；教育/科研工作者占 12.75%，他们的专业背景为研究提供了深度见解；还有一些政府/公共事业人员、文化/传媒从业者等也参与了调查，为跨领域分析提供了可能。

在年龄分布上，18—25 岁的年轻人构成了最大的受访群体，占比为 64.43%，说明年轻群体在文化传播与接受中扮演着重要角色。在学历层面上，本科学历的受访者最多，占比为 42.28%，显示出高等教育群体对文化交流的积极参与。职业背景的多样性和教育水平的普遍性为本章研究提供了一个多维度、跨学科的视角，增强了研究结果的深度和广度。

通过对这些不同背景、年龄、教育和职业的受众进行调查，我们能够全面地了解和评估中国文化在老挝的阐释传播现状和受众接受度，为后续的传播策略提供实证基础。这种基于数据的调查对象选择方法，不仅提高了研究的针对性和有效性，也使得研究结果更具说服力。

（三）研究方法

研究方法的选取对研究的科学性和有效性至关重要。本章研究综合运用传播学、认知心理学、社会学的研究路径，采用混合研究方法，结合定量和定性研究的优势。定量部分通过问卷调查收集数据，运用描述性统计和推断性统计分析受访者的基本特征和对中国文化的态度；定性部分则深入分析开放性问题的回答，揭示受访者的深层次观点和建议。此外，研究方法还包括以下三种：①预测试，以评估问卷的有效性；②数据清洗，以保证数据质量；③结果验证，以确保研究结论的可靠性。通过这种多方法的研究设计，本章研究旨在深入、全面地评估中国文化在老挝的阐释传播效能，并为优化传播策略提供实证支持。

二、中国文化在老挝的实际传播效果

在传播认知方面，大多数受访者通过新闻媒体（67.11%）首次接触中华文化，其次是旅游活动（28.86%）和文化课程（23.49%）。这表明如前所述，媒体和教育是中国文化在老挝传播的重要途径。受访者对中华文化的整体印象较为积极，其中62.42%表示"非常感兴趣"，26.85%表示"比较感兴趣"；关于中华文化在世界文化中的地位，认为非常重要和比较重要的受访者占79.87%，这充分显示出老挝受众对中华文化有较高的兴趣和认同。

在评估中华文化在老挝的传播效果方面，50.34%的受访者认为当前的传播效果"很好"，34.9%认为"较好"；关于中国文化在海外传播的过程中是否得到了充分尊重，分别有30.2%、50.34%的受访者选择了"完全尊重""比较尊重"选项；共计83.9%的受访者觉得中华文化的国际影响力强。以上内容为彰显中华文化在老挝的传播已然取得了较为理想的成效提供了充分的数据支撑。然而，也有12.75%的受访者认为中华文化在老挝的传播效果"一般"，另有一小部分受访者则认为传播效果"较差"，这提示我们仍有提升空间。在产生共鸣的程度上，23.49%的受访者表示"完全能"与中华文化产生共鸣，40.27%表示"较多能"，这进一步证实了中华文化对老挝受众的吸引力，但余下的约36%的受访者比例则提醒我们应进一步有针对性地调整和优化传播策略的必要性。

在受众兴趣与偏好方面，受访者对中华文化的兴趣主要集中在近现代历史上，占比为47.65%，这大抵与近现代历史事件对当代社会影响较大以及中老两国同为共产党领导下的社会主义国家有关。在文化内容上，诗词歌赋（42.95%）和电影电视剧（55.03%）分别是受众最感兴趣的传统文化和当代文化形式，这表明传统文化的魅力和当代文化产品的吸引力并存（表13.1）。

表13.1 受访者部分内容反馈数据

1. 您对中华文化的哪个历史时期最感兴趣？		2. 在中华文化的各个方面，您最感兴趣的是？		3. 在传统文化类内容中，您认为最能代表中华文化特色的是？		4. 在当代文化类内容中，您觉得最吸引您的是哪一类？	
选项	占比/%	选项	占比/%	选项	占比/%	选项	占比/%
上古至秦汉	23.49	文学艺术	32.89	诗词歌赋	42.95	电影电视剧	55.03
魏晋南北朝隋唐	12.08	历史文化	34.23	戏曲曲艺	17.45	流行音乐	23.49
宋元明清	9.40	哲学思想	10.74	书法国画	28.86	现代文学	12.75
近现代	47.65	民俗风情	19.46	古典音乐	9.40	时尚设计	6.71
都不了解	7.38	其他	2.68	其他	1.34	其他	2.02

尽管传播效果总体上比较积极，但通过问卷反馈数据我们能明确把握中国文化在对外传播过程中存在的障碍与不足，受访者也在传播建议和开放性问题部分给出了许多可供借鉴的宝贵建议和改进方向。对此，我们将在接下来的部分进行深入探讨。

三、阐释与传播效果影响因素分析

（一）语言障碍

语言是文化传播的主要障碍之一。根据问卷数据，68.46%的受访者认为语言障碍是了解中华文化的最大难题。从翻译和阐释学的角度来看，语言障碍一方面表现为文学文化作品的翻译质量参差不齐，部分译者在翻译过程中可能由于语言能力、文化背景知识等方面的不足，翻译质量不高，影响了信息的准确传递，更有甚者可能因为翻译内容失之偏颇而造成老挝人民产生文化误解甚至敌对情绪；另一方面表现为阐释不足，在翻译过程中，译者往往注重文字翻译转换，而忽略了对原文文化内涵的阐释，使得目标语读者难以理解中国文化的深层含义。因此，为了提高文化传播的效能，译者需要更多地使用老挝语、英语等受众熟悉的语言，采用多语种相结合的方式进行文化内容的准确翻译和有效阐释。此外，加强语言教育和文化交流，培养受众对汉语的兴趣和理解能力，也是提升文化传播效果的重要途径。

（二）文化差异

文化差异是影响文化传播的另一个重要因素。数据显示，18.79%的受访者认为文化差异是理解和接受中华文化的障碍。虽然中老两国互为山水相连的社会主义友好邻邦，但两国在历史渊源、文化背景、价值观念等方面仍存在较大的差异，这可能导致部分中国文化元素在老挝难以被接受和认同。这提示我们在传播中华文化时，需要更多地考虑老挝受众的文化背景和价值观，采用更加贴近受众、易于理解和接受的方式翻译、阐释和呈现文化内容。同时，通过教育和交流减少文化误解和偏见，增进文化互鉴。

（三）传播内容与形式

受众的兴趣和偏好对文化传播效果有直接影响。问卷结果显示，对于中华文化的各个方面，受访者最感兴趣的是历史文化（34.23%），其次是文学艺术（32.89%）。在当代文化内容中，电影电视剧（55.03%）最受欢迎。这表明，历史文化和文学艺术是中华文化在老挝传播的重要资源，而电影和电视剧是有效的传播媒介。基于此，开发与受众兴趣相符的文化产品，利用受众喜爱的媒介进行传播，是提升传播效果的有效策略。要真正理解和懂得受众需求，避免自说自话、概而论之，以及"一刀切"式地选取文化内容无差别地向包括老挝在内的各个国家和地区进行翻译阐释进而"强行"传播。

（四）传播渠道

传播渠道的多样性和可达性对受众接触和了解文化内容至关重要。如前所述，67.11%的受访者通过新闻媒体首次接触中华文化，其次是旅游活动（28.86%）和文化课程（23.49%）。受访者认为通过文化教育机构（57.72%）、主流媒体（57.05%）和旅游项目（48.32%）等渠道更有利于中国文化的传播推广。这表明，媒体和文化教育（机构）是文化传播的主要渠道，同时旅游活动也是重要的补充。

（五）受众态度

受众态度和反馈对评估和优化文化传播效果十分关键。如前所述，约85%的受访者认为当前中华文化对外传播的总体效果好。可以说，中国文化在老挝的阐释与传播是较为成功的，可以成为中国文化海外传播的典范。与此同时，受访者的建议比重，如提升文化内容的趣味性（48.32%）、增强与受众的互动性（41.61%）、丰富产品形式的多样性（34.9%）等，可作为我们调整和改进文化传播策略、提升文化传播效能和影响力的重要参考依据。

四、翻译、阐释与传播策略和建议

综合问卷调查最后的开放性问题"对于提高中华文化传播的国际影响力，您还有什么其他建议？"之分析结果（共计70条，详见表13.2），结合当前海外文化传播的大环境与形势需求，本章研究提出以下针对性的策略与建议，以进一步提升中华文化在老挝的传播效能。

表 13.2　受访者意见和建议内容高频词

高频词汇	出现次数/次	高频词汇	出现次数/次	高频词汇	出现次数/次	高频词汇	出现次数/次
文化	23	国际	3	障碍	2	机构间	2
中国	21	合作	3	高校	2	旅游	2
交流	11	理解	3	学术	2	交换	2

第十三章　中国文化在老挝的翻译、阐释与传播效果研究

续表

高频词汇	出现次数/次	高频词汇	出现次数/次	高频词汇	出现次数/次	高频词汇	出现次数/次
传播	10	尊重	2	多元化	2	活动	2
媒体	9	适应	2	极好的	2	艺术	2
语言	8	多样性	2	线上	2		
传统	3	多语种	2	监管	2		

（1）打破西方话语权固有模式，树立良好国家形象。不同的时代强者通过对主流文化以及话语渠道的控制占据着支配地位，享有无可比拟的优势。反过来，强者通过话语权又强化了其统治性地位。[①]在很大程度上，阻碍中国文化"走出去"或者说造成中国文化"走得出去但沉不下去"这一尴尬局面的主要原因之一，是西方世界贴在中国身上的负面标签。西方国家以其长期在国际社会中的话语权优势将中国置于被动不利的话语地位。对此，中国应努力在国际社会上树立起良好的国家形象，弘扬"功在千秋、利在全球"的中国价值观，输出中华优秀传统文化尤其是核心思想、传统美德和人文精神，彰显中国尊重文化特色和文化多样性，以及追求和谐共生、美美与共、天下大同之理想和旨归。

（2）利用多样化传播渠道，创新话语体系和叙事策略。一方面，我们应一如既往地利用好主流媒体、传统媒介（如报纸、杂志、文学作品等）、文化教育这些中国文化对外传播的重要渠道，坚持"一国一策"之叙事策略，甄选出符合目标国家的审美期待、阅读习惯的作品和主题，确保跨文化传播的针对性，减少盲目随意传播带来的抵触和反感问题；另一方面，要与时俱进，充分发挥VR/AR技术、人工智能、短视频等新技术和新媒介的传播作用，产出不同格式的文化作品，为受众提供沉浸式和互动式的文化体验。

（3）突出"公众外交、全民外交"[②]，走亲民路线。"国之交在于民相亲，民相亲在于心相通。"应当借助文化接近性的散播规律，在尊重目标国家和人民、理解其文化习俗和信仰的基础上，创新各种亲民的柔性方

[①] 陈开举.2012.话语权的文化学研究.广州：中山大学出版社：183.
[②] 郭镇之.2021.中华文化的海外传播创新研究.北京：中国社会科学出版社：524.

式方法，鼓励退休官员、公众人物、学者、留学生乃至广大网民等全民出动，与当地的文化传播者密切合作，如旅游项目合作、文化活动、网络互动等，讲好中国故事，传播好中国声音，加深受众对中国的理解和文化认同，避免自说自话，实现细水长流、润物无声，塑造中国可亲、可敬、可爱、可信的国家形象。

（4）建立全过程评估体系，持续跟踪和评估传播效果。要推动建立完善的中国文化对外传播的效果评估指标体系和数据库监测反馈平台，形成大数据收集反映的精准研究素材，直观、真实、快捷地反映对外传播数据，以便及时调整和优化传播策略，确保传播活动的有效性和针对性。

第四节　牢牢把握中国文化翻译、阐释与文化对外传播的协同关系

翻译、阐释与传播，作为中国文化"走出去"过程中不可或缺的重要组成部分，在探讨中国文化传播的效果评估、反馈和策略改进之时，有必要对三者的互动关系进行深入的分析和梳理。唯其如此，才能在对文化元素进行准确翻译和阐释的基础上实现中国文化的有效对外传播，让世界真正了解中国、认同中国文化。在此需要特别说明的是，关于翻译与阐释的关系，中外学界对其做出过诸多辨析，如施莱尔马赫认为翻译的本质是阐释[1]；伽达默尔认为一切翻译同时也是解释[2]；斯坦纳在其《通天塔：文学翻译理论研究》中的第一章直接采用标题"翻译即解释"[3]；帕尔默在论及诠释的意义第三个向度时指出，"'诠释'意指'翻译'"[4]等。但为

---

[1] 李征，张春柏. 2015. "异化"的翻译与民族文化丰富和发展：重读施莱尔马赫的翻译思想. 学术探索，（6）：134.

[2] 汉斯-格奥尔格·加达默尔. 1999. 真理与方法：哲学诠释学的基本特征. 洪汉鼎译. 上海：上海译文出版社：490.

[3] Steiner, G. 1975. *After Babel: Aspects of Language and Translation*. New York: Oxford University Press: 1.

[4] 理查德·E. 帕尔默. 2012. 诠释学. 潘德荣译. 北京：商务印书馆：43.

了厘清和突出与主题相关的三个维度，本章特将"翻译"和"阐释"区分开来分别进行描述。

一、翻译在中国文化对外传播中的基础作用

（一）语言转换与文化传递

翻译，作为语言转换的工具，是文化对外传播的首要步骤。没有准确的翻译，世界各地人民便无法直接理解中国文化的精髓。根据功能翻译理论，翻译不仅仅是语言的转换，更是一种文化传递行为。译者在翻译过程中需要考虑到文化背景、语境因素以及目标读者的预期，以确保信息的有效传递，"要跨越两种语言的差异实现意义的表述，更要跨越文化差异使目标受众理解译入的内容"[①]。

（二）选择合适的翻译内容

在中国浩如烟海的文化作品和文化元素中，选择合适的内容进行翻译至关重要。先前的中国文化翻译阐释与传播往往围绕节日节庆、民俗文艺等形式展开，需要搞清楚的是，这些形式不过是中国文化的载体，而非对外阐释传播的核心。中国文化需要传播的，是其他文明形态真正需要的、面向现代、面向未来的核心内容，依照文化选择理论，应优先翻译传播那些具有代表性和深刻思想价值的作品。习近平总书记在中国共产党第二十次全国代表大会上的报告中指出，"以社会主义核心价值观为引领，发展社会主义先进文化，弘扬革命文化，传承中华优秀传统文化，满足人民日益增长的精神文化需求,巩固全党全国各族人民团结奋斗的共同思想基础，不断提升国家文化软实力和中华文化影响力"[②]，为我们指明了方向。在把握好翻译和传播核心内容的基础上，分国别、分地域进行有差别、有针

[①] 陈开举. 2023. 文化语境、释义障碍与阐释效度. 中国社会科学，（2）：200.
[②] 中华人民共和国中央人民政府官网. 习近平：高举中国特色社会主义伟大旗帜 为全面建设社会主义现代化国家而团结奋斗——在中国共产党第二十次全国代表大会上的报告. https://www.gov.cn/xinwen/2022-10/25/content_5721685.htm [2022-10-25]

对性的翻译阐释与传播。

（三）尊重目标文化的阅读习惯

遵循目标语言的语法规则和表达习惯，有助于提高译文的可读性和接受度；考虑目标读者的知识背景、教育水平、职业特点和阅读兴趣，在保持原文总体风格的基础之上采取不同的翻译策略和语言表达；采用符合目标文化叙事风格的方法，缘于不同文化具有不同的叙事结构和风格，在翻译和阐释中国文化时，尝试融入目标文化常见的叙事元素，如故事结构、角色设定和情节发展等，以增强其吸引力和共鸣力，同时注重注释和解释的适度性。

二、阐释在中国文化对外传播中的深化作用

（一）揭示深层文化含义

阐释是对翻译文本的深化和扩展，它帮助解释和展现中国文化的深层含义。根据帕默尔的阐释学理论，阐释是对原文本的一种解读和再创造，是"对理解的'障碍之清除'"[1]，旨在揭示原文本的深层含义和文化背景，达到"有效阐释的边界"[2]。例如，中国古典诗词中的意象和隐喻，需要通过阐释来向对目标国读者传达其独特的美感和哲理。

（二）文化适应性，尊重目标文化的文化心理

在进行文化内容的翻译与阐释前，有必要通过研究目标文化的历史、哲学、宗教和社会学文献以深入了解其核心价值观、道德观念、社会规范等；认识到不同文化具有不同的审美标准和偏好，在翻译文学作品、阐释文化内涵或设计传播材料时，充分考虑到目标文化的艺术风格和审美期待；注重识别可能引发目标文化不适或反感的内容，如敏感的政治话题、宗教信仰或社

---

[1] 理查德·E. 帕尔默. 2012. 诠释学. 潘德荣译. 北京：商务印书馆：76.
[2] 张江. 2019. 论阐释的有限与无限：从π到正态分布的说明. 探索与争鸣，（10）：23.

会习俗，适时采取委婉或省略的翻译阐释策略，规避不必要的冲突。

（三）文化阐释与传播的创新性

在中国文化的翻译、阐释与传播过程中实现创新发展，是提升文化软实力和国际影响力的关键，主要包括以下三方面：①理念创新，强调文化互为主体性，在翻译和阐释过程中，不仅传达中国文化的精髓，也融入目标文化元素，创造出具有跨文化共鸣的新作品；②方法创新，运用现代技术手段，利用人工智能、大数据分析等先进技术辅助阐释和传播工作；③渠道创新，如前所述，除了传统的图书出版、影视剧放映等方式，要更多地利用现代社交媒体、网络平台等新媒体渠道进行文化阐释与传播，在此不赘。

总而观之，中国文化对外翻译、阐释与传播是一个需要多方协同的复杂过程。相信通过高质量的翻译和深入的文化阐释，并结合多元化的传播策略和文化交流活动，可以有效地提升中国文化在世界上的影响力。在这一过程中，翻译和阐释不仅是语言的转换和对文本的解释，更是文化的传递和心灵的沟通。

小　　结

本章通过问卷调查的方式深入分析了中华文化在老挝的翻译、阐释与传播现状和受众反馈，不仅揭示了中华文化在老挝传播的实际情况，也为其跨文化交流和国际传播理论提供了实证支持。在理论意义层面，本章研究强调了语言障碍、文化差异、传播形式与渠道以及受众态度对文化传播效果的影响，为文化软实力的研究提供了新的视角；在实践意义层面，研究结果为如何调整和优化中华文化的国际传播策略提供了依据，特别是在内容创新、传播渠道选择、叙事策略优化和传播效能评估方面。此外，本章研究强调要牢牢把握中国文化翻译、阐释与文化对外传播的互动关系，翻译、阐释、传播三方协同，才能最大限度提升中国文化"走出去"的效度。

参考文献

艾勒克·博埃默. 1998. 殖民与后殖民文学. 盛宁, 韩敏中译. 沈阳: 辽宁教育出版社; 牛津: 牛津大学出版社.
安·汤普森, 尼尔·泰勒. 2007. 哈姆雷特: 英文. 北京: 中国人民大学出版社.
柏拉图. 2004. 柏拉图对话集. 王太庆译. 北京: 商务印书馆.
常璨, 范洁萍. 2023. 李建明: 我在老挝教汉语 搭建中老文化沟通平台. https://news.cri.cn/20231103/c68b8793-584b-1263-325c-81b49b68e12d.html[2023-11-3].
车凤成. 2009. 文学伦理学批评内涵再思考. 武汉理工大学学报(社会科学版), (4): 123-128.
陈嘉映. 2020. 谈谈阐释学中的几个常用概念. 哲学研究, (4): 11-19+124.
陈建锋. 2007. 中国传统文化对老挝的影响与老挝的传统伦理. 东南亚纵横, (9): 69-72.
陈开举. 2002. 认知语境、互明、关联、明示、意图: 关联理论基础. 外语教学, 23(1): 29-32.
陈开举. 2004. 从《红高粱模特队》看大众文化的依附性与颠覆性. 江西社会科学, (6): 181-184.
陈开举. 2009. 论语言的力: 语言的哲学、文化学与语用学本质. 学术研究, (12): 154-158+160.
陈开举. 2012. 话语权的文化学研究. 广州: 中山大学出版社.
陈开举. 2018. 后现代文化娱乐化批判. 北京: 知识产权出版社.
陈开举. 2020. 从语境看阐释的有限与无限. 社会科学辑刊, (6): 44-49.
陈开举. 2023. 文化语境、释义障碍与阐释效度. 中国社会科学, (2): 184-203+208.
陈开举, 陈伟球. 2014. 文化意象、艺术镜像与自我确认. 哲学研究, (7): 119-125.
陈开举, 张进. 2016. 后现代文化娱乐化批判. 哲学研究, (7): 120-126.
陈开举, 等. 2018. 电影中的日本人. 北京: 知识产权出版社.
陈琳. 2012. 乔治·斯坦纳阐释学翻译理论观照下的译者主体性: 以《聊斋志异》两个英译本的对比分析为例. 中国民航飞行学院学报, (5): 62-65.
陈戍国点校. 2023. 四书五经(上). 2023. 长沙: 岳麓书社.
崔新建. 2004. 文化认同及其根源. 北京师范大学学报(社会科学版), (4): 102-104+107.
大贯惠美子. 2015. 作为自我的稻米: 日本人穿越时间的身份认同. 石峰译. 杭州: 浙江大学出版社.
戴璐. 2015. 恩施五句子歌的源流及民俗文化内涵. 湖北民族学院硕士学位论文.

段小莉. 2020. 在转换生成语法和萨丕尔-沃尔夫假说之间：论乔治·斯坦纳阐释学翻译理论的源起. 中国翻译, (3): 110-117+189.
方芸. 2018. 老挝华侨华人与"一带一路"建设. 八桂侨刊, (2): 58-65.
费尔迪南·德·索绪尔. 1980. 普通语言学教程. 高名凯译. 北京: 商务印书馆.
弗雷格, G. 1998. 算术基础. 王路译. 北京: 商务印书馆.
国家发展改革委, 外交部, 商务部. 2015. 推动共建丝绸之路经济带和 21 世纪海上丝绸之路的愿景与行动. https://www.mfa.gov.cn/web/zyxw/201503/t20150328_332173.shtml [2015-3-28].
郭镇之. 2021. 中华文化的海外传播创新研究. 北京: 中国社会科学出版社.
海外散人. 2020. 花木兰 IMDB 网友打分评价一览. https://zhuanlan.zhihu.com/p/228247448[2020-10-11].
韩震. 2005. 论全球化进程中的多重文化认同. 求是学刊, (5): 21-26.
汉斯-格奥尔格·加达默尔. 1999. 真理与方法：哲学诠释学的基本特征. 洪汉鼎译. 上海: 上海译文出版社.
汉斯-格奥尔格·伽达默尔. 2021a. 诠释学Ⅰ：真理与方法：哲学诠释学的基本特征. 洪汉鼎译. 北京: 商务印书馆.
汉斯-格奥尔格·伽达默尔. 2021b. 诠释学Ⅱ：真理与方法：补充和索引. 洪汉鼎译. 北京: 商务印书馆.
蒿倩文. 2007. 中华老字号如何通过情感营销实现跨越式发展. 商场现代化, (13): 205-206.
何自然. 1988. 语用学概论. 长沙: 湖南教育出版社.
何祖坤, 林延明. 2020. 文明交流互鉴与中国：南亚东南亚命运共同体构建. 南亚东南亚研究, (03): 1-21+151.
赫施. 1991. 解释的有效性. 王才勇译. 北京: 生活·读书·新知三联书店.
洪汉鼎. 2020. 关于 Hermeneutik 的三个译名：诠释学、解释学与阐释学. 哲学研究, (4): 3-10, 124.
胡晓莹. 2014. 乔治·斯坦纳阐释学翻译理论观照下的译者主体性研究：以葛浩文《红高粱》英译本为例. 海外英语, (4): 110-111+123.
胡壮麟, 刘润清, 李延福. 1988. 语言学教程. 北京: 北京大学出版社.
华满元. 2016. 重识"格义". 外国语文研究, (2): 53-60.
黄斐. 2005. 历史与苦难的缺席：对形式主义文论纯技术主义倾向的反思. 南京工业大学学报(社会科学版), (3): 72-75.
黄家娟. 2014. 论土家族情歌的审美特征. 湖北民族学院硕士学位论文.
黄凯文, 刘菊红, 曾召. 2022. 粤籍华人在中医药传播中的贡献与作用：以东南亚为例. 中医药管理杂志, (22): 5-9.
黄盛璋. 1962. 文单国：老挝历史地理新探. 历史研究, (5): 147-171.
黄嗦咪. 2019. 现代汉语中的日语"外来语"现象. 青年文学家, (35): 174-175.
黄小琼. 2010. 论中越深厚的中医药情结. 今日南国(中旬刊), (09): 172-173.
黄忠廉. 1998. 翻译哲学及其它：读"关于翻译的哲学思考". 外语研究, (1): 56-57.
纪建道. 2013. 雅各布森文学性概念辨析. 现代妇女(下旬), (9): 148-149.

江久文. 2009. 雅各布森传播思想探微. 当代传播, (6): 33-35.
江怡. 2011. 语境与意义. 科学技术哲学研究, (2): 8-14.
姜学龙. 2016. 西北民歌"花儿"英译探析. 连云港职业技术学院学报, (4): 13-16.
杰里米·芒迪. 2014. 翻译学导论: 理论与应用. 李德凤等译. 北京: 外语教学与研究出版社.
拉曼·赛尔登. 2000. 文学批评理论: 从柏拉图到现在. 刘象禹等译. 北京: 北京大学出版社.
靳芸菲. 2020. 花木兰中西文化形象的冲突与融合分析. 今古文创, (27): 59-60.
卡尔·马克思, 弗里德里希·恩格斯. 2009. 马克思恩格斯文集(第一卷). 中共中央马克思恩格斯列宁斯大林著作编译局编译. 北京: 人民出版社.
恩斯特·卡西尔. 2013. 人论: 人类文化哲学导引. 甘阳译. 上海: 上海译文出版社.
孔维珍. 2011. 从文化翻译观看《论语》中仁、礼、君子的英译. 中南大学硕士学位论文.
李俊文. 2009. 简析武陵地区土家族薅草锣鼓艺术的特点. 贵阳学院学报(社会科学版), (3): 68-71.
李鹏程. 2003. 当代西方文化研究新词典. 长春: 吉林人民出版社.
李征, 张春柏. 2015. "异化"的翻译与民族文化丰富和发展: 重读施莱尔马赫的翻译思想. 学术探索, (6): 134-138.
理查德·E. 帕尔默. 2012. 诠释学. 潘德荣译. 北京: 商务印书馆.
刘邦凡. 1999. 试论翻译哲学. 探索, (6): 58-61.
刘德燊. 2001. 老挝的华文教育. 东南亚纵横, (2): 45-46.
刘学. (2020). 狂欢理论视域下对网络综艺节目《青春有你 2》的文化解读. 视听, (11): 36-37.
刘雪松. 2007. 文学批评与哲学. 当代文坛, (4): 66-68.
刘艺. 2015. 新媒体对恩施自治州土家族民俗文化的影响研究. 西南交通大学硕士学位论文.
芦文辉. 2017. 功能主义视域下英文民歌翻译探析. 山西大同大学学报(社会科学版), (4): 81-84.
鲁迅. 2014. 狂人日记//鲁迅. 鲁迅全集(编年版)(第 1 卷). 北京: 人民文学出版社.
陆蕴联. 2017. 中国古代文化经典在老挝的翻译与传播//白淳. 20 世纪中国古代经典在东南亚的传播与影响. 郑州: 大象出版社: 52-61.
马汉广. 2014. "文学性"概念的多重蕴涵与当下意义. 文艺研究, (7): 31-40.
《马克思主义文艺理论研究》编辑部. 1985. 美学文艺学方法论(下册). 北京: 文化艺术出版社.
马萧, 陈开举. 2009. 话语幽默的文化策略研究. 江汉论坛, (9): 130-132.
迈克·克朗. 2005. 文化地理学. 杨淑华, 宋慧敏译. 南京: 南京大学出版社.
毛思慧, 杨思. 2002. 种族、发声与文化挪用: 从"后殖民"看电影《风中奇缘》对 pocahontas 的想象. 中国比较文学, (2): 42-53.
慕欣. 2023-09-18. 中国与东盟国家药品合作再结硕果. 医药经济报, 001.
聂珍钊. 2010. 文学伦理学批评: 基本理论与术语. 外国文学研究, (1): 12-22.
聂珍钊. 2012. 文学批评的四个阶段及社会责任//聂珍钊. 文学伦理学批评及其它: 聂

珍钊自选集. 武汉: 华中师范大学出版社.

聂珍钊. 2013. 文学伦理学批评: 口头文学与脑文本. 外国文学研究, (6): 8-15.

聂珍钊. 2019. 论脑文本与语言生成. 华中师范大学学报(人文社会科学版), (6): 115-121.

潘德荣. 2016. 西方诠释学史. 2版. 北京: 北京大学出版社.

潘文国. 2004. 语言哲学与哲学语言学. 华东师范大学学报(哲学社会科学版), (3): 96-102+125.

彭保良. 2005. 迪斯尼电影中"他者身份"的再现. 广东外语外贸大学博士学位论文.

钱冠连. 2005. 语言: 人类最后的家园: 人类基本生存状态的哲学与语用学研究. 北京: 商务印书馆.

乔治·斯坦纳. 1987. 通天塔: 文学翻译理论研究. 庄绎传编译. 北京: 中国对外翻译出版公司.

覃江华. 2022. 翻译与知识生产、管理和转化: 知识翻译学刍议. 当代外语研究, (1): 60-71.

覃江华. 2023. 从哲学翻译到翻译哲学: 翻译与哲学的互惠关系及未来走向. 中国翻译, 44(4): 5-13.

全毅, 郑美青, 高军行. 2023. 亚太新格局下中国东盟经贸合作面临的机遇、挑战及对策. 国际贸易, (6): 43-54.

让·鲍德里亚. 2001. 消费社会. 刘成富, 全智钢译. 南京: 南京大学出版社.

申小龙. 2003. 语言学纲要. 上海: 复旦大学出版社.

时光快讯 Mtime. 2019.《花木兰》预告24小时点击量影史第七. http://content.mtime.com/news/1594822[2019-7-9].

斯图尔特·霍尔. 2003. 表征: 文化表象与意指实践. 徐亮, 陆兴华译. 北京: 商务印书馆.

孙麾, 陈开举. 2021. 中国阐释学的兴起. 北京: 社会科学文献出版社.

孙周兴. 2020. 试论一种总体阐释学的任务. 哲学研究, (4): 20-27+124.

谭志国. 2011. 土家族非物质文化遗产保护与开发研究. 中南民族大学博士学位论文.

田永红. 2010. 土家族山歌的命名、文化内涵及其艺术特征. 铜仁学院学报, (4): 1-6.

屠国元, 朱献珑. 2003. 译者主体性: 阐释学的阐释. 中国翻译, (6): 10-16.

王路. 2019. 论哲学概念的可译与不可译. 湖北大学学报(哲学社会科学版), (4): 75-83+176.

王培元. 2010. 鲁迅作品新编. 北京: 人民文学出版社.

王文铃, 楚瑛. 2011. 生态翻译视角下的中国传统民俗器物英译. 合肥工业大学学报(社会科学版), (5): 87-90.

王欣. 2008. 由极端到折衷的形式主义批评. 长春工业大学学报(社会科学版), (5): 89-91.

王友富. 2009. 土家族情歌文化及其民族性格研究. 湖北民族学院学报(哲学社会科学版), (4): 18-20+40.

王智杰. 2018. 文化全球化时代少数民族传统文化的英译. 贵州民族研究, 39(12): 141-144.

王自合. 2020. 大众文化视域下传统媒体与新媒体传播. 中国报业, (20): 32-33.

威廉·莎士比亚. 1989. 莎士比亚悲剧四种. 卞之琳译. 北京：人民文学出版社.
威廉·莎士比亚. 2013. 莎士比亚悲剧：哈姆雷特. 朱生豪译. 南京：译林出版社.
威廉·莎士比亚. 2001. 莎士比亚注释丛书：哈姆莱特. 2 版. 裘克安注. 北京：商务印书馆.
威廉·莎士比亚. 2020. 哈姆莱特. 方平译. 上海：上海译文出版社.
威廉·莎士比亚. 2004. 哈姆莱特. 方平译//方平编选. 莎士比亚精选集.北京：北京燕山出版社.
维·什克洛夫斯基. 1994. 散文理论. 刘宗次译. 南昌：百花洲文艺出版社.
魏泓, 赵志刚. 2015. 中国文学"走出去"之翻译系统建构. 外语教学, (6): 109-113.
魏屹东, 等. 2015. 语境实在论：一种新科学哲学范式. 北京：科学出版社.
习近平. 2015. 弘扬万隆精神 推进合作共赢：在亚非领导人会议上的讲话. 中国产经, (5): 38-43.
习近平. 2022. 习近平谈治国理政(第四卷). 北京：外文出版社.
夏征农, 陈至立. 2010. 辞海(第六版缩印本). 上海：上海辞书出版社.
肖愚. 2020. 鄂西南土家族民歌男性艺术形象研究. 华中师范大学硕士学位论文.
谢天振. 2018. 当代国外翻译理论导读. 2 版. 天津：南开大学出版社.
谢亚平, 王桓清. 2007. 鄂西歌谣与土家民俗：以中国"民间艺术之乡"恩施三岔为例. 湖北民族学院学报(哲学社会科学版), (3): 73-76.
熊超然. 2023. 东南亚已超越美欧, 成中国最大出口市场. https://www.guancha.cn/internation/2023_09_05_707529.shtml[2023-9-5].
熊秋萍. 2018. 制度、内容、媒介：恩施州政府土家族民俗文化传播活动研究. 渤海大学硕士学位论文.
熊晓辉. 2021. 论楚辞对土家族民歌的发生学意义. 艺术百家, (1): 160-166.
徐锦子. 2013. 湖南土家族民歌传承的传播学研究：以石门县土家族地区为例. 华中师范大学硕士学位论文.
徐荣嵘. 2021. 斯坦纳阐释学翻译理论下的译者主体性研究：以《爱在集市》中译本为例. 哈尔滨学院学报, (5): 108-113.
严琰. 2017. 论恩施民歌中的女性观. 湖北民族学院硕士学位论文.
杨枫. 2021. 翻译是文化还是知识?. 当代外语研究, (6): 2+36.
杨杰宏. 2012. 现代性情境中口头传统的传承与变异：以恩施土家族民歌为研究个案. 民间文化论坛, (4): 13-21.
杨秋灵. 2012. 斯坦纳阐释学翻译理论下的译者主体性研究. 宜春学院学报, (9): 113-115.
杨亭. 2011. 土家族审美文化研究. 西南大学博士学位论文.
杨小平, 孙仲文. 2009. 中国货币在东南亚区域化的历史进程：历史背景(二)：商贸往来的发展. 中国金融, (3): 76-77.
杨雅君. 2016. 桑植土家族民歌与生境适应性研究. 吉首大学硕士学位论文.
杨永林. 2023. 知识翻译学新范式：怎么看、如何用、盼什么？. 当代外语研究, (4): 16-28.
杨宇威. 2016. 浅论"翻译即解释"在普遍诠释学时期的含义. 现代语文(语言研究版), (12): 13-15.

杨朝军, 炎萍. 2023. 知识翻译学视域下的翻译过程. 外文研究, (3): 82-88+97+109.
易小燕. 2007. 土家族山歌的音乐风格与特征. 南通航运职业技术学院学报, (1): 11-14.
约翰·汤姆林森. 2002. 全球化与文化. 郭英剑译, 南京: 南京大学出版社.
岳弘彬, 程宏毅. 2021.中国百名学者联合发布倡议书: 文明交流互鉴促进世界文明对话. http://politics.people.com.cn/n1/2021/0330/c1001-32064503.html[2021-3-30].
曾建武, 蒋杰. 2014. 香港"京都念慈菴"对内地中成药研制开发与国际营销的启示. 亚太传统医药, (18): 1-3.
曾利沙. 2002. 论"操作视域"与"参数因子": 兼论翻译学理论范畴: "文本特征论"的研究. 现代外语, 25(2): 153-164.
曾利沙. 2011. 基于语境参数观的概念语义嬗变认知机制研究: 商务英语时文教学理论与方法. 外语教学, 32(6): 6-10.
查明建, 田雨. 2003. 论译者主体性: 从译者文化地位的边缘化谈起. 中国翻译, (1): 21-26.
张华平. 2008. 中药品牌多元化扩张的成功之路: 念慈菴润品牌延伸案例分析. 中国现代中药, (10): 44, 64.
张江. 2014. 强制阐释论. 文学评论, (6): 5-18.
张江. 2015. 阐释的边界. 学术界, (9): 70-75.
张江. 2016. 作者能不能死. 哲学研究, (5): 3-9, 128.
张江. 2017a. 公共阐释论纲. 学术研究, (6): 1-5, 177.
张江. 2017b. 开放与封闭: 阐释的边界讨论之一. 文艺争鸣, (1): 6-14.
张江. 2019. 论阐释的有限与无限: 从π到正态分布的说明. 探索与争鸣, (10): 22-29+157.
张江. 2020. 阐释与自证: 心理学视域下的阐释本质. 哲学研究, (10): 95-104+129.
张江. 2021. 再论强制阐释. 中国社会科学, (2): 4-23, 204.
张进. 2014. 文学理论通论. 北京: 人民出版社.
张进, 蒲睿. 2021. 论"狄尔泰鸿沟". 西北师大学报(社会科学版), (5): 40-48.
张沛. 2007. 生与死: "To be, or not to be"一解. 外国文学, (1): 113-120+128.
张松林. 1995. 还 To Be or Not to Be 一个真我. 中国翻译, (3): 40-43.
张韵斐. 1987. 现代英语词汇学概论. 2 版. 北京: 北京师范大学出版社.
赵凡. 2016. 斯坦纳阐释学翻译理论关照下的译者主体性: 以李继宏译《追风筝的人》为例. 英语广场, (11): 40-41.
赵子滟. 2018. 国民女神老干妈又上热搜!大数据卖辣酱, 每年 6 亿瓶. https://www.sohu.com/a/233350439_119665[2018-5-29].
郑海婷. 2014. 俄国形式主义理论视域内的"形式"概念. 学术评论, (2): 82-89.
中共中央文献研究室. 2017. 习近平关于社会主义文化建设论述摘编. 北京: 中央文献出版社.
中国社会科学院语言研究所词典编辑室编. 2016. 现代汉语词典(第 7 版). 北京: 商务印书馆.
中国驻东盟使团. 2023. 2023 年前三季度中国—东盟贸易简况. https://mp.weixin.qq.com/s?__biz=Mzg2NTE5MjM5Ng==&mid=2247491872&idx=1&sn=04a36aed831

144542bb3d366179a2168[2023-10-13].

周娟. 2009. 阿帕杜莱的全球文化景观论. 国外社会科学, (6): 96-101.

周启超. 2012. 当代外国文论: 在跨学科中发育, 在跨文化中旅行: 以罗曼·雅各布森文论思想为中心. 学习与探索, (3): 124-127.

周思瑶, 蔡添婷, 马锦航, 等. 2023. 东盟宏观经济形势下中国和东盟经贸合作的机遇与挑战. 中国商论, (5): 66-69.

周宪. 2020. 公共理性使有效阐释得以可能: 回应傅其林教授. 探索与争鸣, (5): 67-69.

周小仪. 2001. 从形式回到历史: 关于文学研究方法论的探讨. 北京大学学报(哲学社会科学版), (6): 69-79.

周一良. 1987. 中外文化交流史. 郑州: 河南人民出版社.

朱健平. 2006. 翻译即解释: 对翻译的重新界定: 哲学诠释学的翻译观. 解放军外国语学院学报, (2): 69-74+84.

朱振武. 2016. 翻译活动就是要有文化自觉: 从赵彦春译《三字经》谈起. 外语教学, (5): 83-85.

朱振武, 王颖. 2016. 杜迈可对中国文学走出去的译介贡献. 燕山大学学报(哲学社会科学版), (2): 23-29.

朱振武, 杨世祥. 2015. 文化"走出去"语境下中国文学英译的误读与重构: 以莫言小说《师傅越来越幽默》的英译为例. 中国翻译, (1): 77-80.

朱振武, 袁俊卿. 2015. 中国文学英译研究现状透析. 当代外语研究, (1): 53-58+78.

朱振武, 张惠英. 2016. 此中有"真译": 罗鹏英译《受活》的权变之道. 当代外语研究, (1): 59-64+94.

朱振武, 等. 2017. 汉学家的中国文学英译历程. 上海: 华东理工大学出版社.

朱志荣. 2012. 中国艺术哲学. 上海: 华东师范大学出版社.

卓振英. 2023. 咏情言志: 历代著名诗词曲赋英译鉴赏. 北京: 商务印书馆.

Albert, S. 1998. Movie stars and the distribution of financially successful films in the motion picture industry. *Journal of Cultural Economics*, 23(4): 325-329.

Anderson, E. N. 2005. *Everyone Eats: Understanding Food and Culture*. New York: New York University Press.

Anjirbag, M. A. 2018. *Mulan* and *Moana*: Embedded coloniality and the search for authenticity in Disney animated film. *Social Sciences*, 7(11): 1-15.

Appadurai, A. 1996. *Modernity at Large: Cultural Dimensions of Globalization*. Minneapolis: University of Minnesota Press.

Aristova, N. 2016. Rethinking cultural identities in the context of globalization: Linguistic landscape of Kazan, Russia, as an emerging global city. *Procedia-Social and Behavioral Sciences*, 236: 153-160.

Bakhtin, M. 1984. *Problems of Dostoevsky's Poetics*. Ed. and Trans. by C. Emerson. Minneapolis: University of Minnesota Press.

Baudrillard, J. 1993. *Symbolic Exchange and Death*. London: Sage.

Bennett, M. J. 1998. Intercultural communication: A current perspective. In M. J. Bennett (Ed.), *Basic Concepts of Intercultural Communication: Selected Readings* (pp.1-34).

Yarmouth, ME: Intercultural Press.

Bhabha, H. K. 1994. *The Location of Culture*. London: Routledge.

Blackburn, S. 1996. *The Oxford Dictionary of Philosophy*. New York: Oxford University Press.

Dilthey, W. 1989. *Introduction to the Human Sciences*. Princeton: Princeton University Press.

Dong, L. 2011. *Mulan's Legend and Legacy in China and the United States*. Philadelphia: Temple University Press.

Dundes, L. & Streiff, M. 2016. Reel royal diversity? The glass ceiling in Disney's *Mulan* and *Princess and the Frog. Societies*, 6(4): 35.

Fiddes, N. 1991. *Meat: A Natural Symbol*. London: Routledge.

Fischler, C. 1988. Food, self and identity. *Social Science Information*, 27(2): 275-292.

Freud, S. 1963. *The Standard Edition of the Complete Psychological Works of Sigmund Freud Volume XVI (1916-1917): Introductory Lectures on Psycho-Analysis (Part III)*. Trans. by J. Strachey. New York, NY: W. W. Norton.

Freud, S. 1981. *The Standard Edition of the Complete Psychological Works of Sigmund Freud Volume XXI (1927-1931): The Future of an Illusion, Civilization and Its Discontents and Other Works*. Trans. by J. Strachey. London: The Hogarth Press and the Institute of Psycho-Analysis.

Ger, G. 1999. Localizing in the global village: Local firms competing in global markets. *California Management Review*, 41(4): 64-83.

Gracia, J. J. E. 1995. *A Theory of Textuality: The Logic and Epistemology*. New York: State University of New York Press.

Graeme, T. 1996. *British Cultural Studies*. 2nd edn. London: Routledge.

Hall, E. T. 1977. *Beyond Culture*. New York: Anchor Books.

Hall, S. 1995. The West and the rest: Discourse and power. In S. Hall & B. Gieben (Eds.), *Formation of Modernity* (pp.275-331). Cambridge: Polity Press.

He, J. & Wang, C. L. 2015. Cultural identity and consumer ethnocentrism impacts on preference and purchase of domestic versus import brands: An empirical study in China. *Journal of Business Research*, 68(6): 1225-1233.

Heidegger, M. 1982. The nature of language. In M. Heidegger (Ed.), *On the Way to Language* (pp.57-108). Trans. by Peter D. Hertz. New York: Harper & Row Publishers Inc.

Hofstede, G., Hofstede, G. J. & Minkov, M. 2010. *Cultures and Organizations: Software of the Mind*. 3rd edn. New York: McGraw-Hill.

Hsu, D. M. 1966. Ernst Kurth and his concept of music as motion. *Journal of Music Theory*, 10(1): 2-17.

Jing, C., Zehui, W., Yan, L., et al. 2020. *Inheritance and Protection of Intangible Culture in Minority Areas—Take Enshi Tujia Nationality "Ba Bao Tongling Dance" into the Campus as an Example*. Paper published at the 2020 12th International Conference on

Measuring Technology and Mechatronics Automation (ICMTMA). IEEE.

Kaplan, R. B. 1966. Cultural thought patterns in inter-cultural education. *Language Learning*, 16(2): 1-20.

Liu, W. 2021. Research on multi-dimensional translation of Chinese folk songs. *Learning & Education*, 9(4): 40-41.

Lopes, L. L. 1987. Between hope and fear: The psychology of risk. *Advances in Experimental Social Psychology*, 20: 255-295.

Marcuse, H. 2023. *Eros and Civilization: A Philosophical Inquiry into Freud*. London and New York: Routledge.

Marina, Sbisà. 2002. Speech acts in context. *Language & Communication*, 22(4): 421-436.

Nelfei, K. 2020. My family's favorite cough syrup since childhood—Nin Jiom Pei Pa Koa. https://www.kitkat-nelfei.com/2020/11/my-familys-favorite-cough-syrup-since.html[2024-5-22].

Newmark, P. 1977. Communicative and semantic translation. *Babel*, 3(4): 163-180.

Newmark, P. 2001. *Approaches to Translation*. Shanghai: Shanghai Foreign Language Education Press.

Ogden, C. K. & Richards, I. A. 1923. *The Meaning of Meaning*, Orlando: Harcourt Brace Jovanovich.

Radhakrishnan, R. 2001. Globalization, desire, and the politics of representation. *Comparative Literature*, 53(4): 315-332.

Ritzer, G. 2004. The "McDonaldization" of society. *The Journal of American Culture*, 6(1): 100-107.

Robertson, R. 1992. *Globalization: Social Theory and Global Culture*. London: Sage.

Said, E. W. 1994. *Culture and Imperialism*. New York: Vintage Books.

Schneider, J. 2018. Was there a precapitalist world-system?. In C. Chase-Dunn & T. D. Hall. (Eds.), *Core/Periphery Relations in Precapitalist Worlds* (pp.45-66). New York: Routledge.

Sinigaglia, J. 2013. Happiness as a reward for artistic work: A social norm, from injunction to incorporation. *Societies Contemporaries*, (3): 17-42.

Snell-Hornby, M. 1990. Linguistic transcoding or cultural transfer? A critique of translation theory in Germany. In S. Bassnett & A. Lefèvere (Eds.), *Translation, History and Culture* (pp.79-86). New York: Cassell.

Sperber, D. & Wilson, D. 1995. *Relevance: Communication and Cognition*. 2nd edn. Oxford: Blackwell.

Spivak, G. C. 2000. Translation as culture. *Parallax*, 6(1): 13-24.

Steiner, G. 1975. *After Babel: Aspects of Language and Translation*. New York: Oxford University Press.

Tomlinson, J. 1999. *Globalization and Culture*. Chicago: University of Chicago Press.

Touijar, W. 2020. The impact of modernity on youth culture: Their linguistic choices, thoughts and attitudes. *The International Journal of Applied Language Studies and Culture*, 3(2): 25-34.

van Dijk, T. 2008. *Discourse and Context: A Sociocognitive Approach*. New York: Cambridge University Press.

Waters, M. 2000. *Globalization*. 2nd edn. New York: Routledge.

Watson, J. L. 2000. China's big Mac attack. *Foreign Affairs*, 79(3): 120-134.

Wu, Y. Q. & Chen, K. J. 2020. Decoding the mystery behind the globalization of Chinese time-honored brands—A case analysis of Lao Gan Ma chili sauce. *International Journal of Literature and Arts*, 8(2): 87-92.

Xu, H. 2018a. A study of translation and dissemination of Tujia folk songs in western Hubei Province. *DEStech Transactions on Social Science, Education and Human Science*: 385-391.

Xu, H. 2018b. The application of multi-modal discourse in English translation of Tujia folk song *Long Chuan Diao* in western Hubei Province. In *Proceedings of 2018 2nd International Conference on Electronic Information Technology and Computer Engineering (EITCE 2018)* (pp.349-352). Hubei Minzu University.

Xu, Q. L. & Shi, Y. 2020. Female gender identity in the adaptation of Disney live-action film *Mulan*. *English Language, Literature & Culture*, 5(3): 112-115.

Yin, J. 2014. Popular culture and public imaginary: Disney vs. Chinese stories of *Mulan*. In M. K. Asante, Y. Miike & J. Yin (Eds.), *The Global Intercultural Communication Reader* (2nd edn.) (pp.285-304). New York: Routledge.

Young, J. O. 2008. *Cultural Appropriation and the Arts*. Malden: Blackwell.

Zhou, L. & Hui, M. K. 2003. Symbolic value of foreign products in the People's Republic of China. *Journal of International Marketing*, 11(2): 36-58.

Zhou, S. F. & Zheng, D. N. 2022. The belt and road initiative, neo-colonialism or cosmopolitanism?: A cultural critique based on a Hong Kong newspaper article. *International Journal of Humanities Studies*, 8: 120-133.

Pomerantz, D. Live action "Mulan" in the works as Disney follows the money. https://www.forbes.com/sites/dorothypomerantz/2015/03/30/live-action-mulan-in-the-works-as-disney-follows-the-money/?sh=2bb97f663890[2015-3-30].

索 引

C

阐释效度　3, 4, 9, 23, 26, 28, 32
传播效果　128, 144, 180, 184-190, 192, 195

D

大众文化　106, 108, 109, 123, 132, 134, 136, 137, 141
东南亚　155-157, 159-162, 164-167, 184

F

翻译阐释　30, 37, 81, 193, 195
翻译哲学　86, 87, 91, 93-100
非论证性推理　5-7, 21, 28, 88, 92

G

公共阐释　26-29, 34, 35, 37-41, 43, 51, 52, 60, 65, 68, 69, 82, 83, 94, 98

H

汉学家　36, 40, 119-128
后殖民主义　90, 101, 106, 132
互明　7, 46, 48, 49, 50

J

基本论域　86, 97

鉴赏　104, 111, 120, 144, 148, 163, 172
结构主义　17, 87, 91, 101, 102, 105, 108, 112
救赎　71, 77, 79, 80, 99

K

可行性　71, 86, 87, 91

L

理论资源　90, 95

N

挪用　132-134, 136, 140, 141, 172, 174, 177

Q

强制阐释　9, 20, 25-27, 29-31, 33, 35-41, 51, 54, 68, 83, 89, 94, 98
全球化　144, 145, 153-155, 157-159, 161, 166, 168-179, 185

R

认知语境　3, 7-10, 14-16, 23, 24, 26-28, 50-53

S

诗学理论　102, 104

释义障碍　3, 4, 10-12, 15, 16, 23-25, 28

T

他者性　131, 136
土家族民歌　142-144, 146-154

W

文本阐释　7, 9, 15, 16, 23, 24, 28, 37, 43, 44, 50, 54, 55, 60, 65, 68, 78
文化认同　157, 158, 160, 165-167, 169, 171, 173, 179, 192
文化研究　75, 86, 87, 90, 93, 98, 101, 102, 105-109, 112, 113, 115, 144, 146, 170
文化语境　3, 7, 9, 12, 13, 15, 18, 20, 21, 24-28, 45, 56, 89, 98, 111, 122, 132
文化自觉　102, 125, 128, 171
文学伦理学批评　102, 110, 111, 114, 115

Y

雅各布森　17, 18, 47, 78, 101-104, 112-115

研究方法　99, 100, 103, 106, 110, 187
异化　22, 34, 35, 52, 124, 125, 127, 132, 135, 138, 139, 145, 166
意义确证　54, 55, 58, 63, 66, 69, 70
英译　13, 22, 24, 89, 119-124, 147
有限与无限　29, 30, 42, 44, 51, 52, 67, 94
语境　3, 5-12, 14-16, 18, 19, 22, 23, 25, 26, 28, 30, 42, 43, 45-52, 54-70, 83, 88, 93, 98, 105, 106, 108-110, 127, 128, 131, 136, 193
语境参数　54, 55, 57-70

Z

知识翻译学　20-23, 27, 29, 30, 37, 38, 41, 71, 78, 80, 81, 90, 91, 94, 95, 99, 100
知识局限性　71, 77, 79-82
中国文化　13, 34, 36, 81, 82, 117, 119, 120, 122, 123, 125, 127, 128, 132, 134, 135, 159, 160, 163, 166, 169, 179-195
中国文学　32, 119-129, 183